SUPERGENES

DEEPAK CHOPRA
RUDOLPH E. TANZI

SUPERGENES

Ative o extraordinário poder do seu DNA
para ter mais saúde e bem-estar

Tradução de
Maria Sylvia Corrêa

Copyright © 2015 by Deepak Chopra, M.D., and Rudolph E. Tanzi, Ph.D.

Copyright da tradução © 2016 Alaúde Editorial Ltda.

Título original: *Supergenes – Unlock the Astonishing Power of Your DNA for Optimum Health and Well-Being*

Publicado mediante acordo com Harmony Books, um selo do Crown Publishing Group, uma divisão da Penguin Random House LLC

Todos os direitos reservados. Nenhuma parte desta edição pode ser utilizada ou reproduzida – em qualquer meio ou forma, seja mecânico ou eletrônico –, nem apropriada ou estocada em sistema de banco de dados sem a expressa autorização da editora.

Este livro é uma obra de consulta e esclarecimento. As informações aqui contidas têm o objetivo de complementar, e não substituir, os tratamentos ou cuidados médicos. Elas não devem ser usadas para tratar doenças graves ou solucionar problemas de saúde sem a prévia consulta a um médico ou a um nutricionista. Uma vez que mudar hábitos envolve certos riscos, nem o autor nem a editora podem ser responsabilizados por quaisquer efeitos adversos ou consequências da aplicação do conteúdo deste livro sem orientação profissional.

O texto deste livro foi fixado conforme o acordo ortográfico vigente no Brasil desde 1º de janeiro de 2009.

Preparação: Fátima Couto
Revisão: Rosi Ribeiro Melo
Capa: Rodrigo Frazão
Imagem de capa: Watchara (fundo), Marish (ilustração) / ShutterStock.com
Ilustrações: Mapping Specialists Ltd.

1ª edição, 2016 (1 reimpressão)
Impresso no Brasil

Dados Internacionais de Catalogação na Publicação (CIP)
(Câmara Brasileira do Livro, SP , Brasil)

Chopra, Deepak
  Supergenes : ative o extraordinário poder do seu DNA para ter mais saúde e bem-estar / Deepak Chopra, Rudolph E. Tanzi ; tradução de Maria Sylvia Corrêa. – São Paulo : Alaúde Editorial, 2016.

  Título original: Unlock the Astonishing Power of DNA : for Optimum Heath And Well-being.
  ISBN 978-85-7881-356-7

  1. Cuidados pessoais com a saúde 2. Genes - Obras de divulgação 3. Saúde - Obras de divulgação I. Tanzi, Rudolph E.. II. Título.

16-02123   CDD-613

Índices para catálogo sistemático:
1. Saúde : Promoção : Ciências médicas 613

2019
Alaúde Editorial Ltda.
Avenida Paulista, 1337
Conjunto 11, Bela Vista
São Paulo, SP, 01311-200
Tels.: (11) 3146-9700 / 5572-9474
www.alaude.com.br

Compartilhe a sua opinião
sobre este livro usando a hashtag
#Supergenes
nas nossas redes sociais:

/EditoraAlaude
/EditoraAlaude
/AlaudeEditora

Às nossas famílias, com quem partilhamos o amor que nos deixa com supergenes!

SUMÁRIO

PREFÁCIO Bons genes, genes ruins e supergenes — 9

Supergenes, por quê? Uma resposta urgente — 15

PARTE 1
A CIÊNCIA DA TRANSFORMAÇÃO — 25
Como mudar o seu futuro: A chegada da epigenética — 36
Aprimoramento da memória — 54
Da adaptação à transformação — 62
Um novo elemento poderoso: O microbioma — 85

PARTE 2
ESCOLHAS EM PROL DE UM BEM-ESTAR RADICAL — 109
Alimentação: Livrando-se da inflamação — 131
Estresse: Um inimigo escondido — 158
Atividade física: Como transformar boas intenções em ação — 172
Meditação: Fundamental ao bem-estar? — 185
Sono: Um mistério inteiramente necessário — 201
Emoções: Como obter mais satisfação — 217

PARTE 3
COMO ORIENTAR A PRÓPRIA EVOLUÇÃO — 243
A sabedoria do corpo — 245
Como ter consciência da evolução — 268

EPÍLOGO Você de verdade	297
APÊNDICES	301
Indícios genéticos de doenças complexas	302
O grande paradoxo do DNA	315
Epigenética e câncer	327
AGRADECIMENTOS	341
ÍNDICE	345

Prefácio

BONS GENES, GENES RUINS E SUPERGENES

Se alguém deseja uma vida melhor, que mudança faria? Quase ninguém diria: "mudaria meus genes". E com razão: aprendemos que nossos genes são permanentes e imutáveis. Vida afora, continuaremos com os genes do nascimento. Se uma pessoa tem um irmão gêmeo, ambos vão ter que se acostumar com genes idênticos, sejam eles bons ou ruins. A concepção corriqueira de genes permanentes faz parte de nosso repertório. Por que algumas pessoas são abençoadas com mais beleza e inteligência do que a média? Elas têm bons genes. Por outro lado, por que uma conhecida celebridade de Hollywood se submete a uma dupla mastectomia sem ter sinal nenhum de doença? Por causa da ameaça de genes ruins, por ter herdado uma forte predisposição a um câncer comum na família dela. As pessoas ficam assustadas, pois a mídia não explica direito que essa ameaça é na verdade bem rara.

Está na hora de derrubar essas noções rígidas. Nossos genes são fluidos, dinâmicos e reagem a tudo o que fazemos ou pensamos. A notícia que todo mundo devia ouvir é que a atividade genética depende bastante do nosso controle. É esse o conceito inovador vindo da nova genética, e ele também é a base deste livro.

Uma *jukebox* é capaz de ficar no canto de uma lanchonete e nunca sair dali. Mesmo assim, vai tocar milhares de músicas. A música de nossos genes também é assim, e gera constantemente um amplo arranjo químico de mensagens codificadas. Ainda estamos decifrando o poder dessas mensagens. Ao nos concentrarmos na atividade genética através de escolhas conscientes, é possível:

- Melhorar o humor, afugentando a ansiedade e a depressão;
- Resistir a resfriados e gripes anuais;
- Voltar a ter um padrão normal de sono;
- Ter mais energia e combater o estresse crônico;
- Livrar-se de dores e incômodos constantes;
- Aliviar o corpo de uma série de desconfortos;
- Desacelerar o processo de envelhecimento;
- Normalizar o metabolismo – a melhor maneira de perder peso e conservar essa perda;
- Diminuir o risco de câncer.

Há muito havia a suspeita de que os genes estariam envolvidos no desacerto de processos do organismo. Agora sabemos que estão definitivamente envolvidos quando esses processos dão certo. Entre o corpo e a mente, todo o sistema é regrado pela atividade genética – e, muitas vezes, de maneira surpreendente. Por exemplo, os genes dos intestinos enviam mensagens até sobre coisas que aparentemente não teriam nada a ver com essa função tão corriqueira como a da digestão. Essas mensagens estão relacionadas ao humor, à eficiência do sistema imunológico e à suscetibilidade a doenças intimamente relacionadas à digestão (como diabetes e síndrome do intestino irritável), mas também a questões mais distantes, como a hipertensão, a doença de Alzheimer, e doenças autoimunes (de alergias a inflamações crônicas).

Todas as células de nosso organismo conversam com muitas outras células através dessas mensagens genéticas, e a gente precisa participar dessa conversa. O estilo de vida de uma pessoa leva a atividades genéticas benéficas ou perniciosas. Na verdade, as ações de nossos genes podem ser alteradas por qualquer vivência consistente ao longo da vida. Por isso, gêmeos idênticos, apesar de terem nascido com os mesmos genes, revelam quando adultos expressões genéticas completamente diferentes. Talvez um gêmeo seja obeso, e o outro, magro; um talvez seja esquizofrênico, e o outro, não; um talvez venha a falecer bem antes do outro. Todas essas diferenças são reguladas pela atividade genética.

Um dos motivos de termos intitulado este livro de *Supergenes* é aumentar a expectativa do que os genes podem fazer por nós. A ligação entre a mente e o corpo não é como uma ponte que liga as margens de um rio. É mais como uma linha telefônica – na verdade, muitas linhas telefônicas – apinhada de mensagens. Cada mensagem – tão simples quanto tomar um suco de laranja pela manhã, ou comer uma maçã com casca, ou baixar o nível de barulhos no trabalho, ou fazer uma caminhada antes de dormir – é recebida pelo sistema. Todas as células estão bisbilhotando o que pensamos, dizemos ou fazemos.

Otimizar a atividade de nossos genes já seria motivo suficiente para se livrar da frustrante noção de bons genes *versus* genes ruins. Mas, na verdade, a nossa compreensão do genoma humano – a soma total de nossos genes – se ampliou muito nas últimas duas décadas. O Projeto Genoma Humano, depois de quase vinte anos de pesquisa e desenvolvimento, terminou em 2003, com um mapa completo de 3 bilhões de pares de bases químicas – o alfabeto do código da vida – enrolado na dupla hélice do DNA das células. De repente, a existência humana pode tomar rumos novos. É como se a gente tivesse recebido um mapa de um continente desconhecido. Se pensávamos que não tínhamos mais nada que explorar no mundo, o genoma humano se apresenta como uma nova fronteira.

Deixe-nos impressioná-lo com a expansão do campo da genética atual: você possui um supergenoma infinitamente mais amplo do que afirmam as antigas concepções difundidas sobre genes bons e ruins. Esse supergenoma é formado por estes três elementos:

1. Os cerca de 23.000 genes que herdamos de nossos pais, junto com 97 por cento do DNA que está localizado entre esses genes nos filamentos da dupla hélice;

2. O mecanismo existente em todo o filamento de DNA, que permite que ele seja ligado e desligado, como uma tomada com *dimmer*. Esse mecanismo é controlado sobretudo pelo nosso epigenoma, inclusive o amortecedor de proteínas que envolve o DNA como uma luva. O epigenoma é tão dinâmico e vivo quanto nós, e reage às experiências de maneiras complexas e fascinantes;
3. Os genes contidos nos micróbios (microscópicos organismos vivos, como as bactérias) que residem em nossos intestinos, boca e pele, mas sobretudo no intestino. Esses "micróbios intestinais" são muito mais numerosos que nossas próprias células. A melhor estimativa é a de que abrigamos 100 trilhões de micróbios intestinais, o que compreende entre 500 e 2.000 espécies de bactérias. Eles não são invasores estrangeiros. Nós evoluímos junto com esses micróbios ao longo de milhões de anos, e, atualmente, sem eles não conseguiríamos digerir bem os alimentos, resistir a doenças nem combater uma porção de doenças crônicas, de diabetes a câncer.

Somos formados por esses três elementos do supergenoma. Eles são os nossos tijolos, e enviam instruções pelo corpo o tempo todo. Na verdade, não é possível ter uma boa noção de quem somos sem incluir o nosso supergenoma. Na genética atual, a pesquisa mais interessante é saber como esses supergenes se juntaram para formar o sistema mente-corpo. Uma enxurrada de conhecimentos vem trazendo novas descobertas que vão afetar a todos nós, alterando o nosso modo de viver, de amar e de compreender o nosso lugar no universo.

Essa nova genética pode ser traduzida em uma frase simples: estamos aprendendo como fazer os genes nos ajudarem. Em vez de deixar os genes ruins nos prejudicarem e os bons darem uma aliviada, como era a concepção anterior, devemos encarar o supergenoma como um funcionário de boa vontade, que pode nos ajudar a ter a vida que desejamos. Nascemos para usar os genes, e não o contrário. Não estamos exagerando nas previsões, longe disso. Como alterar a atividade dos genes no bom sentido: é disso que trata a nova genética.

Em *Supergenes*, reunimos as descobertas atuais mais importantes e as expandimos. Combinamos décadas de experiência de um dos mais importantes geneticistas do mundo com um dos profissionais mais respeitados em termos de medicina do corpo e da mente e espiritualidade. Somos de mundos diferentes, e nossa rotina de trabalho é bem distinta – Rudy desenvolve pesquisa de ponta sobre as causas e a cura da doença de Alzheimer, e Deepak faz milhares de palestras todo ano sobre a mente, o corpo e o espírito.

No entanto, estamos unidos pelo entusiasmo pela transformação, estejam as raízes dessa mudança no cérebro ou nos genes. O nosso livro anterior, *Supercérebro*, reuniu o melhor da neurociência para mostrar como o cérebro pode ser curado e renovado, aprimorando suas funções cotidianas para um melhor resultado na vida das pessoas.

Nosso novo livro aprofunda essa história – ele pode ser considerado uma sequência de *Supercérebro* –, pois o cérebro depende do DNA de todas as células nervosas a fim de realizar as maravilhas que realiza todos os dias. Estamos expandindo essa mesma compreensão – nós usamos o cérebro, e não o contrário – para o genoma. É no território do estilo de vida que as transformações acontecem, estejamos tratando de supercérebro ou de supergenes. Através de mudanças simples de estilo de vida, existe a possibilidade de ativar imensos potenciais inexplorados.

A novidade que mais entusiasma é que o diálogo entre corpo, mente e genes pode ser alterado. Essa transformação vai muito além da prevenção, vai além do bem-estar; trata-se de um estado que denominamos bem-estar radical. Este livro explica todos os aspectos desse bem-estar radical, demonstrando como a ciência atual sustenta isso ou sugerindo o que deveríamos fazer se desejamos o melhor de nossos genes vida afora.

Os termos "bons genes" e "genes ruins" são equivocados, pois eles se baseiam em uma interpretação que considera a biologia como um destino. Como vamos explicar, não existem genes bons *versus* ruins. Todos os genes são bons. São as *mutações* – variações na sequência e na estrutura do DNA – que deixam um gene ruim. Outras mutações podem também deixar os genes "bons". As mutações genéticas associadas a doenças que de fato levem a pessoa a desenvolver a condição ao longo de uma vida normal não chegam a 5 por cento de todas as mutações relacionadas a doenças. É uma fração mínima entre as cerca de 3 milhões de variações de DNA no supergenoma de cada indivíduo. Enquanto pensarmos em termos de genes bons e genes ruins, ficamos presos a crenças ruins e antiquadas. A biologia já pode definir quem somos. Na sociedade moderna, em que as pessoas têm mais liberdade de escolha do que nunca, é uma ironia que a genética tenha se tornado tão determinista. "A culpa é dos meus genes" tornou-se a resposta padrão para quem come em excesso, sofre de depressão, infringe a lei, tem um surto psicótico ou até acredita em Deus.

Se essa nova genética está nos ensinando alguma coisa, é sobre a cooperação da natureza com a nutrição. Os nossos genes podem nos predispor à obesidade, depressão ou diabetes tipo 2, mas isso é o mesmo que dizer que um piano nos predispõe a tocar errado. Existe essa possibilidade, porém muito mais importante é toda a música boa de que um piano – e o gene – é capaz.

Nós lhe oferecemos este livro com o intuito de expandir o seu bem-estar. Não porque é preciso evitar uma porção de notas fora do tom, mas porque há muita música bonita a compor. Os supergenes têm a chave da transformação pessoal, que de repente ficou muito mais palpável e desejável.

SUPERGENES, POR QUÊ?

Uma resposta urgente

O objetivo deste livro é elevar o bem-estar cotidiano ao nível de um bem-estar radical. Tal meta demanda uma jornada de transformação através da compreensão de nossa genética. Esse fascinante campo de pesquisa gerou uma avalanche de descobertas interessantes, e a cada dia surgem outras mais. O DNA humano pode revelar ainda muitos segredos. No entanto, já se chegou a um ponto de virada. Está bastante claro que o corpo humano não é o que parece.

Imaginemos alguém diante do espelho: o que essa pessoa vê? A resposta óbvia é um objeto vivo, uma máquina feita de carne e osso. Esse objeto é a nossa casa e o nosso abrigo. Ele nos leva com lealdade aonde quisermos ir e faz o que quisermos. Sem um corpo físico, a vida não teria nenhum alicerce. Porém, e se tudo o que pensávamos sobre o corpo não passasse de ilusão? E se a *coisa* que vemos no espelho não fosse coisa nenhuma?

Na verdade, o corpo é como um rio, sempre fluindo e mudando.

O corpo é como uma nuvem, uma onda de energia que tem 99 por cento de espaço vazio.

O corpo é como uma ideia brilhante na mente cósmica, uma ideia que levou bilhões de anos de evolução para se formar.

Essas comparações não são apenas imagens – são realidades que apontam para uma transformação. Por ora, o corpo como algo físico combina com a vivência cotidiana. Parafraseando Shakespeare, se alguém se corta, sangra, não? Claro, pois esse lado físico da vida é necessário. Mas esse lado físico vem em segundo lugar. Sem outras possibilidades – o corpo como ideia, energia e mudança –, ele iria desaparecer numa onda de átomos.

Uma vez que se consiga enxergar além da imagem do espelho, é então que uma grande história se inicia. Por trás do espelho, digamos assim, a genética vem revelando a história da vida, por etapas, acentuadas pela ruptura representada pela dupla hélice do DNA, uma escadinha retorcida de milhões de degraus químicos. Nos últimos dez anos, no entanto, essa história floresceu, graças à descoberta da intensa atividade de nossos genes. Em todos os cantos do corpo, alguma célula põe em prática o segredo da vida:

- Ela *sabe* o que lhe faz bem e tira vantagem disso.
- Ela *sabe* o que lhe faz mal e evita isso.
- Ela não perde de vista o sustento de sua sobrevivência.
- Ela monitora o bem-estar de todas as outras células.
- Ela se adapta à realidade sem resistir nem julgar.
- Ela recorre às mais profundas fontes de inteligência da natureza.

E nós, soma de todas essas células, podemos dizer o mesmo? Nós comemos demais, exageramos na bebida alcoólica, aguentamos estresse repetitivo e roubamos o nosso sono? Nenhuma célula sadia faria tais escolhas.

Então, por que esse desligamento? A natureza nos projetou para sermos tão saudáveis quanto nossas células. Não há razão para não sermos. As células naturalmente fazem as escolhas certas a todo instante. Como podemos fazer a mesma coisa?

O que as pesquisas recentes apresentam de mais interessante é que a atividade dos genes pode ser bastante aprimorada, e, quando isso ocorre, temos um estado de bem-estar radical. O que o torna radical é que ele ultrapassa a prevenção costumeira. O próprio princípio da doença crônica está sendo exposto pela nova genética. Percebemos como as escolhas de estilo de vida feitas anos atrás afetam profundamente o funcionamento do corpo, tanto na saúde como na doença. Os genes estão de olho em todas as escolhas que fazemos.

Consideramos que o bem-estar radical é uma necessidade urgente, e acreditamos sinceramente que podemos convencê-lo disso. Existe um vazio no bem-estar convencional, desconhecido da maioria das pessoas. Um vazio bem grande, que acentuou o envelhecimento, a doença crônica, a obesidade, a depressão, e o vício também conseguiu entrar nele. Todos os esforços para opor-se a essas ameaças tiveram pouco êxito. É necessário um novo modelo. Eis como uma mulher sentiu essa necessidade.

A história de Ruth Ann

Quando Ruth Ann começou a sentir dor nos quadris, ela deu de ombros. Aos 59 anos, tinha orgulho de sua desenvoltura. Tinha ótimo controle sobre os impulsos e só comia os alimentos certos, sem beliscar nem procurar sorvete na geladeira à meia-noite, coisa que faz as pessoas ganharem peso aos poucos. Não fumava e raramente bebia. Na prateleira da cozinha, tinha um estoque de vitaminas e suplementos alimentares. A sua rotina de atividades físicas ia além do mínimo recomendado de quatro a cinco períodos semanais de atividades vigorosas – ela fazia 2 horas de academia diariamente. Sendo assim, às vésperas de completar 60, Ruth Ann exibia uma bela forma, o que sempre tinha sido sua preocupação principal.

O aparecimento dessa dor nos quadris dois anos antes incomodava, mas ela não deixou que isso atrapalhasse sua rotina de atividades físicas. Aos poucos, a dor tornou-se crônica, apertando sempre que ela estava correndo na esteira. Acabava tendo que se deitar toda tarde, durante uma hora, para aliviar a dor. Ruth Ann foi então ao médico. Fez radiografias, e a notícia não foi boa: ela tinha osteoartrite. O médico lhe disse que mais cedo ou mais tarde ela teria que colocar uma prótese nos quadris.

SUPERGENES, POR QUÊ?

Existem muitos tipos de artrite, e sua causa é desconhecida, mas Ruth tinha uma explicação própria: "Eu não devia ter sido tão fanática nos exercícios. Exagerei, e agora estou pagando por isso". Sentia-se derrotada. Achava que tinha feito tudo certo para adiar o momento de "ficar velha" – o seu maior medo. Agora, os monstrinhos que aceleravam o envelhecimento estavam em seu encalço. Ela tinha a boa forma de uma pessoa de 30, mas essa aparência enganava. Sentia-se cansada à toa, o sono e o apetite eram irregulares, e tinha várias noites de insônia ao longo da semana. O estresse, mesmo pequeno, gerava uma certa ansiedade. Ruth Ann nunca tinha se sentido tão indefesa. Sempre que se via como uma "velhota", tinha vontade de voltar à academia e correr na esteira de novo.

No fundo, Ruth sentia que seu corpo a tinha traído. No entanto, consideremos a situação do ponto de vista das células. Uma célula não ultrapassa seus limites. Ao menor sinal de problema, ela corre para corrigi-lo. Ela obedece ao ciclo natural de descanso e atividade. Respeita a compreensão de vida de seu DNA. De acordo com os padrões comuns, Ruth Ann fez tudo certinho, porém, num nível mais profundo, ela não tinha conexão com a inteligência de seu corpo.

Temos tanta coisa de positivo para contar que vamos falar do lado negativo de uma vez só: as duas maiores ameaças ao bem-estar – doença e envelhecimento – estão sempre presentes. Longe da vista, sem que a gente saiba, a boa saúde atual está sendo minada silenciosamente. Num nível microscópico, há processos anormais em andamento no corpo de todo mundo. As anomalias em uma célula, que afetam apenas um conjunto de moléculas ou a forma de uma enzima, não são perceptíveis. Não vamos sentir isso como uma dor ou sofrimento, nem mesmo como um incômodo vago. Tais anomalias podem levar anos se desenvolvendo antes mesmo de virarem sintomas mínimos. Mas vai chegar o dia em que o corpo começa a nos contar uma história que não queremos ouvir, como fez o corpo de Ruth Ann.

Este livro conta como evitar esse tal dia durante anos ou mesmo décadas. A possibilidade de um bem-estar radical é bastante real, e as ocorrências mais interessantes não passam do prelúdio de uma revolução na saúde pessoal. Seja pioneiro nessa revolução. É o passo mais significativo que você pode dar para moldar o futuro que deseja para o seu corpo, mente e espírito. Como vamos mostrar aqui, os seus genes desempenham um papel em todos esses aspectos.

De genes a supergenes

As ameaças que solapam o nosso bem-estar são constantes. Mesmo que a pessoa se considere protegida, que segurança tem do futuro? Os genes ajudam a responder a essa pergunta. Podem orientar escolhas que sustentam a vida enquanto corrigem as más escolhas antes feitas. O primeiro passo é considerar a célula. O nosso organismo tem aproximadamente 50 a 100 trilhões de células (a variação da estimativa é grande). Não existe nenhum processo – desde ter um pensamento a ter um bebê, de defender-se de uma bactéria a digerir um sanduíche de presunto – que não seja uma atividade especializada de alguma célula. A célula tem que cuidar do seu DNA a fim de que ele continue funcionando direito, pois em última análise, o DNA, sendo o "cérebro" da célula, está encarregado de todos os processos. Em uma pessoa saudável, essa atividade acontece com perfeição mais de 99,9 por cento do tempo. São as pequeninas exceções, que equivalem a meros 0,1 por cento, que causam problemas.

O DNA cuidadosamente enfiado no meio de cada célula é uma coisa magnífica, uma combinação complexa de elementos químicos e proteínas, que abriga todo o passado, presente e futuro de toda a vida do planeta. As bactérias são também fundamentais para o corpo, sendo que trilhões delas cobrem o intestino e a superfície da pele, e formam colônias conhecidas como "microbioma". Há muito se sabe que as bactérias do intestino facilitam a digestão. Mas recentemente a importância do microbioma aumentou muito. Antes de mais nada, o simples número de bactérias, que chega a aproximadamente 90 por cento das células do corpo. E ainda mais crítico: o DNA das bactérias tornou-se parte do DNA humano ao longo de bilhões de anos. Estima-se que 90 por cento da informação genética dentro da gente seja de bactérias – os nossos ancestrais foram micróbios, e ainda estão presentes na estrutura de nossas células de várias maneiras.

Na verdade, o nosso corpo talvez contenha 100 trilhões ou mais de bactérias (numa estimativa grosseira). Isoladas, elas pesariam cerca de 1 a 2 quilos. Se fizermos a contagem do número dos diferentes genes que possuímos, daria cerca de 23.000 genes nas células e 1 milhão de genes em todos esses micróbios variados. Nesse sentido, somos anfitriões sofisticados dos microrganismos que nos colonizam. A implicação disso em termos de medicina e saúde é desconcertante, e só começou a ser explorada agora. Há uma conclusão inevitável: o genoma humano, tendo se expandido dez vezes, tornou-se um supergenoma. Por causa dos micróbios agora envolvidos nessa história, o legado genético da Terra e seus 2,8 bilhões de anos está em nós, aqui e agora. Muito do material, em termos genéticos, ainda está em propagação nas células do nosso corpo.

O fato de o DNA armazenar toda a história da vida lhe dá uma responsabilidade imensa. Uma escorregadela, e uma espécie inteira é varrida do mapa. Considerando isso, os geneticistas passaram muitos anos pensando no DNA como um elemento químico estável, sendo que a maior ameaça a ele seria a instabilidade criada quando um erro escapasse das defesas do organismo. Mas agora percebemos que o DNA reage a tudo o que acontece na vida da gente. Isso abre inúmeras novas possibilidades, e a ciência apenas começou a compreendê-las.

A história de Saskia

Algumas pessoas aparentemente se veem como vítimas de seus genes; outras são por eles recuperadas. Uma mulher vivenciou as duas coisas. Saskia tem 40 e tantos anos e está com câncer de mama em estágio avançado, com metástase em outros órgãos do corpo, inclusive nos ossos. Durante a sua mais recente batalha contra a doença, Saskia preferiu a imunoterapia, cujo objetivo é fortalecer o próprio sistema imunológico do corpo, em vez de quimioterapia. Também decidiu tirar uma semana para aprender a cuidar de si mesma através da meditação, da ioga, de massagens e outras terapias complementares. (Frequentou um programa do Chopra Center. Mencionamos isso para esclarecer melhor, não para levar crédito pelo que ocorreu depois.)

Saskia gostou dessa semana e saiu dela com a sensação de que se relacionava melhor com o próprio corpo. Gostou muito da maneira como foi tratada, sobretudo da atitude carinhosa dos massagistas. No final da semana, ela relatou que a dor nos ossos tinha sumido, e foi para casa se sentindo melhor, tanto emocional quanto fisicamente. Recentemente, enviou um *e-mail* descrevendo o que lhe aconteceu em seguida:

> Depois que voltei para casa, fiz mais uma PET/CT.[1] Esta foi feita quatro meses depois da última. Na semana seguinte, estive com meu oncologista. Embora eu estivesse esperando pelo pior, tinha resolvido que, ainda que o resultado do exame fosse ruim, eu estava me sentindo muito melhor, e era isso que importava. Mas em vez de más notícias, ele me contou que nunca tinha visto uma reação como a minha num período tão curto, sobretudo sem o uso das drogas da químio... Ele estava muito surpreso e ficou muito mais interessado no que eu andava fazendo!

---

1 PET, tomografia por emissão de pósitron; CT, tomografia computadorizada; exames muito usados em oncologia para diferenciar tumores benignos de malignos e identificar metástases. (N. da T.)

Contei a ele o que tinha aprendido no Chopra Center (principalmente meditação, ioga e massagens), as mudanças que eu tinha feito na alimentação, e como o meu marido estava me apoiando nesses últimos meses. Acredito que todas essas coisas estavam trabalhando juntas para facilitar a cura. Praticamente todas as metástases nos meus nódulos linfáticos desapareceram, assim como a metástase no fígado; mais da metade das metástases nos meus ossos sumiram. As metástases ósseas que permaneceram diminuíram muito de tamanho. Há um novo nódulo linfático do lado esquerdo do meu pescoço, mas o médico acredita ser ele insignificante diante da grande melhora de tudo o mais. Disse-me para continuar a fazer fosse lá o que fosse que eu estava fazendo.

Existem duas atitudes diante deste relato. Uma delas é a reação médica comum, ou seja, a rejeição.

Diante dessa experiência de Saskia, a maior parte dos oncologistas simplesmente a consideraria mais uma evidência curiosa, com pouco respaldo nas estatísticas gerais relativas ao tratamento de câncer e à sobrevivência. É tudo uma questão de números, no câncer. O que acontece com milhares de pacientes é o que vale, não o que acontece a um. A outra atitude seria examinar que mudanças ela fez para ter um resultado tão notável. Vamos avaliar todas as mudanças que ela vivenciou que talvez tenham influenciado a manifestação genética:

- Melhora na atitude em relação à sua doença;
- Aumento do otimismo;
- A dor nos ossos diminuiu;
- Apoio emocional do marido;
- Novos conhecimentos a respeito da relação entre a mente e o corpo;
- Novas escolhas de estilo de vida em sua rotina: meditação, ioga, massagem;
- Benefícios com as massagens terapêuticas e outros tratamentos do centro.

A lista é bem variada, e apenas dois desses itens seriam considerados normais em tratamento de câncer. Mas existe uma linha comum a todos eles. Novas mensagens foram enviadas do cérebro dela para os genes e vice-versa. Se a medicina pudesse decodificar essas mensagens, ficaríamos mais perto de resolver o mistério da cura. É bem difícil para qualquer médico comprometido com a cura de seus pacientes admitir que só o corpo da pessoa será capaz de curá-la. E o que o corpo faz para chegar à cura, impulsionando átomos e moléculas – ou não – ainda é um grande mistério.

É imprevisível o que vai acontecer com Saskia nos próximos meses e anos. Não estamos fazendo curas milagrosas, de forma alguma. Sabemos muito bem que "milagre" não é um termo útil para compreender como o corpo funciona.

Se pudéssemos ouvir a corrente de mensagens recebidas no nível genético ao longo de um dia inteiro, provavelmente ouviríamos algo assim:

- Continue fazendo o que está fazendo.
- Rejeite ou ignore mudanças.
- Não me traga problemas. Não quero saber deles.
- Dê prazer à minha vida.
- Evite dificuldades e dores.
- Cuide-se. Eu não quero fazer isso.

Ninguém tem consciência de estar sempre dizendo esse tipo de coisa aos genes, pois esses recados não têm palavras, como um telegrama. Mas a intenção é evidente, e as células reagem ao que queremos e fazemos, não ao que dizemos. Temos muita sorte de ter um corpo que funciona automaticamente, de modo quase perfeito, durante anos. Porém, devemos participar de nosso bem-estar, enviando mensagens conscientes aos genes, pois continuar no piloto automático não vai ser suficiente. Um bem-estar radical exige escolhas conscientes. Quando fazemos as escolhas certas, os genes vão cooperar com o que desejarmos. É essa história nova que você deve acompanhar, transformando-a na sua história. Quando se transformar através dos seus genes, eles vão se tornar supergenes. A fim de orientar você na direção dessa meta, o resto do livro está organizado em três partes:

A ciência da transformação: Aqui oferecemos a você o mais recente conhecimento sobre a nova genética e a revolução que está mudando a biologia, as teorias da evolução, a hereditariedade e o próprio organismo humano.

Escolhas de estilo de vida de um bem-estar radical: Aqui propiciamos um caminho de mudança, tanto prático quanto fácil, na medida do possível.

Orientação de sua evolução: Aqui vamos à fonte de todo o crescimento e mudança: a consciência. Não é possível mudar o que não é consciente, e quando temos completa consciência, dá-se a transformação orientada por nós mesmos.

Eis o mapa. Agora, começamos a viagem. No mapa está marcado o território de abrangência, mas até que você entre nele, ele não terá sentido. O que faz desta jornada algo único é que todos os passos têm o poder de mudar a sua realidade pessoal. Nada é mais fascinante nem compensador.

Quase cem anos antes de o DNA ter revelado seu primeiro segredo, Rumi, o místico persa, fez essa mesma viagem. Ele teve o cuidado de nos contar aonde essa estrada leva:

Grãos de poeira dançando na luz
É nossa essa dança, também.
Não escutamos para ouvir a música –
Não importa.
A dança da vida continua,
E na alegria do sol
Esconde-se um Deus.

PARTE 1

A CIÊNCIA DA TRANSFORMAÇÃO

Graças à revolução genética à nossa volta, surgiu um novo e poderoso aliado para auxiliar a felicidade humana. A ideia de que o DNA contém o código da vida não é nova. Novo é dizer que podemos usar os genes. O DNA não fica trancado como uma conta bancária bloqueada. Como já dissemos, a crença antiga de que "biologia é destino" não tem mais a força que já teve. A ciência da transformação traz uma nova história, de infinitas possibilidades, que surgem do DNA. Mas, a fim de compreender essa história, é preciso encarar o DNA em toda a sua maravilhosa complexidade.

A evolução de toda a vida planetária está condensada no ácido desoxirribonucleico – esse é seu nome completo. Um único filamento de DNA tem 3 metros de comprimento, no entanto, ele cabe num espaço de apenas 2 a 3 micrômetros cúbicos no núcleo celular (1 micrômetro = 1 milionésimo de metro). Apenas cerca de 3 por cento do nosso DNA é formado de genes, que propiciam uma fotocópia de proteínas e de ácidos ribonucleicos (RNA), o fac-símile do DNA com o qual as proteínas são formadas ou a atividade dos genes é regulada. Isso, junto com gorduras, água e uma porção de micróbios amistosos, forma o nosso corpo físico. Para um geneticista, somos uma colônia extremamente complexa feita de DNA, e estamos sempre em reconstrução.

A superestrutura do corpo está sob revisão constante, de acordo com o nosso modo de vida. O que se conhece como sequenciamento genético – os milhares de produtos químicos produzidos pelos genes – é bastante flexível, contradizendo o que muita gente pensa. Por exemplo, já ouvimos inúmeras vezes que: "filho de peixe peixinho é", "o fruto não cai longe do pé", ou "é a cara do pai". Mas quanto de verdade há nesses ditados? Somos de fato apenas a cópia biológica e damos continuidade à personalidade de nossos pais, com pequenas variações?

A nova genética nega isso. Como o cérebro, que reage a cada escolha feita, o nosso genoma está sempre reagindo também. Embora os genes que os pais nos transmitiram não virem novos genes – essa fotocópia continua a mesma durante a nossa vida toda –, a atividade genética muda com fluidez e rapidez. Os genes são suscetíveis às alterações adversas que podem ocorrer devido a dietas, doenças, estresse e outros fatores. É por isso que as escolhas cotidianas de estilo de vida têm repercussão no nível genético. É através do sequenciamento genético que a inteligência do corpo adquire uma forma física. Como vamos ver, o mais surpreendente é que a influência sobre o corpo hoje poderá vir a ser percebida no bem-estar de nossos filhos e netos futuramente.

Além do DNA, o genoma é formado de proteínas específicas que sustentam e "amortecem" o DNA. O próprio DNA é composto de quatro bases químicas que se emparelham, formando os degraus das duplas hélices.

Essas quatro bases são a adenina (abreviada com A), a timina (T), a citosina (C) e a guanina (G). O fato de um conjunto de apenas quatro letras do alfabeto ser responsável por todas as formas de vida da Terra é sempre surpreendente. Eis como a complexidade surge da simplicidade: A liga-se a T, e C liga-se a G. Um genoma único como o nosso traz 3 bilhões de pares de bases de cada um dos pais. Esses 3 bilhões de pares de bases são divididos em 23 cromossomos, classificados de 1 a 22, mais os cromossomos sexuais, X e Y. Toda mãe transmite ao bebê um cromossomo X. Se o pai transmitir um cromossomo Y, o bebê será do sexo masculino; se for um cromossomo X, o bebê será do sexo feminino.

A CIÊNCIA DA TRANSFORMAÇÃO

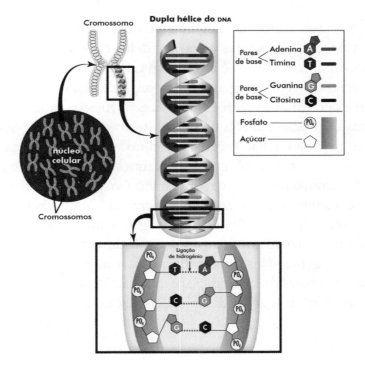

Como cada um dos pais nos transmite 23 cromossomos e 3 bilhões de pares de bases do DNA, a nossa célula contém um total de 46 cromossomos e 6 bilhões de pares de base. Já dá para compreender como a natureza se abastece de materiais de construção a fim de fazer uma mariposa, um camundongo ou um Mozart, a partir de quatro letras.

O término do memorável Projeto Genoma Humano, em 2003, juntamente com outras pesquisas subsequentes, rendeu resultados não só surpreendentes, mas também desconcertantes. Por exemplo, o nosso genoma contém aproximadamente 23.000 genes, número muito menor do que o imaginado. Consideramos o *Homo sapiens* como sendo a forma de vida mais evoluída da Terra, mas isso não significa ter mais genes – o genoma do arroz, que contém 12 pares de cromossomos, apresenta 55.000 genes! Como espécie, de que forma a gente se vira com menos genes do que um grão de arroz? A resposta está na eficiência de nossos genes e, sobretudo, quantas proteínas distintas cada um deles consegue produzir. O sequenciamento genético é a chave de tudo.

Comparados com os genes do arroz, cada um de nossos genes consegue gerar muitas versões diferentes da mesma proteína, sendo que cada uma desempenha um papel ligeiramente diferente no organismo, seja na formação celular, seja no seu ajuste. Graças à evolução do DNA humano, obtemos mais funções biológicas de menos genes. Economia de escala e redundância (mais cópia de segurança, para que a sobrevivência não dependa apenas de um sistema genético) é a regra na evolução. Os nossos genes ainda estão evoluindo a fim de propiciar maior retorno de investimento, digamos assim. Ademais, os genes mais importantes para a sobrevivência de nossa espécie têm cópias de segurança, para o caso de algum deles se corromper devido a mutações daninhas. Isso é que é eficácia e previsão!

Como ser único

A partir desses fatos básicos, fica claro que o nosso arranjo genético é único em dois aspectos. Primeiro, somos únicos por causa dos genes com os quais nascemos, que ninguém mais tem a não ser gêmeos univitelinos. Segundo, a pessoa é única por causa do que seus genes estão fazendo neste exato momento, pois essa atividade é a história dela, o livro da vida cujo autor é ela. O resultado de escolhas comuns de estilo de vida (Devo ir à academia ou ficar em casa? Faço fofocas no trabalho ou não me meto na vida de ninguém? Faço doações ou engordo a minha conta bancária?) depende de uma simples pergunta: O que estou requisitando de meus genes? O vaivém entre nós e os genes é fator determinante no presente e no futuro.

Porém, não é necessário todo o genoma para que alguém seja único. Entre os 3 bilhões de pares de bases de DNA que cada um, pai e mãe, nos transmite, há uma diferença a cada milhar de pares, se comparados com a vasta maioria do DNA humano do planeta. Ou seja, cada um – pai e mãe – transmitiu aproximadamente 3 milhões de pares de bases conhecidas como variantes de DNA. Uma variante de DNA pode às vezes – mas raramente – garantir uma certa doença no percurso de uma vida normal ou simplesmente servir para aumentar o risco de alguém diante dessa doença, sem garantir a doença propriamente. Por exemplo, em um dos 3 bilhões de degraus da dupla hélice, talvez alguém tenha a base A, enquanto o irmão gêmeo tenha a T. Essa diferença pode significar uma predisposição para o desenvolvimento de uma doença como a doença de Alzheimer ou um tipo específico de câncer, ao passo que o gêmeo não tem isso.

Ao contrário da percepção geral, não existem "genes doentes". Todos os genes são "bons" e oferecem funções normais, necessárias ao corpo. São as variantes que abrigam que podem gerar problemas. O aspecto positivo é que algumas mutações aumentam a resistência a doenças. Algumas raras linhagens familiares, por exemplo, causaram uma imunidade quase total a doenças cardíacas. Independentemente da quantia de alimentos gordurosos de sua alimentação, o colesterol não se converte em gordura no sangue, que reveste de placas as artérias coronarianas. Os geneticistas vêm examinando essas populações isoladas a fim de descobrir que variante lhes proporciona a resistência a doenças cardíacas. Como prova disso, existem populações pequenas e raras nas quais a doença de Alzheimer afeta quase todos os membros da linhagem antes da velhice. Eles também precisam ser estudados para ajudar a descobrir se a assinatura genética é responsável por essa lamentável consequência.

Felizmente, Rudy esteve intimamente envolvido com os mais recentes acontecimentos relacionados a essa revolução genética. Quando ele e o colega, dr. James Gusella, ainda com 20 e poucos anos, estavam desenvolvendo o primeiro mapeamento do genoma humano no Massachusetts General Hospital, foram os primeiros pesquisadores do mundo a localizar um gene causador de doença ao rastrear variantes naturais do DNA no genoma. Nesse estudo histórico, conseguiram demonstrar que o gene da doença de Huntington está presente no cromossoma 4. A doença de Huntington é um distúrbio fatal, e não havia até então nenhuma ideia da sua causa.

Algumas variantes são comuns, e estão presente em mais de 10 por cento da população humana, enquanto outras são mutações raras e isoladas. Uma variante genética pode nos predispor a certas doenças ou comportamentos, e é por isso que os pesquisadores estudam tanto a contribuição genética à doença de Alzheimer ou à depressão. O DNA pessoal, essa impressão digital, baseia-se em um conjunto de variantes herdado. Ele determina o funcionamento e a estrutura de centenas de milhares de tipos diferentes de proteínas do nosso organismo.

O número de variantes genéticas que nos dá uma característica marcante, como olhos azuis ou cabelo loiro, é conhecido como variante genética altamente penetrante, e elas estão em minoria, formando cerca de 5 por cento do total. Mas, na maior parte dos casos relativos à saúde e à personalidade, o nosso destino genético não é imutável. Os genes são apenas um componente da inter-relação quase infinita entre DNA, comportamento e ambiente.

Esse fato foi apontado num estudo sobre autismo feito em 2015 e publicado na revista *Nature Medicine*. O autismo é um distúrbio desconcertante, pois não existe um tipo único, mas sim um vasto espectro comportamental – em que Rudy trabalhou intensamente ao longo de sua carreira. Uma criança autista, retratada pelos meios de comunicação de massa, é a imagem de um estado de completo isolamento, no qual a criança mal reage a qualquer estímulo externo. Totalmente voltada para si mesma, essa criança joga o corpo para a frente e para trás ou se remexe sem parar, com gestos robóticos. Não existem emoções, ou elas são atrofiadas. Os pais ficam desesperados para encontrar uma forma de quebrar essa concha.

Em algumas famílias, porém, existem duas crianças autistas, e não é incomum os pais relatarem que o comportamento delas é diferente. O novo estudo, que avaliou os genes de irmãos autistas, confirmou essa impressão. Os pesquisadores examinaram 85 famílias nas quais duas crianças haviam sido diagnosticadas com autismo. Com técnicas como estudo de associação de todo o genoma e de sequenciamento genômico, é possível examinar milhões de variantes de DNA do genoma de uma pessoa. O estudo mirou cem variantes específicas que têm sido geneticamente associadas a um risco maior de autismo. Para surpresa geral, apenas cerca de 30 por cento dos irmãos autistas compartilhavam da mesma mutação em seu DNA, e 70 por cento, não.

No grupo dos que compartilhavam, as duas crianças autistas se comportavam mais ou menos da mesma maneira. Mas no grupo dos que não compartilhavam, o grupo dos 70 por cento, o comportamento delas era tão distinto quanto o de qualquer irmão. Isso sugere que o autismo é único, pois cada pessoa é única. Mesmo que os cientistas examinassem o genoma de milhares de crianças autistas, seria um desafio imenso determinar a base biológica da doença.

Infelizmente, não conseguir prever o autismo com antecedência nos deixa num estado de incerteza. A probabilidade de haver duas crianças autistas em uma família de quatro ou mais é remota, cerca de 1 em 10.000. Como relatado pelo *New York Times*, um casal canadense que já tinha na família um caso grave de criança autista e uma criança sem nenhum problema comportamental consultou um médico a propósito do desejo de ter um terceiro filho. Qual seria a chance de terem mais um bebê autista? Os hospitais avaliaram o genoma da criança mais velha afetada para chegar a uma previsão. Nesse caso, disseram ao casal que a chance de terem outra criança autista era mínima, e, se mesmo assim ela fosse autista, não seria necessariamente um caso grave.

Mas, na verdade, o novo bebê que o casal teve desenvolveu um autismo sério. O casal relata que as duas crianças autistas não têm o mesmo comportamento. Uma delas é sociável a ponto de aceitar estranhos, enquanto a outra se retrai. Uma gosta de brincar com computadores; a outra não tem interesse nenhum. Uma corre pela casa, enquanto a outra prefere ficar num lugar só.

Este é o resultado da diversidade. Não importa quantas amostras genéticas sejam feitas de uma linhagem familiar, o bebê a nascer vai ser bastante imprevisível, não apenas em termos de risco de autismo, mas em geral.

Embora os genes obviamente determinem algumas coisas, como o início de algum tipo raro de doença, na maior parte do tempo, as variantes genéticas que herdamos apenas conferem uma *suscetibilidade* em relação a uma doença. O mesmo pode ser dito sobre a predisposição genética a certos comportamentos ou tipos de personalidade. No fundo, é o que fazemos, o que vivenciamos, o modo como encaramos o mundo, mais aquilo a que estamos expostos em nosso ambiente, que tem de fato grande influência sobre o resultado dos genes que herdamos. Ninguém consegue ser preciso sobre quanta influência podemos ter sobre nossa manifestação genética. Mas não há mais dúvida de que a nossa influência é importante, pois está sempre em jogo.

É possível agora reconstruir o genoma dos neandertais a partir dos seus vestígios, mas ainda que seus genes sejam observados detalhadamente, o futuro da evolução humana não é observável. Não existe nenhum gene de matemática ou ciências. Se compararmos os genes de Mozart com os de um violinista amador, não vai ser possível detectar qual era o gênio da música. Até as previsões mais básicas estão longe de ser simples. Uma mulher grávida talvez queira saber qual vai ser a altura de seu filho, mas não existe um gene único de altura. Pelo que já se sabe, mais de vinte genes estariam envolvidos nesse aspecto. Mesmo que fosse possível saber como esses vinte genes se expressariam, chegaríamos a 50 por cento da resposta, na melhor das hipóteses. Fatores ambientais, como alimentação, inclusive a dieta da mãe e a do bebê, contribuiriam com a outra metade da resposta.

Sendo bem generosos, vamos supor que um dia a genética consiga prever a engrenagem de todos os fatores físicos, usando algum tipo de supercomputador. Com esses dados, ainda assim seria incerto prever a altura de uma criança, pois sempre acontecem coisas inesperadas. Existe uma doença conhecida como nanismo, por exemplo, que gera um crescimento atrofiado em crianças nascidas em famílias em situação de violência. A conexão entre a mente e o corpo se transforma num fator psicológico de grande peso emocional em uma expressão física. Em resumo, o alfabeto do DNA pode escrever inúmeras "palavras", mas nunca sabemos quais.

Às vezes, é possível testemunhar como as vivências alteram o DNA de uma pessoa. No final de cada cromossomo existe uma parte do DNA denominada "telômero", que impede que o cromossomo se solte, como faz a ponta de um cadarço. À medida que envelhecemos, esses telômeros ficam menores a cada nova divisão celular. Depois de várias divisões, a proteção dos telômeros fica tão curta que a célula fica senil – isto é, não consegue mais se dividir. Em seguida ela morre, e não há novas células para substituí-la.

Como se vê, a vida das pessoas também afeta os telômeros. Os cientistas da Universidade de Duke analisaram amostras de DNA de crianças de 5 anos, e o fizeram de novo quando elas tinham 10 anos. Eles sabiam que algumas dessas crianças tinham sofrido violência doméstica, abuso sexual e *bullying*. Os telômeros dos que viveram as experiências mais negativas e estressantes sofreram uma erosão mais rápida. Por outro lado, outras pesquisas indicam que o comprimento dos telômeros aumenta com exercícios e meditação.

As implicações disso são profundas. A longevidade não é influenciada apenas pelas variantes de DNA herdadas dos genes de nossos pais. O que ocorre com uma pessoa hoje talvez venha a aparecer na estrutura de seu cromossomo.

Uma das linhas mais fascinantes da nova genética envolve experiências de vida e genes. A existência humana é infinitamente complexa, o que faz da tarefa de compreender como os genes reagem à vida diária algo atordoante. Eles reagem de alguma forma, e já começamos a revelar como – este é o tema de nosso próximo capítulo, que expõe muitas possibilidades novas e muitos mistérios ao mesmo tempo.

COMO MUDAR O SEU FUTURO

A chegada da epigenética

É a "epigenética" que trata do que faz os genes não serem fixos, mas sim fluidos, maleáveis e interconectados. "*Epi*", de origem grega, significa "sobre", portanto, a epigenética estuda o que está acima da genética. Fisicamente, *epi* se refere aos revestimentos de proteínas e elementos químicos que recheiam e modificam cada filamento de DNA. O conjunto de modificações epigenéticas do DNA do nosso corpo é conhecido como "epigenoma". Talvez hoje em dia as pesquisas sobre o epigenoma sejam a parte mais interessante da genética, pois é nele que os genes se ligam e desligam (como um interruptor) e aumentam e diminuem (como um termostato). E se for possível controlar esses dispositivos voluntariamente? Essa perspectiva é de deixar zonzo qualquer geneticista curioso!

Em 1950, antes de suspeitarem da existência do epigenoma, Conrad Waddington, um biólogo inglês, foi o primeiro a sugerir que o desenvolvimento humano, de feto a adulto, não seria completamente programado (*"hard"*) no DNA.[1] Passaram-se décadas para que a noção de programação genética *"soft"* (epigenética) fosse aceita, pois pensava-se que os genes eram estáveis, ao contrário do que é bem sabido atualmente. Mas eventualmente tornou-se

---

1 O autor usou aqui os termos *"hard"* e *"soft"* numa analogia com a informática, em que *"hardware"* são os componentes eletrônicos e *"software"* são os programas e aplicativos. (N. da T.)

impossível ignorar algumas anomalias. Os gêmeos univitelinos são o exemplo clássico, porque nascem com genes idênticos. Se o DNA os programasse, eles deveriam ser biologicamente predestinados a ser exatamente iguais a vida toda.

Mas não são. Gêmeos idênticos com o mesmo DNA genômico podem ser bem diferentes conforme sua maneira de viver e conforme a tradução disso feita pela atividade genética. Quem conhece pares de gêmeos já os ouviu falar de suas diferenças. É preciso muito mais do que o mesmo genoma para criar uma pessoa. Duas formas idênticas podem ser construídas com o mesmo projeto, mas serem bem diferentes de acordo com as atividades internas. A esquizofrenia, por exemplo, parece ter um componente genético, no entanto, se um gêmeo é esquizofrênico, há apenas 50 por cento de chance de que o outro também o seja. Esse mistério requer mais estudos, mas já é possível enxergar o dilema existente em considerar a "biologia como destino". A epigenética surgiu quando os geneticistas se preocupavam com os controles que regiam a manifestação genética. Como se vê, a flexibilidade desses controles é um dos bens mais preciosos da vida.

Embora todas as nossas células apresentem sequências de DNA bastante idênticas e projetos genéticos, cada um dos cerca de duzentos e tantos tipos de células possui estruturas e funções diferentes. À luz do microscópio, um neurônio é tão diferente de uma célula do coração que mal dá para acreditar que funcionam de acordo com o mesmo DNA. Os genes são programados para criar uma variedade de células diferentes a partir das células-tronco, os "bebês" que dão origem às células maduras. As células-tronco de nossa medula, por exemplo, substituem as células sanguíneas quando elas morrem, o que ocorre a cada poucos meses. O cérebro também tem uma reserva vitalícia de células-tronco, o que propicia a reprodução de novos neurônios em qualquer estágio da vida – uma boa notícia para uma população que envelhece, mas quer continuar com o máximo possível de energia e lucidez.

Um entendimento mais completo sobre a hereditariedade *soft* vem se revelando, e a cada passo, novas surpresas. Num estudo de 2005, o dr. Michael Skinner demonstrou que expor um camundongo fêmea prenhe a substâncias químicas que prejudicam as funções sexuais resultava em problemas de fertilidade em seus filhotes e em seus descendentes. Surpreendentemente, esses problemas de fertilidade eram transmitidos às novas gerações como uma herança *soft* dos camundongos machos – através de marcas químicas (conhecidas como grupo dos metilos) do DNA – junto com a sequência de DNA de seus pais. Sabemos não se tratar de uma hereditariedade "programada" (*hard*) porque a própria sequência de DNA dos genes transmitidos continuava igual.

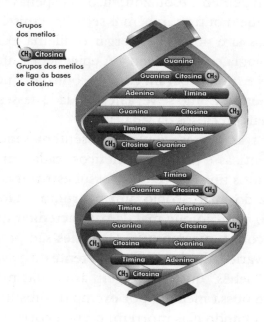

Se o DNA é o armazém de bilhões de anos de evolução, o epigenoma é o armazém das atividades genéticas de curto prazo, tanto as mais recentes quanto as que chegam a uma, duas ou várias gerações. Na biologia, não é fato novo que a memória pode ser herdada. Os ossos das nadadeiras dos peixes ancestrais são os mesmos, em termos de estrutura, que os ossos das patas dos mamíferos e os de nossas mãos. Definitivamente, esse tipo de memória é de conexão *hard* (programada), pois a evolução de espécies de peixe, ursos, roedores e do *Homo sapiens* levou milhões de anos para se tornar estável. A novidade da epigenética é que a memória da experiência pessoal – a nossa, a do nosso pai, a da bisavó – pode ser transmitida imediatamente.

Isso nos leva ao conceito mais importante da nova revolução genética. O epigenoma permite que os genes reajam à experiência. Eles não ficam isolados, mas abertos para o mundo, tanto quanto nós. Assim, o modo como reagimos à vida cotidiana, física e psicologicamente, pode ser transmitido pela hereditariedade *soft*. Em outras palavras, quando alguém sujeita os genes a um estilo de vida saudável, vai criar supergenes. Tal possibilidade soaria como ficção científica antigamente, quando era tido como líquido e certo que só o DNA é transmitido dos pais aos rebentos. Porém, num estudo histórico de 2003, os cientistas consideraram dois grupos de camundongos com um gene mutante que dava origem à pelagem amarela e ao apetite voraz. Eles eram então modificados geneticamente para comer até adquirir obesidade.

Em seguida, os pesquisadores alimentavam um grupo de camundongos com uma dieta padrão, enquanto o outro grupo recebia a mesma alimentação aditivada com suplementos nutricionais (ácido fólico, vitamina B12, colina e betaína, composto encontrado no açúcar de beterraba). Como se comprovou, os filhotes dos camundongos que receberam suplementos desenvolveram pelagem marrom e peso normal, apesar do gene mutante. Surpreendentemente, o gene mutante de pelagem amarela e apetite voraz foi atropelado pela dieta da mãe. Corroborando essa descoberta, uma outra pesquisa descobriu que os camundongos cujas mães tinham recebido menos vitaminas tinham maior predisposição à obesidade e a outras doenças. Portanto, a alimentação maternal pode ter um impacto maior sobre o bebê do que se imaginava.

As implicações desses estudos foram revolucionárias em muitos aspectos. Primeiro, o epigenoma sempre interage com a vida cotidiana. O que acontece conosco hoje é gravado num nível epigenético e, se o ser humano reagir como o camundongo, será transmitido às futuras gerações. Então, uma certa predisposição não pertence apenas a uma pessoa. Ela existe em um tipo de esteira genética na qual cada geração contribui com alguma coisa.

Um outro estudo, publicado em 2005, demonstrou que as mulheres grávidas que testemunharam os ataques de 11 de setembro no World Trade Center, em Nova York, transmitiram níveis mais altos de cortisol, hormônio do estresse, aos seus bebês. A infância traumática da mãe ou da avó pode alterar a personalidade de uma pessoa, tornando-a mais ansiosa ou depressiva. Se o genoma é a planta da vida de um arquiteto, o epigenoma é o engenheiro, a equipe de construção com mestre de obras e tudo o mais.

Mistério holandês

Já demonstramos como a epigenética aprofunda as mudanças das atividades genéticas provocadas pela vivência. Tais mudanças não exigem alterações na sequência do DNA em si, ou seja, nenhuma mutação. Na verdade, existe algum tipo de mecanismo, mas não algo simples como ligar e desligar. O que ocorre é que o mecanismo do DNA é tão complexo quanto o comportamento humano. Vejamos um comportamento comum, como "perder a paciência": como um interruptor, a raiva pode se ligar e desligar ou permanecer por algum tempo. Ela também fica escondida, disfarçada sob o controle das emoções. Quando surge, é leve ou explosiva. Essas diferenças são aceitáveis, pois todo mundo conhece alguém de cabeça quente ou mais controlado. Sabemos como engolir a raiva, mas ao mesmo tempo lutamos contra isso.

Traduzindo essa situação em termos de atividade genética, valem essas mesmas variáveis. Qualquer atividade de um gene pode ser escondida ou desligada. Pode ser transmitida parcial ou totalmente, aumentando ou diminuindo, como se fosse controlada por um termostato. E assim como a raiva se entrelaça com outras emoções, os genes se entrelaçam uns com os outros. É cada vez mais evidente que todas as experiências subjetivas devem a sua complexidade a uma complexidade paralela num nível microscópico.

Sabemos muito pouco ainda. Se as emoções lidam com os genes e os genes lidam com as emoções, esse ciclo é infinito. A epigenética nos traz até a sala de controle dos interruptores, mas ainda não os coloca em nossas mãos. A nossa responsabilidade individual é ter domínio sobre esses interruptores. Do contrário, sem ninguém no controle, as mudanças genéticas podem ser bastante drásticas. Vamos tratar de um exemplo já bem conhecido e intrigante.

Abaixo, há um gráfico da altura masculina na Europa, de 1820 a 2013, de acordo com as pesquisas de Randy Olson, da área de ciências da computação. (Existem outros cálculos diferentes deste, mas em geral o padrão é o mesmo.) Vamos avaliar sobretudo a linha de tempo da Holanda, no alto, à direita.

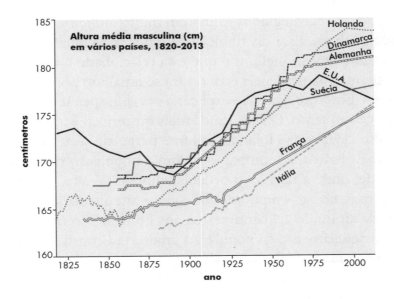

Surpreendentemente, os holandeses são os homens mais altos do mundo, com uma altura média de 185 centímetros (1,85 metro, aproximadamente). Em Amsterdã, existe um clube de homens acima de 1,86 metro, algo que não é raro. Basta uma breve caminhada pelas ruas dessa cidade para ver homens e mulheres altos de chamar a atenção.

Esse ganho de altura representa uma tendência recente, como o gráfico também mostra. Desde 1820, há um ganho de altura constante em muitos países, mas os holandeses se destacam, pois eram os europeus mais baixos até então. O exame de esqueletos enterrados a partir de 1850 indica que a média da altura dos homens holandeses girava em torno de 1,68 metro, e a das mulheres, 1,55 metro. (Os dinamarqueses, segundos em altura em 2013, eram cerca de 6 centímetros mais altos que os holandeses em 1829, e agora ficaram um pouco para trás.) O que levou essa população a um crescimento tão impressionante num período tão curto de tempo?

À procura de uma explicação para isso, Olson consultou outras estatísticas. Elas revelaram que, à medida que a renda crescia e os holandeses prosperavam, a riqueza se distribuiu melhor. Em vez de poucos privilegiados ganharem muito dinheiro, quase todo mundo ganhava. Essa distribuição de renda mais igualitária levou a uma alimentação melhor, o que está relacionado a mais altura. Mas essa mesma tendência econômica se espalhou por quase toda a Europa, portanto, isso não explicaria por que apenas os holandeses cresceram tanto. O dado ainda mais misterioso é que os moradores das cidades da Holanda, durante partes do século XIX, eram ainda mais baixos, se comparados com a população rural. Morar na cidade, onde a taxa de mortalidade infantil é alta, há doenças contagiosas, classes empobrecidas, água e ar poluídos, levou a um déficit de altura de 2,5 centímetros nos homens. Ao mesmo tempo, o enriquecimento da população urbana era constante, portanto a prosperidade não implica altura.

Uma possibilidade mais interessante está diretamente ligada aos genes. A sequência de DNA dos holandeses é quase a mesma de duzentos anos atrás. Até muito recentemente, não havia grandes ondas migratórias que pudessem alterar os genes holandeses, a não ser que houvesse casamentos com os recém-chegados. Mas e se acontecesse o contrário? É comumente aceito, Olson salienta, que os nossos ancestrais eram altos. Talvez, há centenas de gerações, os holandeses fossem altos, mas depois a carência alimentar os encolheu. Nesse caso, a alimentação melhor provocaria o gene ancestral, levando ao aumento da altura.

Trata-se de uma possibilidade vaga, no entanto, qualquer explicação deve incluir os genes, sobretudo o epigenoma. Como o epigenoma se modifica de acordo com as experiências vividas no passado, o que poderia ter causado tal aumento de altura? Aliás, também vem da Holanda uma das melhores comprovações de que a epigenética, de certo modo, pode registrar a memória das experiências ancestrais. O período de fome na Holanda, também conhecido como *"Hongerwinter"*, ou "Inverno da Fome", talvez tenha nos ensinado mais sobre os efeitos da epigenética em seres humanos do que qualquer outro acontecimento. Enquanto os alemães enfrentavam o início da derrota na Segunda Guerra Mundial, no terrível inverno de 1944, eles forçaram um embargo de alimentos e suprimentos contra os holandeses e começaram sistematicamente a destruir o sistema de transporte e as fazendas do país. O resultado foram cortes drásticos no estoque alimentício e a fome durante o inverno de 1944-45. Os estoques das cidades no oeste da Holanda logo minguaram. A ração diária de um adulto em Amsterdã chegou a menos de 1.000 calorias, no final de novembro de 1944, e a 580 calorias, no final de fevereiro de 1945 – apenas um quarto das calorias necessárias à saúde e à sobrevivência de uma pessoa adulta. A população subsistiu sobretudo com pão velho, batatas, açúcar e quase nenhuma proteína.

Milhões de anos de evolução nos aparelharam com a capacidade de sobreviver a longos períodos de má nutrição. O organismo desacelera a fim de conservar as energias e recursos. A pressão arterial e o batimento cardíaco diminuem, e começamos a sobreviver da própria gordura. Em grande parte, essa capacidade só é possível devido às alterações na atividade de nossos genes. Em alguns casos, a atividade genética é ativada, ou não, pela epigenética. Essa experiência holandesa vai ainda mais longe, mostrando que as mudanças no DNA ocorridas na vida adulta podem ser herdadas pelas gerações futuras. As pesquisas feitas com crianças nascidas dos sobreviventes desse Inverno da Fome na Holanda revelaram exatamente isso.

Os pesquisadores de Harvard obtiveram os cuidadosos registros da saúde e dos nascimentos daquela época, e, como era esperado, os bebês nascidos durante o Inverno da Fome com frequência tinham problemas graves de saúde. Os bebês ainda no útero materno durante esse período, entre o terceiro e o nono mês da gravidez, nasceram abaixo do peso. No entanto, os bebês do terceiro trimestre para o fim do Inverno da Fome – ou seja, pouco antes do fim do embargo de alimentos – nasceram na verdade maiores do que a média. As dietas diferentes das mães tiveram esse efeito.

A maior surpresa, no entanto, foi estudar essa prole quando adulta. Comparados com os nascidos fora do Inverno da Fome, os adultos nascidos durante ele tinham grande tendência à obesidade. Na verdade, havia o dobro de indivíduos obesos entre os que estavam na barriga da mãe durante o Inverno da Fome, sobretudo no segundo e terceiro trimestres. Algum tipo de memória epigenética parece funcionar. Vamos tratar desse mecanismo mais adiante.

O estudo do Inverno da Fome na Holanda foi importante porque abriu os olhos de todo o mundo sobre os efeitos duradouros de vivências pré-natais que alteravam o genoma. Audrey Hepburn, a linda e querida atriz, foi uma dessas crianças holandesas desse período de carestia. Na idade adulta, ela sofria de anemia e tinha surtos de depressão. Não era só ela. Os bebês que estavam no útero materno durante o Inverno da Fome também tinham maior tendência à esquizofrenia e a outros problemas psiquiátricos. Embora inconclusos, alguns dados indicam que, quando essa geração teve filhos, deu origem a uma geração abaixo do peso. Como uma esteira rolante, o genoma continuou transmitindo a grave carência de alimentos de uma geração para outra.

A esteira rolante da experiência

Esse novo conhecimento sobre traços herdados foi resultado de sofrimentos terríveis, mas esclarece por que os cuidados com as mulheres durante a gravidez são tão essenciais. Mesmo assim, há controvérsias nessas descobertas. Será que essa esteira rolante realmente cruza as lacunas entre gerações? Em 2014, dados de um estudo de ponta feito em camundongos deram mostra da primeira evidência convincente de que a hereditariedade transgeracional pode ocorrer em mamíferos. Anne Ferguson-Smith, geneticista da Universidade de Cambridge, na Inglaterra, publicou suas descobertas na renomada revista *Science*, depois de testar em camundongos as implicações epigenéticas do período de fome holandês. Ela teria afirmado: "Resolvi que estava na hora de fazer eu mesma alguns experimentos sobre esse assunto, em vez de criticar as pessoas".

Críticas acaloradas envolveram a notável descoberta de que a alimentação de uma mulher grávida tem um impacto duradouro sobre a saúde de seus filhos em longo prazo. Para um darwiniano convicto, no momento em que o esperma do pai fertiliza o óvulo da mãe, o destino genético do bebê está selado. Ferguson-Smith e seus colegas fizeram novas pesquisas com uma linhagem de camundongos que sobrevivia com uma dieta de baixíssimo teor de calorias. Como esperavam, os camundongos geraram filhotes desnutridos propensos a diabetes. Os machos da ninhada deram origem a uma segunda geração que também acabou tendo diabetes, mesmo consumindo uma alimentação normal. Essas descobertas surpreendentes provaram que a esteira rolante genética de fato existe.

Esse novo paradigma abre novas perspectivas. As mulheres grávidas já são orientadas a não fumar nem beber durante a gravidez. Expor o feto a toxinas aumenta o risco de defeitos congênitos. É interessante atentar para as estatísticas sobre os riscos, mas que tal cuidar do bebê em formação? Todo mundo já ouviu falar de mães que tocam Mozart para o bebê ainda na barriga, além dos relatos sobre o modo como o feto é atingido por situações de estresse vividas pela mãe. Neste livro, um dos temas importantes é como oferecer aos genes um estilo de vida que melhore suas funções. Isso sem dúvida seria essencial quando pensamos em termos de herança genética de uma, duas ou mais gerações. O que dizer se essa esteira rolante genética estivesse carregada de vivências da melhor qualidade, de modo que as gerações futuras recebessem o melhor início de vida possível através da hereditariedade *soft*? Para nós, isso é muito mais inspirador do que esquemas que manipulam o genoma dos embriões em busca de um bebê geneticamente "perfeito". Nem sempre a ciência da transformação deve ser sinônimo de implantes e seringas.

É preciso aprofundar a ciência em que se baseia a ideia de gerar crianças com traços melhores, que possam ser transmitidos através da hereditariedade *soft*. A fim de explicar como a vivência pode levar a alterações genéticas, precisamos de um termo novo: *marcas epigenéticas*. Essas marcas são a impressão digital das mudanças. Elas são fundamentais para resolver o mistério da influência do estilo de vida sobre os genes, e não só de mudanças drásticas como a do "Inverno da Fome". Ocorrências epigenéticas também programam o DNA ao fazer modificações químicas nas proteínas de suporte (denominadas histonas), que envolvem e "amortecem" o DNA. Esses amortecedores também decidem que pedaço do DNA de um gene deve ser exposto a proteínas que ligam e desligam o gene ou aumentam e diminuem sua atividade, ou que tipo de proteína ou RNA o gene vai produzir.

Consideremos que um corpo tenha começado a ser privado de alimento e venha a passar fome. Como reage o corpo de uma

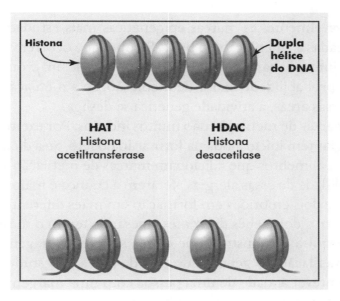

mulher grávida? Ele vai definhando – é possível observar isso –, mas o seu epigenoma vai criando alterações genéticas. As proteínas de suporte que envolvem o DNA começam a interagir com o DNA de forma diferente, deixando marcas epigenéticas. Essas marcas podem ser de vários tipos, com enzimas específicas como metilases e histona desacetilases (HDACS). Esse trabalho pode ser feito até por pedacinhos mínimos do RNA (micro-RNA). Não precisamos saber como funciona a programação química da epigenética, mas muitos dados já indicam que a alimentação, o comportamento, os níveis de estresse e de poluentes químicos afetam a atividade genética, portanto, a sobrevivência e o bem-estar.[2]

---

[2] Observação: A fim de simplificar a enorme complexidade do tema das ligações genéticas, nós nos concentramos nas marcas de metilação, mas essas ligações envolvem outros processos químicos, tais como acetilação, que estamos deixando de lado. Os "amortecedores" de histona também agem no ativamento e desativação de genes ou no relaxamento ou não das hélices do DNA. Tanto a metilação quanto a acetilação podem modificar as histonas e a forma como se unem ao DNA, afetando então as atividades dos genes na região.

Provavelmente, as marcas epigenéticas mais estudadas são as relacionadas à "metilação do DNA". Sempre que ocorrem múltiplas bases C junto de bases G na sequência do DNA de um cromossomo, há uma probabilidade maior de metilação. Se a metilação sempre atinge essas áreas, a atividade genética se desliga.

As marcas de metilação dão muitos indícios. Por exemplo, muitas alergias têm início ainda na formação do feto. Se a dieta da mãe é rica em alimentos que adicionam marcas de metilação ao DNA, a probabilidade de essas alergias afetarem a criança é maior. Isso significa que dois embriões em formação em mães diferentes podem dar origem a dois bebês diferentes, apesar de terem o mesmo DNA. Uma pesquisa demonstrou que com a simples contagem de marcas de metilação no genoma do DNA da saliva, os estudiosos conseguem prever a idade de uma pessoa com uma margem de cinco anos. Quanto mais marcas, mais velha a pessoa, como a marca de desgaste em pneu de borracha. Isso significa que metilação em excesso pode ser a causa de envelhecimento precoce e de doenças degenerativas entre os idosos.

Já foi demonstrado que alimentar demais os camundongos logo depois de seu nascimento leva a um excesso de marcas de metilação em genes específico, predispondo-os à obesidade. Mas é difícil saber se esses efeitos nos camundongos seriam os mesmos em seres humanos. Porém o Inverno da Fome holandês e os experimentos decorrentes dele propiciam provas consistentes disso.

Resposta nebulosa

E essa história de os holandeses serem os homens mais altos do mundo? Para responder a certas perguntas às vezes é necessário expor primeiro as respostas falsas. Nesse caso, sabemos que não há envolvimento de nenhum gene de altura, porque tal gene não existe. Se uma mulher grávida deseja saber que altura seu filho vai ter, os conhecimentos atuais da genética não vão lhe dizer. Já identificaram mais de vinte genes que contribuiriam para a altura de uma criança, mas a interação entre eles é muito complexa e enganosa, sendo difícil prever algo assim com precisão.

Mesmo que fosse possível destrinchar esse lado, ainda há fatores externos que em geral são responsáveis por quase metade do resultado final. Esses fatores incluem a alimentação da mãe e a do bebê, além de itens não palpáveis, como comportamento e estilo de vida da mãe e da família da criança. Na Coreia do Norte e na Guatemala, por exemplo, a desnutrição é crônica, o que gera crianças mirradas. A precariedade de cuidados médicos também dá o mesmo resultado, enquanto melhores condições de saúde ajudam a população a ser mais alta. Nessa questão, porém, os holandeses não diferem muito do restante dos europeus. Como já foi dito, ao longo dos últimos duzentos anos, apesar de períodos de carestia, como na Alemanha depois da Primeira Guerra Mundial, houve aumento na altura da população de todos os países da Europa, devido à prosperidade e a uma alimentação melhor.

Que outros dados poderiam explicar essa questão? Nenhum gene novo entrou na composição genética holandesa em número suficiente para explicar isso. Mesmo que novos genes se misturassem com os antigos, não há provas de que os holandeses se casaram com imigrantes muito altos. Nem a lei da seleção natural consegue explicar isso, pois os holandeses mais baixos não morreram depois de privados de alimento e água pelos homens mais altos.

No entanto, os hábitos de acasalamento podem ter alguma responsabilidade nisso. Quando a corte imperial chinesa começou a preferir as raças de cachorro de pequeno porte, criaram os pequineses, a partir de raças milenares do oeste da China. Antigos documentos da corte descrevem que o pequinês ideal deveria se parecer com um leão em miniatura. Os criadores eram orientados a desenvolver uma raça de cara achatada, com juba, olhos grandes e brilhantes, pernas curtas e porte bem pequeno. Aos olhos das senhoras da corte chinesa, essas características eram semelhantes às de um leão. Para chegar ao cachorrinho ideal, os criadores selecionavam os filhotes menores de uma ninhada, acasalando-os até chegar a cachorros menores. Os outros aspectos da raça também foram reforçados dessa maneira.

Os seres humanos não se acasalam de acordo com a tabela de um criador, e historicamente quase todo mundo se casou, portanto os traços específicos não foram eliminados, pelo menos não intencionalmente. Porém, nós escolhemos os nossos pares conscientemente, de acordo com um gosto pessoal. Se os holandeses admiravam a altura, e os mais altos se sentiam atraídos por outros altos, com o tempo essa sequência produziu uma descendência mais alta. Em geral, os traços genéticos não favorecem os extremos, tendendo para a média. Já se viu seres humanos de apenas 60 centímetros e também de 2,40 metro. Mas a probabilidade maior é que um bebê ao nascer tenha um tamanho de acordo com a média, crescendo de 1,50 a 1,80 metro.

A regressão à média, como a estatística denomina esse fato, também explica por que pais com Q.I. alto não garantem filhos com Q.I. alto. O elemento genético da inteligência (que continua sendo um tema controverso) favorece a inteligência mediana, a altura mediana, o peso mediano e assim por diante. Portanto, seriam necessárias gerações de holandeses casando com pessoas altas para produzir a tendência de altura da população. Mais uma vez, a história da hereditariedade é complicada demais para ser explicada por um único fator.

E agora? Eliminadas as respostas enganosas, surge um novo tipo de conceito. Os holandeses cresceram devido a uma nuvem de fatores, não por uma simples questão de causa e efeito. Genes, epigenética, comportamento, alimentação e outras influências externas tiveram algum papel nisso. Se isso vale para qualquer bebê, vale também para os bebês holandeses nascidos num período de duas décadas. Mas podemos extrair algumas conclusões positivas dessa nuvem de causas:

- Temos o controle de muitos desses fatores;
- Poucas causas são deterministas. Não somos marionetes de nossos genes;
- Essas causas são bastante permeáveis a mudanças.

Essas conclusões são muito importantes. A nuvem muda de formato conforme o vento, a temperatura sobe e desce, as frentes climáticas se alteram, a umidade aumenta e diminui. Num dado momento, as nuvens que vemos não reagem apenas a uma dessas influências, mas a muitas delas. Não vale querer analisar uma de cada vez, às vezes nem é possível. É como tentar prever qual seria a temperatura de uma casa se houvesse cinco termostatos, cada um em um lugar dela.

Mesmo nas piores situações, como nas agruras de uma guerra, o genoma humano encontra uma vantagem. Durante os cortes de alimentação na Holanda, na Segunda Guerra Mundial, os hospitais perceberam uma melhora nas crianças internadas com doença celíaca, uma doença intestinal rara. A causa do problema ainda era desconhecida, embora já houvesse a hipótese de alguma relação com a alimentação, sobretudo o trigo. O dr. Willem Dicke, pediatra holandês, investigou essa relação. Quando as crianças doentes não recebiam pão, elas se recuperavam. Quando os primeiros suprimentos de pão foram distribuídos às crianças hospitalizadas, os pacientes celíacos tinham recaídas. Essa ocorrência provou pela primeira vez a relação entre doença celíaca e trigo. Hoje em dia já se sabe que a doença celíaca é uma doença autoimune com uma predisposição genética, que causa reações alérgicas à proteína do glúten (gliadina) encontrada no trigo. Proteínas de glúten semelhantes, encontradas em outros grãos, também causam essa reação.

Na Holanda e na Bélgica, onde a alimentação era rica em manteiga e queijo, a guerra causou uma diminuição acentuada nas doenças cardíacas, o que se atribuiu à queda repentina das calorias diárias e a uma carência drástica de manteiga, leite e queijo, quando esses países foram ocupados pelos nazistas. Anos depois, a perda de peso e o grande corte no consumo diário de gorduras passam a fazer parte de programas voltados para a saúde cardíaca, com o intuito de reverter as doenças.

A nuvem não é um modelo muito bom para a ciência, e é bastante inadequado em termos de resultados na medicina. Os médicos estão acostumados a modelos lineares de causa e efeito. A causa A leva à doença B, para a qual o médico prescreve um remédio C. Mas e se esse modelo de nuvem estiver correto e for inevitável? Ninguém tem cinco termostatos na sala, mas todos temos um corpo com múltiplos relógios, biorritmos, esquemas genéticos. Por isso, não existem duas pessoas iguais, nem no dia da perda do primeiro dente de leite, nem no início da puberdade, nem na primeira pontada da artrite, nem em uma porção de outras coisas individualmente marcadas. Em nós, tudo se movimenta em uma escala móvel.

Surge então a seguinte questão: como o corpo humano consegue se regular com tanta precisão, sincronizando todos os seus relógios até a última molécula dos hormônios, peptídeos, enzimas, proteínas, etc.? Como as nuvens, somos levados a todas as direções, porém, ao contrário delas, nosso organismo é de uma complexidade milagrosa, surpreendente em seu controle de tudo.

Tendo agora a sequência de DNA do genoma humano completa, fica muito mais fácil encontrar os genes e mutações associados ao risco de doenças. Foram descobertos milhares de genes e mutações associados a doenças, de câncer a diabetes, de doenças cardíacas a doenças cerebrais degenerativas próprias do envelhecimento. Rudy descobriu diversos genes ou mutações que causam a doença de Alzheimer (inclusive o primeiro de tais genes) ou que provocam o risco da doença, além de outras doenças neurológicas traiçoeiras, como a doença de Wilson, uma enfermidade rara na qual o cobre se acumula nas células, levando a sérios problemas neurológicos e psiquiátricos, entre outros. Como um número cada vez maior de genes causadores de doenças vem sendo revelado, ficamos sabendo que aproximadamente 5 por cento das mutações resultam de fato em doença, sendo que a grande maioria serve apenas para aumentar a suscetibilidade das pessoas, junto com aspectos do estilo de vida e do ambiente. O principal é que os seres humanos são como um pacote de características complexas, cujas causas genéticas diretas ainda não foram encontradas e provavelmente nem serão. Um ponto de vista mais realista de como as doenças comuns são herdadas consideraria o DNA como a primeira planta de um edifício a ser remodelado e redirecionado sempre que necessário.

Há quem acredite que saber o que cada gene faz seria suficiente para compreender todas as doenças, e que uma vez estipulado esse vínculo, vão surgir os tratamentos médicos para a cura de doenças relacionadas a fatores genéticos. Porém, existe uma razão para que isso não tenha ocorrido, a não ser com pouquíssimas doenças: não é possível entender o que o gene está fazendo a não ser que se saiba como ele é ativado, desativado ou "cutucado" para fabricar certas variedades de proteína. Apesar da perfeição dos circuitos de um computador, ele só funciona quando é ligado. Isso vale também para o DNA. O mecanismo de gatilho dos genes foi o mistério que abriu o caminho da revolução genética atual.

APRIMORAMENTO DA MEMÓRIA

A maior conquista da Terra em seus 2,8 bilhões de anos de evolução não é o DNA humano nem a descoberta de vida em moléculas inertes no vapor rico em elementos químicos das fissuras dos gêiseres. O maior triunfo da evolução é a memória. Foi a memória que tornou a vida possível. Sem dúvida. Os anticorpos de nosso sistema imunológico contêm a memória de todas as doenças que a raça humana enfrentou. O recém-nascido combate doenças pedindo emprestado o sistema imunológico de sua mãe. Logo, o sistema imunológico do próprio bebê se desenvolve à medida que a glândula timo, o depósito das batalhas vividas contra as bactérias e vírus invasores, começa a produzir anticorpos. Essa glândula se expande ao atingir seu pleno funcionamento, na adolescência, e depois encolhe, por volta dos 41 anos, quando sua tarefa já foi cumprida.

O papel da memória fica bem estabelecido, mesmo analisando apenas esse processo. Os genes de nossa linhagem familiar determinam que anticorpos vamos ter. Isso é só um raminho do galho da evolução humana – um galho que leva ao tronco da árvore que contém a memória de como produzir anticorpos. As raízes dessa árvore são a capacidade de o DNA lembrar as experiências e codificá-las para as gerações futuras. Portanto, sempre que não pegamos uma gripe, é bom lembrar que devemos essa imunidade à primeira molécula de DNA.

A epigenética acha que as nossas células conseguem "lembrar", digamos assim, tudo o que vivemos. Mas achar não é provar. Há uma enorme diferença entre se lembrar da festa dos 10 anos e um exame das modificações genéticas que codificaram essa lembrança. Imaginemos um telegrafista, anos atrás, recebendo mensagens em pontos e traços. Ele podia ter o código Morse nas mãos e contar todos os furinhos da tira de papel, mas, se não soubesse o idioma, a mensagem não ficaria legível. Na genética atual, os códigos estão em nossas mãos, mas em uma linguagem muitíssimo mais difícil que um idioma comum – a linguagem da vida humana.

Ficar à mercê da própria memória é um destino terrível, mas essa é a situação de quase todo mundo. Medos antigos, mágoas, acontecimentos traumáticos e acidentes lotam a mente de sujeira, que se remexe à vontade e distorce a percepção do presente. Se uma pessoa sofre de agorafobia, tendo medo de lugares abertos e públicos, não consegue sair de casa sem sentir ansiedade. Ela fica escrava da memória, por medo. De certa maneira, somos todos escravos de acontecimentos já passados. Para estar completamente vivos, precisamos aprender a usar a memória, e não o contrário.

O medo e as vacas

Eis aqui um exercício um tanto incômodo: vamos ficar quietos por um instante e deixar que alguma lembrança ruim volte à memória. Pode ser qualquer coisa, não importa. Não vamos procurar nenhuma mágoa recente. Ao contrário, vamos voltar a alguma coisa que tenha acontecido na infância. Pode ser aquela vez que caímos do balanço ou que nos perdemos da mãe no supermercado. O que percebemos? Primeiro, que a lembrança existe; segundo, que é possível recuperá-la. Dependendo da intensidade da lembrança, ela vai parecer real de novo. A mesma parte do córtex visual que enxerga um acidente de trem ou uma cena de guerra entra em ação quando relembramos essas mesmas cenas.

Tudo o que percebemos se reflete em nosso epigenoma. Vamos agora dar mais um passo: quando as crianças do Inverno da Fome holandês ficaram vulneráveis à obesidade, diabetes e doenças cardíacas, suas lembranças remontavam à experiência materna de inanição. As crianças não tinham a lembrança na mente, porém tinham herdado a memória molecular dessa vivência. Em 2014, um estudo notável publicado na importante revista *Nature Neuroscience* trouxe novos dados sobre o efeito da memória no DNA, mas nesse caso o elemento condutor do estudo não foi a alimentação, mas o medo. Nessa pesquisa, os cientistas treinaram camundongos a ter medo do cheiro da acetofenona (uma cetona aromática, agradável como flor de laranjeira ou cerejas), aplicando um leve choque nos animais sempre que o cheiro era apresentado.

Esse choque gerou uma reação de estresse nos camundongos, observável em seu comportamento nervoso e trêmulo. Depois de algum tempo, não era necessário o choque. Bastava o cheiro da acetofenona para provocar o mesmo estresse. Um diretor de filmes de horror faz a mesma coisa quando mostra uma porta rangendo num quarto escuro. Os olhos do herói se arregalam, e o que ocorre com a plateia? Essas imagens e sons inofensivos geram uma antecipação de algo terrível prestes a acontecer. A maior parte dos espectadores vai demonstrar alguma reação de estresse.

Mas essa pesquisa em camundongos associando um cheiro inofensivo a um choque elétrico foi ainda mais longe. Esse medo adquirido pelos adultos foi herdado pelos camundongos da geração seguinte. Os filhos e netos dos camundongos condicionados ao medo não tinham sentido o cheiro da acetofenona, mas tremiam assim que a cheiravam, simplesmente porque seus pais tinham sido condicionados a associar esse cheiro à dor. Em seguida, os pesquisadores examinaram os genes que formam o receptor proteico necessário para cheirar o elemento químico e descobriram que ele tinha sido modificado epigeneticamente pela metilação.

A sabedoria popular conhece esse fenômeno desde sempre, como demonstra Mark Twain em uma citação: "Se um gato se senta numa chapa de fogão quente, ele jamais vai se sentar ali de novo. Tampouco vai se sentar numa chapa de fogão fria".[1] No mesmo sentido, o conselho de montar de novo no cavalo depois de uma queda baseia-se no conhecimento instintivo de que o medo vai deixar uma impressão duradoura, a menos que isso seja cortado o mais rápido possível. Naturalmente, esse tipo de condicionamento é mediado pela memória conservada pela rede de neurônios de nosso cérebro. As mesmas experiências podem modificar quimicamente o genoma, a fim de criar uma "memória molecular" paralela.

Já repetimos algumas vezes que o DNA é responsável tanto pela estabilidade quanto pela mudança. Chegamos agora a uma nova dificuldade. Como o cérebro e os genes determinam a diferença entre um perigo real (a chapa quente) e um perigo imaginado (a chapa fria)? Aparentemente, os animais não fazem isso, como ficou comprovado pelas pesquisas com rebanhos condicionados a cercas eletrificadas. O primeiro passo é confinar o gado em um curral apertado com uma cerca elétrica que dá choques inofensivos quando tocada. A corrente elétrica passa por um fio fino.

Em apenas um dia, às vezes uma hora só, as vacas aprendem a evitar a cerca. Podem então ser soltas em um pasto cercado apenas por um arame. Embora o gado possa escapar facilmente pela cerca, o condicionamento com a cerca eletrificada faz com que permaneça confinado. Então a antiga prática de cercar as vacas fisicamente com cercas é substituída por uma barreira psicológica. É difícil convencer antigos fazendeiros de que a cerca psicológica

---

[1] Mark Twain (1835-1910), famoso escritor e humorista norte-americano. "Gato escaldado tem medo de água fria", ditado popular bem conhecido, trata do mesmo tema. (N. da T.)

pode ser mais poderosa do que a física, mas experimentos nos quais separavam vacas famintas de uma pilha de feno usando um único fio elétrico mostraram que elas não rompiam a barreira para obter alimento.

Será que essa forma de condicionamento psicológico pode ser herdada? Parece que sim, como demonstrado mais uma vez pelo gado. Para evitar que o rebanho fugisse pelas estradas, os fazendeiros instalam grades, em geral de metal, com intervalos entre os varões. No entanto, parece que não é preciso usar grades próprias para gado. É possível enganar as vacas com grades falsas, como foi descrito por Rupert Sheldrake, um biólogo britânico famoso pelas pesquisas e ideias audaciosas. (Essa característica fez dele tanto um pensador original, um rebelde audacioso, que foge dos padrões da biologia convencional, como uma pessoa que acredita demais em fenômenos misteriosos, dependendo do ponto de vista. Nós gostamos muito da ousadia dele.) Em um artigo publicado na *New Scientist*, em 1988, Sheldrake escreveu:

> Os fazendeiros de todo o Oeste americano descobriram que dá para economizar dinheiro com cercas usando cercas falsas, que consistem em faixas pintadas na estrada... As cercas de verdade impedem fisicamente que o gado cruze estradas, porém em geral o gado não tenta atravessá-las, mas sim evitá-las. As grades ilusórias funcionam do mesmo jeito. Quando as vacas se aproximam, elas "brecam as quatro patas", como relatou um fazendeiro.

Embora Sheldrake tenha tido conhecimento desse fenômeno por amigos que visitava em Nevada, as suas implicações o interessaram. Durante muito tempo, Sheldrake havia sido uma voz solitária ao propor que a memória era transmitida de uma geração a outra. Impávido diante da ridicularização de outros geneticistas – isso aconteceu muito antes do advento da epigenética –, ele enxergou longe em livros como *A New Science of Life* (1981) e *The Presence of the Past* (1988), em que reuniu as muitas evidências de que a hereditariedade ao longo de gerações de fato ocorria. Esses livros ainda estão entre os mais fascinantes e esclarecedores sobre o tema da memória como grande força da evolução. Como explica Sheldrake:

> De acordo com a minha hipótese [...] os organismos herdam hábitos dos membros de sua espécie que o antecederam. Proponho a ideia de que essa memória coletiva é inerente aos chamados campos mórficos, e é transmitida através do tempo e do espaço... Desse ponto de vista, o gado confrontado pela primeira vez com grades, ou com qualquer coisa semelhante, tenderia a evitá-las devido à [herança] de outros rebanhos que aprenderam a não tentar atravessá-las por experiência própria.

Os céticos diriam que outras explicações mais convencionais também serviriam. Por exemplo, as vacas não herdam nenhuma repulsa às cercas, mas desenvolvem isso individualmente através do confronto doloroso com cercas reais, ou então aprendem com membros mais vividos do rebanho. Sheldrake responde:

> Não é bem assim. Os fazendeiros relataram que rebanhos nunca expostos às cercas de verdade também evitam as falsas. Os pesquisadores da área de comportamento animal da Universidade Estadual do Colorado e da Universidade de Agricultura e Mecânica do Texas, com quem tenho contato, também confirmaram esse dado. Ted Friend, da A&M, do Texas, testou a reação de muitas centenas de cabeças de gado às cercas pintadas e descobriu que os animais ingênuos as evitam tanto quanto os que já tinham sido expostos às cercas de verdade.

Será isso possível com seres humanos? A herança de características comportamentais talvez explique por que gerações de índios *mohawk* trabalharam na construção dos arranha-céus de Nova York – eles caminham pelas vigas nas alturas, aparentemente sem medo de cair. Teriam herdado essa característica? Esse mesmo tipo de herança explicaria por que os jogadores de xadrez russos ganharam muitas vezes os campeonatos mundiais?

No entanto, o efeito da memória herdada ao longo de gerações pode se reverter, pelo menos em animais, por ser do tipo *soft*. Escrevendo sobre o gado que se assusta diante de cercas falsas, Sheldrake afirma:

> Todavia, é possível quebrar o feitiço da cerca falsa. Se as vacas são pressionadas a se aproximar de uma cerca, ou se há comida do outro lado, algumas vão pular. Às vezes, uma delas avalia a situação e depois simplesmente atravessa. Se um membro do rebanho faz isso, todos o acompanham. A partir daí, a cerca falsa não tem mais efeito.

Alguns carneiros e cavalos também demonstram uma aversão inata a atravessar grades pintadas. Ao contrário, talvez num único experimento desse tipo feito com porcos, os animais correram até a cerca falsa, cheiraram-na e depois começaram a lambê-la. Os pesquisadores do Texas tinham usado uma tinta à base de água, farinha e ovo.

Não é difícil perceber esses aspectos da memória. Somos todos especializados em viagens mentais. Mas ainda que habilidosos em guardar e recuperar lembranças, somos muito incompetentes para apagar lembranças ruins. As lembranças são grudentas. Nem anos de terapia conseguem desfazer o poder de traumas antigos. As drogas e bebidas alcoólicas apenas os mascaram temporariamente. Negar as lembranças ruins é o mesmo que escondê-las embaixo do tapete, mas isso não garante que elas vão ficar ali.

A genética nos diz que qualquer experiência do passado, boa ou ruim, agarra-se a um lugar profundo, no núcleo celular onde fica o DNA, através de vínculos químicos. Em uma molécula de sal, os átomos do sódio e do cloro estão bem unidos. Muita coisa depende de eles ficarem unidos assim, pois se os elementos do sal se separassem, a liberação de cloro gasoso seria venenosa. Assim, é necessário que sejam asseguradas as ligações do DNA, caso contrário a vida viraria uma nuvem de átomos.

APRIMORAMENTO DA MEMÓRIA

Vida significa permanência da memória. Até recentemente, a única memória disponível para os geneticistas eram os degraus que unem a dupla hélice do DNA, degraus que foram colocados ali há muito tempo na história da evolução. No entanto, agora a epigenética usa a química para criar memória genética de experiências vividas, muito mais recentes e íntimas do que os 2,8 bilhões de anos de lembranças antigas que originalmente formaram a molécula do DNA.

DA ADAPTAÇÃO
À TRANSFORMAÇÃO

A genética está bem adiantada em sua revolução atual, mas qual o impacto disso em nossa vida? Simples: adaptação. Os dinossauros se adaptaram tão bem ao seu meio ambiente que dominaram a vida na Terra, tornando-se os maiores predadores. Superaram barreiras climáticas, chegando até a regiões mais frias, que são agora o Ártico (devido às mudanças das placas tectônicas). Alguns dinossauros tinham uma alimentação herbívora, outros, carnívora. Porém, ainda que essa adaptação tenha sido impressionante, um cataclismo destruiu os dinossauros. Um meteoro gigante colidiu com a Terra onde supõem que seja hoje a região de Yucatã, no México, e houve uma mudança climática repentina. Esse impacto gerou uma poeira que nublou o sol por completo, a temperatura do planeta caiu rapidamente, e o DNA dos dinossauros não teve tempo de se adaptar.

Ou teve? Alguns répteis atuais sobrevivem em temperaturas congelantes ao hibernar, por isso determinadas espécies de cobra vivem na Nova Inglaterra, por exemplo. Mas a adaptação leva tempo, mesmo eras, se uma espécie precisa esperar que as mutações ocorram ao acaso. A adaptação pode acontecer com mais rapidez em um indivíduo através da manifestação dos genes.

DA ADAPTAÇÃO À TRANSFORMAÇÃO

A cabra que queria ser gente

Em 1942, E. J. Slijper, um veterinário e anatomista holandês, fez um relatório sobre uma cabra nascida em 1920 sem as patas dianteiras. O cabritinho se adaptou a essa situação lamentável aprendendo a dar pulinhos sobre as patas traseiras, como um canguru, e viveu um ano até morrer acidentalmente. Quando Slijper fez a autópsia do animal, teve uma surpresa. Os ossos das pernas traseiras tinham se alongado; sua coluna tinha a forma de um S, como a humana, e os ossos eram presos aos músculos de forma que ele mais parecia um ser humano do que uma cabra. Outras duas características tinham começado a surgir: uma placa óssea mais grossa e larga para proteger o joelho e uma cavidade mais interna no abdômen.

É espantoso pensar que um novo comportamento – o de andar ereto – estivesse surgindo, como se a cabra fosse virar gente, ou pelo menos um animal bípede, pois todas essas mudanças estão associadas à evolução do movimento dos bípedes. A atividade dos genes teve o propósito de remodelar a anatomia da cabra. Durante muito tempo, essa cabra de Slijper não recebeu atenção alguma. Do ponto de vista darwiniano padrão, o ser humano aprendeu a andar ereto através de mutações ao acaso, que alteraram o nosso porte, a posição curvada dos primatas, e tais mutações quase sempre acontecem uma de cada vez. Mesmo sem as observações de Slijper, para os evolucionistas é um desafio explicar como poderiam ocorrer um de cada vez todos os ajustes anatômicos necessários para que um ser humano ande ereto. Porém, todos funcionam juntos, e a cabra provou que podem surgir juntos, não como mutações, mas como adaptações. O epigenoma pode sofrer um conjunto de mudanças completo e inter-relacionado?

Enquanto essa argumentação é discutida, não se duvida do ritmo das adaptações nos seres humanos. Ninguém sabe ainda como o nosso estilo de vida vai afetar nossos filhos e netos. Mas é indiscutível que ocorrem mudanças.

É por isso que os gêmeos idênticos não são de fato idênticos. A partir do nascimento, começam a ter vidas diferentes, portanto, viram pessoas diferentes, apesar de trazerem o genoma duplicado. Eles variam bastante em termos de suscetibilidade a doenças e em comportamento. Estudos genéticos de gêmeos idênticos têm sido usados tradicionalmente para determinar a hereditariedade de doenças. Se um dos gêmeos tem uma certa doença, qual a probabilidade de o outro desenvolver a mesma doença em uns quinze anos? O cálculo é simples. Depois de estudar centenas de pares de gêmeos idênticos, os pesquisadores determinaram que a probabilidade de a doença de Alzheimer ocorrer em ambos os gêmeos é de 79 por cento, se um deles for afetado. Isso significa que o estilo de vida é responsável por 21 por cento da probabilidade de desenvolver Alzheimer, mesmo com genomas idênticos.

Ao contrário, na doença de Parkinson, a hereditariedade é de cerca de 5 por cento, portanto, o estilo de vida vai desempenhar um papel muito maior. Em casos de fratura do quadril antes dos 70 anos, a hereditariedade é de 68 por cento, mas depois dos 70 cai para 47 por cento. Em termos de doenças coronarianas, a hereditariedade é de cerca de 50 por cento, nada além do normal. Em vários tipos de câncer – cólon, próstata, mama e pulmão –, a hereditariedade em gêmeos idênticos varia de 25 a 40 por cento, e é por isso que se considera possível prevenir muitos tipos de câncer, talvez a maioria. As mudanças epigenéticas associadas ao câncer podem ser induzidas por fatores como a exposição prolongada ao amianto, a solventes e ao tabagismo. No entanto, essas mudanças epigenéticas que causam câncer poderiam ser contrabalançadas com uma alimentação saudável e exercícios – essa é uma possibilidade bastante promissora.

DA ADAPTAÇÃO À TRANSFORMAÇÃO

A mudança está no ar

As mudanças físicas nem sempre necessitam de causas físicas. Às vezes, o estímulo pode simplesmente ser uma palavra. Se nos apaixonamos, há uma alteração drástica na atividade cerebral – isso já foi meticulosamente documentado –, e se a pessoa de quem gostamos diz "Eu amo você", e não "Estou saindo com outra pessoa", a manifestação genética no centro emocional do cérebro vai se alterar dramaticamente. Ao mesmo tempo, as mensagens químicas enviadas pelo sistema endócrino vão gerar adaptações no coração e em outros órgãos. Ser aceito pelo amado nos deixa apaixonados; ser rejeitado nos deixa infelizes. Uma única manifestação genética traduz ambas as situações.

A ciência em que se baseiam essas experiências antigas é consistente. Em um estudo de 1991, microbiologistas da Universidade do Alabama injetaram em camundongos um elemento químico que reforçava o sistema imunológico. Essa substância, conhecida como poli I:C (ácido poli-inosínico-policitidílico), gera grande atividade numa parte do sistema imunológico denominada célula exterminadora natural. Ao mesmo tempo que os camundongos recebiam a injeção de poli I:C, o odor de cânfora enchia o ar. Os camundongos foram logo condicionados a associar os dois, e a partir daí uma quantia mínima de poli I:C seria suficiente para estimular a célula exterminadora natural deles, enquanto o odor de cânfora pairasse no ar.

O próprio organismo dos camundongos fabricava as substâncias químicas necessárias para provocar o sistema imunológico. Tudo de que precisavam era de um pequeno estímulo. Essa descoberta é esplêndida, pois mostra que os genes se adaptam a orientações específicas diante de uma motivação mínima. A molécula da cânfora, que passa do focinho ao cérebro do camundongo, não tem nenhum efeito sobre o sistema imunológico. Era a associação com a cânfora que produzia o efeito. Trata-se de um passo adiante das vacas que tomavam choque, cujo comportamento se alterava pela lembrança da dor do choque. Os camundongos não tiveram nenhum aprendizado consciente. O corpo deles se adaptou sem que a mente (como é) tivesse que aprender nem pensar.

O ser humano pensa, claro, mas o nosso corpo está sempre sendo afetado, mesmo quando não temos consciência disso. Em relação aos odores, nos mamíferos os feromônios exalados pela pele estão associados à atração sexual e desempenham um papel na atração humana. Em um teste de aromaterapia, os pesquisadores descobriram que as pessoas sempre mencionavam uma mudança positiva de humor depois de cheirar óleo de limão e nenhuma alteração depois de lavanda ou de água sem cheiro. Essa melhora do humor ocorria mesmo se os indivíduos nunca antes tivessem experimentado aromaterapia. Na verdade, um grupo nem sabia dos aromas nem o que esperar deles, e seu humor também melhorou depois do perfume de óleo de limão.

No entanto, o poder da expectativa é sem dúvida muito grande. Num teste com placebo, um indivíduo recebe uma pílula de açúcar e lhe dizem que essa droga deve aliviar os sintomas de dor ou enjoo, e em 30 a 50 por cento das pessoas o corpo toma a dianteira e produz a química necessária ao resultado esperado. Ainda que esse efeito placebo já seja bastante conhecido, ainda é impressionante que algumas palavras ("Isso vai melhorar seu enjoo") possam provocar uma reação tão específica na conexão entre cérebro e estômago. Pode-se até oferecer ao sujeito um remédio que cause enjoo, mas o fato de lhe dizerem que se trata de um comprimido contra enjoo já basta para que ele desapareça. Completando o quadro, existe o efeito nocebo, em que, ao ministrar um remédio inofensivo, dizendo que não vai sentir nenhuma melhora, ele até gera efeitos negativos.

Parece que nos distanciamos do tema da falta de adaptação dos dinossauros, mas todas essas descobertas são bastante relevantes. Se um simples cheiro ou as palavras "isso vai lhe fazer bem" conseguem alterar uma manifestação genética e se uma substância completamente inerte consegue provocar enjoo ou afastá-lo, todo um mundo de adaptações está disponível. Em vez de ser como os cães de Pávlov, que salivavam sempre que ouviam uma campainha associada à hora da refeição, o ser humano deu um novo passo – a interpretação.

Não há interpretação no caso do camundongo treinado a associar cânfora com uma reação imunológica acentuada. Estímulo gera reação. Mas todas as tentativas de treinar o comportamento humano resultam em 50 por cento de chance de falhar. Estímulos positivos, como dinheiro, poder e prazer afetam todo mundo, mas sempre existe alguém que diz "não". Estímulos negativos, como punição física, *bullying* e extorsão, provavelmente vão fazer as pessoas exercerem o que seus atormentadores desejarem, mas existe sempre quem resista e desobedeça. Entre a reação e o estímulo está a consciência e a sua capacidade de interpretar a situação e reagir.

Portanto, o que temos é um ciclo de *feedback* agindo a cada experiência. Há um acontecimento ou estímulo A, que leva a uma interpretação mental B, que resulta na resposta C. A mente vai se lembrar dessa reação e da próxima vez que o mesmo acontecimento A surgir, a resposta não vai ser exatamente a mesma. Esse ciclo é como uma conversa sem fim entre a mente, o corpo e o mundo exterior. Nós nos adaptamos rápida e constantemente.

Os resultados foram ainda mais fascinantes quando o experimento usou o mesmo odor de cânfora e o apresentou aos camundongos no momento da injeção de uma droga que baixava a resposta imunológica. De novo, depois de algum tempo, bastava o cheiro da cânfora, e a resposta imunológica dos animais diminuía. Em outras palavras, o mesmo estímulo (a cânfora) conseguia induzir uma reação específica e exatamente o oposto dela.

Primeiro, adaptação, depois, mutação

Apesar da crescente evidência a favor da epigenética, alguns biólogos evolucionistas insistem que a evolução de nossa espécie acontece inteiramente ao acaso e se baseia apenas na seleção natural. Basta insinuar que talvez existam esquemas epigenéticos interativos levando à evolução de nossa espécie para que muitos biólogos evolucionistas de carteirinha cerrem os dentes e nos rotulem de "criacionistas", que espalham noções de *design* inteligente". Com certeza, não estamos falando de *"design* inteligente". No entanto, considerando o acúmulo de demonstrações dos efeitos da epigenética na saúde como um todo, já é hora de levar a sério o que essa nova genética nos ensina sobre a nossa evolução.

Certas descobertas podem significar a diferença entre a vida e a morte. Na Universidade Estadual de Ohio, a professora Janice Kiecolt-Glaser e seus colegas vêm estudando há quase três décadas os efeitos do estresse crônico no sistema imunológico. O panorama geral já é bem conhecido: se uma pessoa é submetida ao estresse incessante, a resistência dela a doenças diminui. Além disso, ela corre o risco de desenvolver problemas como doenças cardíacas e hipertensão. Mas é menor a familiaridade com os perigos do estresse diário, o tipo de que não gostamos mas achamos que devemos aguentar.

O grupo de Kiecolt-Glaser examinou um tipo de estresse que vem se tornando muito comum: o cansaço de quem cuida de paciente com doença de Alzheimer. A geração *baby boom*[1] vem sendo cada vez mais atropelada pela responsabilidade de cuidar de pais idosos com doença de Alzheimer, e, como os cuidados profissionais são limitados e caros demais, milhares de jovens se veem como o último recurso. Ainda que amemos os nossos pais, ser cuidador 24 horas por dia impõe um sério estresse crônico.

Paga-se um preço genético. Como relatou o *site* de pesquisadores da Universidade Estadual de Ohio: "Pesquisas recentes de outros estudiosos demonstraram que, entre cuidadores, as mães que cuidam de crianças com doenças crônicas desenvolveram alterações cromossômicas que resultaram em envelhecimento de anos". Quando a atenção dessas pesquisas se voltou especificamente para

---

[1] Nascidos entre os anos de 1946 e 1964. (N. da T.)

os cuidadores de pessoas com Alzheimer, ninguém se surpreendeu com o fato de o grupo de Kiecolt-Glaser ter encontrado fortes indícios de depressão e de outros efeitos psicológicos. Mas também queriam examinar células específicas que demonstrassem mudanças genéticas.

Conseguiram encontrar isso nos telômeros das células imunológicas. Os telômeros, como se sabe, ficam nas extremidades da sequência de DNA, como o ponto final de uma frase. Eles se desgastam à medida que as células vão se dividindo, o que deixa um sinal de envelhecimento. "Acreditamos que essas mudanças nas células imunológicas representam a população inteira de células do corpo, o que indica que todas as células do corpo envelheceram da mesma forma", diz Kiecolt-Glaser. Ela imagina que esse envelhecimento acelerado elimina de quatro a oito anos de vida dos cuidadores de pacientes com Alzheimer. Em outras palavras, a capacidade de adaptação de nosso corpo apresenta limitações graves.

Kiecolt-Glaser salientou que já existem dados em abundância mostrando que cuidadores estressados morrem antes das pessoas que não desempenham esse papel. "Temos agora uma boa razão biológica para entender isso", diz ela. Como logo notou Rudy ao fazer o sequenciamento do genoma de mais de 1.500 pacientes com Alzheimer e seus gêmeos sadios, o genoma fica saturado de sequências repetitivas de As, Cs, Ts e Gs. Algumas dessas sequências repetitivas do DNA aglutinam certas proteínas lá do núcleo da célula a fim de controlar as atividades dos genes de seus arredores. Outras repetições ficam na extremidade do cromossomo – o comprimento delas depende das proteínas, tais como as telomerases. Quanto mais estável a extremidade do cromossomo (reconstruída pelas telomerases), mais longa a sobrevivência da célula.

O fato é que ao longo da vida nós nos adaptamos ao ambiente todos os dias, modificando o nosso corpo, inclusive no nível das atividades genéticas. A refeição seguinte, o humor seguinte, a próxima hora de atividade física, tudo isso modifica o corpo, num fluxo de mudanças sem fim. Darwin explicou como as espécies se adaptam ao meio ambiente ao longo de eras – e assim os dinossauros surgiram e depois se transformaram em pássaros em dezenas de milhões de anos. Para um darwinista puro, as penas não passam de uma adaptação às pressões do ambiente. Mas, na verdade, o genoma se adapta no tempo real, a cada instante da vida, na forma de atividade genética. Será possível que essas adaptações sejam uma força motriz própria?

Essa é uma questão candente. Para a maioria dos biólogos evolucionistas, é inaceitável colocar a adaptação antes da mutação. Mas existem exceções. Em um artigo de janeiro de 2015 da *New Scientist*, intitulado "Adapt First, Mutate Later" [Adapte-se primeiro, faça mutações depois], a jornalista Colin Barras traz à tona a cabra de Slijper em um outro contexto. Um peixe africano primitivo, denominado *bichir*, tem a capacidade de sobreviver na terra. Sendo uma adaptação, andar na terra ajuda a sua sobrevivência no período da seca, pois permite que o *bichir* habite um lago seco e encontre água fresca e novas fontes de alimento, podendo colonizar um território mais amplo. Outras espécies apresentam adaptações semelhantes. Quando um *Clarias batrachus* (bagre-andador), do Sudeste da Ásia, foi parar na Flórida, tornou-se bastante invasivo ao andar na terra. Ele não usa duas pernas, mas serpenteia de cabeça erguida com a ajuda das nadadeiras peitorais. Enquanto conservar a umidade, esse bagre consegue ficar fora da água quase indefinidamente.

Essa adaptação de andar em terra fez com que Emily Standen, uma evolucionista da Universidade de Ottawa, lembrasse como os peixes ancestrais emergiram dos oceanos há centenas de milhões de anos. Recentemente, um fóssil de 360 milhões de anos causou grande sensação ao proporcionar uma prova da época dessa mudança da vida na Terra. Um fóssil de peixe recém-descoberto chamado *Tiktaalik roseae* apresenta um esqueleto semelhante ao de peixe, mas com traços dos tetrápodes, animais de quatro patas. Standen é especialista na mecânica da evolução das espécies, e perguntou-se se essas adaptações podiam ser agilizadas – surpreendentemente, podiam, sim.

Ela e sua equipe criaram o peixe *bichir* em terra, forçando-o a serpentear sobre as próprias nadadeiras mais do que normalmente faria na vida selvagem. O peixe mudou de comportamento, ficando com um andar mais eficiente – ele aproximou a nadadeira do corpo e ergueu mais a cabeça. O esqueleto dele também evidenciou essas mudanças de desenvolvimento: os ossos de apoio das nadadeiras mostraram mudanças de formato, em resposta à gravidade maior (na água, os peixes pesam menos). Assim como a cabra de Slijper, todo um grupo de adaptações necessárias se formou. Vai levar tempo para sabermos até onde vai essa linha de pesquisas, mas ela já indica exatamente o que dizia o título do artigo da *New Scientist*: "Adapte-se primeiro, faça mutações depois".

O problema da boneca russa

Há muita coisa para assimilarmos com esse pensamento revisionista, mas garantimos que tudo nos leva a coisas importantes. É desconcertante substituir o modelo de evolução à base de causa e efeito por uma nuvem de influências vagas. Isso também é válido em relação ao nosso corpo neste exato instante. Todo dia, ele é bombardeado de influências – através da alimentação, do comportamento, da atividade mental, dos cinco sentidos e de tudo o que acontece no ambiente. Qual delas vai ser decisiva? Os genes podem nos predispor à depressão, à diabetes tipo 2 ou a certos tipos de câncer, no entanto, o gene vai ser ativado em apenas uma porcentagem das pessoas com tais predisposições. Localizar o fator específico ou os fatores que vão ativar um gene específico é como jogar cartas para o alto e agarrar o ás de espadas.

Os cientistas não gostam de desistir da visão de causa e efeito. Muitos detestam essa perspectiva. Portanto, ficamos com um modelo que mais parece uma *matriochka*, a tradicional bonequinha russa na qual há uma boneca menor dentro de uma maior, e dentro dela uma menor ainda, e assim por diante, até chegar a uma bonequinha bem pequena. Essas bonecas russas são encantadoras, mas e se alguém disser que a maior na verdade nasceu da menor dentro dela, e essa menor, da menor seguinte, e assim por diante?

Fundamentalmente, a genética nos levou a isso. Às vezes, o panorama genético não é complicado e não gera ambiguidades. Imaginemos um flamingo branco no meio de milhares de flamingos rosados. Por que ele é branco? A resposta está numa sequência linear de raciocínio. Primeiro vem a espécie, o gênero *Phoenicopterus*, que compreende seis espécies de flamingos divididos entre os americanos e os africanos. Cada um tem um gene dominante, que produz penas rosadas de geração em geração. Mas todos os genes podem mudar ou não aparecer, levando por acaso ao albinismo de um único filhote. O número de filhotes de penas brancas pode ser previsto estatisticamente, e assim termina a história.

Aqui, estamos usando o raciocínio das bonequinhas russas, buscando causas em níveis cada vez menores da natureza. Trata-se do método reducionista, cujo valor científico já foi consagrado pelo tempo. Investigar a natureza em seus menores componentes é o objetivo principal da ciência, seja o físico examinando as partículas subatômicas ou o geneticista procurando os traços de metilo nos genes. Porém, temos aqui um problema crucial.

Consideremos uma pessoa obesa, que faz parte da atual epidemia de obesidade que tomou conta dos países desenvolvidos. Existem muitas teorias sobre as razões da obesidade das pessoas. Já foram sugeridos: estresse, desequilíbrios hormonais, hábitos alimentares ruins desde a infância, excesso de açúcar refinado e gêneros alimentícios da alimentação moderna. Raciocinando de acordo com as bonequinhas russas, a explicação eventualmente chegaria ao nível genético. Apesar de já ter havido empenho na busca de um "gene da obesidade", estimulado pelas evidências estatísticas de sobrepeso em famílias, esse projeto obteve pouquíssimo êxito, identificando alguns genes (por exemplo, o gene

FTO) que trazem variantes de DNA com ligeira predisposição à obesidade. Já em problemas como a esquizofrenia, que apresenta um componente genético, a influência genética na melhor das hipóteses indica uma predisposição.

Atualmente, uma bonequinha foi encontrada na forma da epigenética e dos dispositivos que ela controla. Quase todos os fatores que talvez contribuam com a obesidade, seja excesso de estresse, de açúcar, maus hábitos alimentares ou desequilíbrios hormonais, teoricamente seriam regulados pelo epigenoma, a estação de controles que transforma a vivência em alterações genéticas. Mas nesse ponto a linha reducionista de raciocínio chega ao limite. É extremamente difícil apontar que experiência específica gera que característica em qual gene, alterando então a atividade genética. Algumas pessoas ficam obesas com ou sem estresse, com ou sem açúcar, e assim por diante. Portanto, é impossível prever com segurança e acuidade como as vivências do passado ou do futuro alteram a atividade genética. A nuvem de causas que envolve os motivos de os homens holandeses terem crescido tanto de repente tem muito a ver com a epigenética. *Alguma coisa* está criando marcas de metilação, mas essa marca é aparente na natureza, ao passo que a *alguma coisa* que a causou costuma não ser. Uma toxina do meio ambiente pode causar mudanças epigenéticas. Uma emoção forte, como o medo, também pode, pelo menos em camundongos, conforme já se viu.

Se nos aprofundarmos, a suposição básica de que alguma causa material de características epigenéticas deve estar em andamento acaba sendo incerta. É a experiência de vida em toda a sua extensão – das interações físicas às reações emocionais – que governa a modificação química de certos genes com marcas de metilação. Uma marca de metilação – que, como já dissemos, é o mais estudado método que o epigenoma tem de modificar um gene – é muito pequena. Quimicamente, o grupo metil é minúsculo, nada mais do que um átomo de carbono unido a três átomos de hidrogênio. A metilação marca apenas os pares de base de C (citosina), unindo-se a ela como uma rêmora, um peixe sugador, se une a uma baleia ou a um tubarão. Uma molécula de citosina é quarenta vezes maior. Já foi demonstrado que, quando o DNA é modificado com mais marcas de metilação, partes dele são desligadas. Ou seja, parece que estamos na bonequinha menor, a que desliga todas as maiores. Noventa por cento das modificações de DNAs associados a doenças ficam na região das chaves do gene. Além do mais, a epigenética tem um efeito notável sobre o desenvolvimento pré-natal, tiques de personalidade e comportamentais, suscetibilidade a doenças independentemente dos genes e mutações herdadas de nossos pais.

A maneira como a mãe levou a vida enquanto esperava o bebê vai afetar a atividade genética da pessoa e o risco de doenças anos depois. Pesquisadores canadenses da Universidade de Lethbridge sujeitaram ratos adultos a condições estressantes e depois estudaram as suas crias. As ratinhas filhas de mães estressadas tiveram prenhez mais curta. Até as avós ratinhas, cujas mães não eram estressadas, tiveram prenhez mais curta. Os pesquisadores sugeriram que essa ocorrência se devia à epigenética. Em termos mais específicos, eles afirmaram que as alterações epigenéticas provocadas pelo estresse envolvem o que chamaram de micro-RNAs,[2] pequenos segmentos de RNA feitos do genoma, que então regulam as atividades genéticas.

Deixando de lado as anormalidades em potencial que as pesquisas médicas podem avaliar, todos nós chegamos aqui por meio dessas chaves, dessas ligações. Isso faz parte da jornada na qual uma única célula fertilizada no útero da mãe cresce e se torna um bebê bem formado e saudável. Porém, para fazer um bebê, é preciso haver células do fígado, células do coração, células do cérebro

---

2 Observação: O DNA entre genes costumava ser chamado de DNA "lixo". No entanto, hoje sabemos que o DNA entre os genes (ou DNA intergenético) pode ser usado para produzir pequenas moléculas denominadas micro-RNAs, que controlam as atividades dos genes em todo o genoma.

e assim por diante, todas diferentes umas das outras. O epigenoma e suas características regulam as diferenças. Perceberam que era urgente um mapa do epigenoma a fim de localizar como se determina cada tipo de célula no desenvolvimento do embrião no útero. Quatro países – Estados Unidos, França, Alemanha e Reino Unido – fundaram o Projeto Epigenoma Humano, cuja missão é mostrar onde ficam todas as características relevantes, ou, em termos oficiais, "identificar, catalogar e interpretar os padrões de metilação do DNA em todo o genoma em todos os genes humanos dos principais tecidos".

Com a participação de mais de duzentos cientistas, fica sendo um marco a data de fevereiro de 2015, com a publicação de 24 artigos descrevendo as chaves que determinam o desenvolvimento de mais de cem tipos de células do nosso corpo, entre milhares de outras. Esse esforço envolveu milhares de experimentos com tecido de adulto e também com tecidos de fetos e células-tronco. (Em tese, seria mais fácil contar todas as pintas de todos os leopardos do mundo.) Os elementos químicos que regulam tipos diferentes de células já eram bem conhecidos, e às vezes suas chaves não ficam junto do gene afetado. Na verdade, a chave A pode estar localizada a uma distância considerável do gene B. Nesse caso, os pesquisadores às vezes tiveram que inferir o papel da chave, examinando o elemento químico regulador. Se ele estava presente na célula, inferiam que estava ativado.

Pais, bebês e genes

Chegar a esse ponto do mapa epigenômico representou um importante desenvolvimento. As chaves que ligam e desligam os genes talvez sejam o melhor caminho para a prevenção e a cura de muitas doenças. Como reconhecem os pesquisadores, localizar todas essas chaves propicia montes de novos dados, mas isso é só o começo. As chaves interagem na atividade do DNA; elas formam circuitos chamados "redes", e conseguem até agir nos genes à distância. Assim como mapear a localização de todos os telefones de uma cidade não revela o que as pessoas dizem umas às outras quando telefonam, tampouco revelar todos esses circuitos dá algum indício do surgimento dessa atividade nos genes. Regiões diferentes do genoma podem ser ativadas em uma via epigenética paralela devido a uma reorganização tridimensional do genoma (como uma laçada no filamento de DNA), que aproxima essas regiões.

Existe ainda o efeito que a epigenética tem na vida da criança recém-saída do útero materno. Esse período é como um pivô entre a influência epigenética da mãe e as experiências que pertencem à criança. Qual a importância da sobreposição das duas? Essa é uma das questões fundamentais em termos de saúde infantil, e entre elas está a alergia a amendoim. Como relatado pelo *New York Times* em fevereiro de 2015, cerca de 2 por cento das crianças norte-americanas é alérgica a amendoins, número que quadruplicou a partir de 1997. Ninguém consegue explicar por quê, mas houve um aumento significativo em todas as alergias nos últimos anos, e os motivos continuam sendo um mistério. Esse aumento ocorreu em todos os países ocidentais.

A criança com uma acentuada alergia a amendoim pode morrer mesmo que exposta a um traço mínimo de amendoim na comida. Segundo a orientação padrão, oferecer às crianças manteiga de amendoim e outros alimentos com amendoim aumenta o risco de elas desenvolverem a alergia. Mas um convincente estudo de 2014, publicado no *New England Journal of Medicine*, virou do avesso essa convenção. Alimentar as crianças com manteiga de amendoim na primeira infância "diminui radicalmente o risco do desenvolvimento de alergia a amendoim", concluíram esses autores. Foi uma novidade encorajadora, já que indicava uma etapa nos cuidados com as crianças que poderia reduzir ou mesmo reverter uma tendência crescente.

Esse novo estudo foi feito em Londres, onde 530 crianças consideradas em risco de ter alergia a amendoim (por exemplo, talvez já fossem alérgicas a ovos e a leite) foram divididas em dois grupos. Com a idade inicial entre 4 e 11 meses, um grupo recebeu alimentos com amendoim, e o outro, não. Aos 5 anos, no grupo exposto ao amendoim a incidência de alergias era bem menor – 1,9 por cento comparados aos 13,7 por cento do grupo cujos pais não usaram amendoim nos alimentos. Na verdade, especula-se que ter pais preocupados em não dar amendoim aos filhos talvez até cause esse aumento significativo de alergias a amendoim.

Faz algum tempo que os pais andam confusos sobre esse tema das alergias em recém-nascidos, não só em relação ao amendoim. Antes dessa nova descoberta, as informações não eram claras. Como já comentamos, um recém-nascido herda o sistema imunológico da mãe, que serve de ponte enquanto o bebê vai desenvolvendo os próprios anticorpos. A glândula timo, localizada no tórax, mais ou menos entre os pulmões e na frente do coração, é onde as células T do sistema imunológico amadurecem. Quando o corpo é invadido por vírus, bactérias ou substâncias estranhas a ele, como o pólen, as células T têm como responsabilidade reconhecer que invasores deve afastar. A alergia funciona como um caso de engano de identidade, no qual uma substância inocente é identificada como inimigo, o que leva a uma reação alérgica criada pelo próprio organismo, não pelo invasor.

O timo está em plena atividade logo depois do nascimento e ao longo da infância da criança. Assim que a pessoa desenvolve o estoque completo de células T, esse órgão se atrofia depois da puberdade. A questão das alergias é de quanto de nossa imunidade é herdado geneticamente e quanto é influência do meio ambiente onde nascemos. A explicação para o aumento crescente de alergias nos países desenvolvidos parece ser a poluição ambiental – quanto maior a poluição ambiental, pior o problema. Mas, com o fim da União Soviética, em 1991, e o surgimento de seus países satélites, cujas taxas de poluição são em geral muito mais altas do que as dos Estados Unidos e dos países europeus, os pesquisadores se viram atônitos ao descobrir que regiões de muita poluição do Leste Europeu apresentavam taxas de alergia mais baixas do que o Ocidente.

Então, concluíram que o correto seria o inverso: os países ocidentais eram limpos e desinfetados demais, por isso o sistema imunológico das pessoas não era exposto a substâncias com que se adaptar. Portanto, a descoberta sobre a alergia a amendoim seria muito significativa. Em 2000, a American Academy of Pediatrics, recomendava que as crianças até a idade de 3 anos não deveriam comer alimentos com amendoim, caso corressem o risco de ter alergias. Por volta de 2008, essa instituição reconheceu que não havia evidências definitivas de que evitar amendoim fosse eficaz depois de 4 a 6 meses de idade. Porém, tampouco havia algum estudo que demonstrasse ser correto parar de evitar o amendoim. O primeiro indício importante surgiu em uma pesquisa de 2008, publicada no *Journal of Allergy and Clinical Immunology*, que descobriu que o número de crianças com alergia a amendoim em Israel era um décimo do de crianças judias da Inglaterra. A diferença significativa parecia se dever ao fato de que as crianças israelenses consumiam alimentos com amendoim no primeiro ano de vida, principalmente Bamba, um lanchinho muito popular de milho e manteiga de amendoim, enquanto as crianças britânicas não comiam amendoim algum, quando os pais tinham esse tipo de preocupação.

No entanto, esse novo estudo não se aplica a outros alimentos a que as crianças desenvolvem alergia. E duas questões importantes continuam em aberto. Primeira, se as crianças que receberam alimentos com amendoim parassem de comê-los, ficariam sujeitas a ter alergia? Essa pergunta está sendo estudada em acompanhamento com os indivíduos originais da pesquisa. Segunda, esses resultados poderiam ser aplicados a crianças com baixo risco de alergia alimentar? Não se sabe, mas os pesquisadores tendem a achar que comer alimentos com amendoim não faria mal algum a elas.

No entanto, é difícil pedir a pais ansiosos que mudem hábitos, já que evitar os alimentos "errados" tomou tais proporções entre os cuidados costumeiros.

Entramos em detalhes não porque tenhamos a solução para as alergias, mas para deixar claro como são incertas as influências ambientais, mesmo que, em termos gerais, se saiba que as características epigenéticas são sensíveis a elas. O milagroso desenvolvimento de um ser humano, de embrião a bebê, passando pela infância e adolescência, até virar adulto, envolve uma dança intrincada entre os genes e o meio ambiente. Nos mamíferos, as interações entre a criança recém-nascida e seus pais podem ter efeitos profundos sobre a saúde da criança anos depois. Embora muitas descobertas nessa área tenham surgido apenas em experimentos com camundongos e ratos, é maior a evidência de que sirvam para seres humanos também. Por exemplo, são muitas as provas de que a violência doméstica, a negligência e maus-tratos geram efeitos epigenéticos na atividade dos genes que afetam desfavoravelmente a saúde física e mental das pessoas mais adiante.

Para o bem ou para o mal, o que acontece cedo e molda os vínculos entre pais e filhos tem efeito profundo no desenvolvimento cerebral e na personalidade da criança. Mas como esses vínculos se estabelecem? Cada vez mais as pesquisas demonstram que as modificações epigenéticas nos genes infantis, conduzidas pelas vivências da criança desde os primeiros dias de vida, são responsáveis por isso em larga medida. Quando a mãe não demonstra envolvimento emocional com a criança, podem ocorrer uma reação disfuncional hipotalâmica-pituitária-adrenal (HPA) associada ao estresse, desenvolvimento cognitivo prejudicado e aumento do cortisol tóxico, como se pode medir na saliva da criança.

Algumas crianças vítimas de violência morrem cedo, e nesses casos trágicos o cérebro delas pode ser examinado na autópsia. Pesquisas desse tipo demonstraram evidências nítidas de modificações epigenéticas (com aumento de metilação) no gene NR3C1, que resulta na morte de células nervosas cerebrais na região conhecida como hipocampo, usada pela memória recente. Essa mesma modificação do gene é encontrada na saliva de crianças vivas que sofreram violências emocionais, físicas e sexuais. Esses danos podem dar origem a comportamentos psicopatas.

Essas descobertas ampliam a compreensão já existente de que violência e negligência têm profundos efeitos psicológicos. Agora podemos identificar os prejuízos no nível celular. Nas pesquisas sobre as mudanças biológicas que subjazem a essas ocorrências, veem-se cada vez mais as implicações dos caminhos epigenéticos que controlam a manifestação dos genes no cérebro. Como prova disso, talvez futuramente seja possível testar a eficácia de terapias psicológicas ou medicamentosas examinando se houve reversão dos efeitos perniciosos no epigenoma.

Em testes com animais, já há progresso. Em 2004, um estudo da Universidade McGill, conduzido pelo neurocientista dr. Michael Meaney, mostrou que os filhotes de ratos que eram bem cuidados (lambidos) pelas mães tinham maiores níveis de receptores de glucocorticoides no cérebro, o que resultava em um comportamento menos agressivo e ansioso. Como ocorreram essas mudanças comportamentais? De novo, pela epigenética. Os camundongos que recebiam alimentação e cuidados afetuosos das mães sofriam menos alterações em seus genes receptores de glucocorticoides pela metilação, resultando em menores quantidades de cortisol, e consequentemente em menores reações de ansiedade, agressividade e estresse.

A área mais controversa da epigenética tem relação com o fato de gerações futuras serem afetadas pelo estresse e violência do presente. Quando camundongos machos são separados das mães depois do nascimento, eles sofrem de ansiedade e tipos de depressão, como a apatia, que são então transmitidas às gerações seguintes. As mudanças epigenéticas negativas são na verdade encontradas no esperma dos camundongos logo depois da separação de suas mães – e esse esperma então serve de veículo de transmissão para os filhotes. Estudos semelhantes demonstraram que um grande número de efeitos – de alimentação pobre e estresse a exposição a toxinas (por exemplo, pesticidas que geram modificações epigenéticas no cérebro e no esperma dos camundongos) – podem ser transmitidos à geração seguinte.

Um exemplo significativo de como conseguimos afetar a nossa própria atividade genética vem de um estudo saído da ficção científica. Uma equipe franco-suíça de Zurique inspirou-se num *game* inovador denominado Mindflex, que tem um fone que capta ondas cerebrais da testa e do lóbulo da orelha do jogador. Com o foco em uma leve bola de espuma, o jogador deve erguê-la ou baixá-la em uma coluna de ar. O jogo consiste em ser capaz de movimentar a bola entre obstáculos, usando apenas o pensamento.

Os pesquisadores se perguntaram se essa mesma abordagem serviria para alterar a atividade genética. Eles então desenvolveram um capacete de eletroencefalograma (EEG) que analisava as ondas cerebrais e as transmitia, sem fio, via Bluetooth. Como foi relatado na revista *Engineering & Technology* (E&T), em novembro de 2014, as ondas cerebrais foram transformadas em um campo eletromagnético dentro de uma peça que energizava um implante dentro de uma cultura de células. Esse implante recebia uma lâmpada de LED (diodo emissor de luz) que emitia uma luz infravermelha. Essa luz então ativava a produção de um tipo específico de proteína nas células. Um dos pesquisadores principais do grupo comentou: "Controlar os genes desse modo é algo completamente novo e único em sua simplicidade".

Os pesquisadores usaram luz infravermelha porque ela não prejudica as células, embora ainda penetre bem no tecido. Depois que as transmissões cerebrais remotas funcionaram em amostras de tecido, a equipe passou para camundongos, e também teve êxito. Vários indivíduos participaram de um teste que consistia em usar o capacete de EEG e controlar a produção de proteínas em camundongos simplesmente com o pensamento. Entre três grupos, o primeiro teve que se concentrar jogando Minecraft em um computador. Segundo o relato feito no artigo da E&T:

A CIÊNCIA DA TRANSFORMAÇÃO

Esse grupo obteve resultados limitados, como foi constatado pela concentração de proteínas na corrente sanguínea dos camundongos. O segundo grupo, em estado de meditação ou relaxamento completo, gerou uma taxa bem maior de manifestação proteica. O terceiro grupo, usando o método de *biofeedback*, foi capaz de ligar e desligar a lâmpada de LED implantada no corpo do camundongo teste.

Além das maravilhosas implicações da influência direta do pensamento nas atividades genéticas, essa abordagem um dia pode vir a auxiliar pessoas com epilepsia ao liberar medicamentos instantaneamente ou ativar e desativar certos genes dos pacientes através de um implante cerebral no início de um surto. Logo depois do surto, o cérebro epiléptico gera um tipo específico de atividade elétrica que poderia ser utilizado para ativar um implante genético ativado pela luz, a fim de produzir rapidamente uma droga de combate ao surto. Uma estratégia semelhante poderia ser empregada para tratar dores crônicas, produzindo medicamentos analgésicos no cérebro ao primeiro sinal de dor.

Resumindo, o nosso genoma é um fantástico conjunto vivo de DNA e proteínas que está sempre sendo remodelado em termos de estrutura e de atividade dos genes – e grande parte desse remodelamento parece ser em reação ao nosso modo de vida. Mas a questão das bonequinhas russas não pode ficar de lado. Já está claro que chaves quimicamente induzidas são a base das mudanças das atividades genéticas. Isso é inquestionável. Uma chave de atividade genética em reação ao estilo de vida de uma pessoa pode ser ativada por um pequeno grupo de metilo de um gene, deixando uma marca reveladora. Sem essa modificação química no gene, uma célula-tronco talvez não se tornasse uma célula cerebral específica em vez de uma célula do fígado ou do coração. De fato, talvez nem se desenvolvesse em coisa alguma, só ficasse se dividindo sem parar, como fazem os tumores cancerígenos.

As marcas de metilação não são apenas modificações químicas que desligam a atividade do gene, mas também funcionam como notas musicais, representando uma sinfonia de interações genéticas mais complexas. Ao interpretar essas marcas em grupo, é possível ter uma ideia da rede de atividades que correspondem ao modo como vivemos (e talvez nossos pais e avós). Talvez seja possível ler diretamente no epigenoma experiências específicas, por exemplo, um período de fome. Devemos encarar essas marcas como a partitura de uma sinfonia, pois é preciso observar uma porção de notas antes que a música realmente seja compreendida. A observação de apenas um compasso da sinfonia só dá uma ideia. Da mesma maneira, tentar encontrar a menor boneca russa não nos dá a história genética completa.

Na genética, as marcas estão sendo decifradas quimicamente, mas é maior o desafio da etapa de relacioná-las ao seu significado em termos de experiência. Primeiro, não é possível observar as mudanças genéticas em tempo real. Segundo, não é possível conectar a experiência A à mudança genética B, com alguma especificidade, exceto em poucos casos. Deveria ser possível encontrar alterações epigenéticas feitas pelo tabagismo, por exemplo, mas mesmo assim nem todo mundo sofre os efeitos do fumo da mesma forma. Embora se saiba como as marcas químicas de certos genes aparecem, não é possível dizer como um certo tipo de vivência (por exemplo, fome prolongada) leva uma marca específica a aparecer em um gene específico em regiões extremamente precisas do genoma.

Atualmente, o maior desafio continua sendo a conexão entre marcas e seu significado. Quando um violinista vê as notas do início da 5ª Sinfonia de Beethoven – o conhecido tã-tã-tã-tããã –, ele entra em ação, subindo e descendo o arco nas cordas do instrumento. Conseguimos ver o movimento do braço, mas por trás dessa ação existem inúmeros elementos invisíveis. Como lê música, o violinista sabe o que cada nota significa, e que não são apenas marcas pretas e brancas dispostas ao acaso em uma pauta. A mente dele transforma as notas em ações muito bem coordenadas entre seu cérebro, olhos, braços e dedos. Além disso, nem é preciso mencionar, pois é óbvio, foi um ser humano, Ludwig van Beethoven, que teve a inspiração para escrever essa sinfonia e criou esse motivo conhecido mundo afora.

Mesmo sabendo disso, como essa coreografia química de milhões de genes e suas chaves controladas quimicamente fazem para gerar a capacidade incrível que o cérebro tem de pensar? Ninguém sabe. Como é que o cérebro fez para se desenvolver ao longo de eras, em resposta à programação de novas mutações recém-surgidas? Os geneticistas darwinistas diriam que todas essas mutações ocorreram por acaso.

Naturalmente, Darwin não poderia saber da epigenética em sua época. Mas e se soubesse? Darwin talvez então nos contasse que a nossa evolução envolve a interação das marcas epigenéticas e de novas mutações dos genes. Darwin chocou seus contemporâneos quando excluiu Deus, ou qualquer Criador ciente, de sua explicação sobre o surgimento do homem moderno. Com certeza, nesse estudo da genética, supor qualquer tipo de inteligência maior nos bastidores não nos ajuda a compreender a nossa evolução. Mas podemos considerar um princípio organizacional inerente ao processo evolucionário que transcenda a concepção ingênua de mutações ao acaso e sobrevivência dos mais aptos. Ao construir um novo modelo de evolução com as marcas de metilação em milhares de genes e suas histonas funcionando com o genoma, seria interessante determinar onde surgiriam novas mutações (também influenciando a estrutura tridimensional do DNA). Depois disso, a seleção natural de Darwin pode assumir e decidir que novas mutações permanecem. Nesse intrigante cenário especulativo, não estamos apenas esperando que apareçam mutações aleatórias. Estamos influenciando diretamente a evolução futura de nosso genoma com base em escolhas.

UM NOVO ELEMENTO PODEROSO: O MICROBIOMA

A genética está em plena explosão de conhecimentos. Todos os dias, surgem novos dados sobre o genoma e o epigenoma, não em *gigabytes*, mas em *terabytes*, ou seja, trilhões de *bytes* de informação digital, milhares de vezes mais que um *gigabyte*. Já seria difícil compreender essa montanha de dados, ainda mais analisá-los, porém, mais outro tanto de dados, de proporções gigantescas, acabou surgindo de onde ninguém poderia imaginar: os micróbios. Na medicina, os micróbios são vistos principalmente como invasores – bactérias e vírus que causam doenças quando atravessam as defesas imunológicas do organismo. Por outro lado, também há menção aos micróbios amigáveis, que habitam o nosso trato intestinal e servem para digerir os alimentos que consumimos.

O gastrenterologista tem muita familiaridade com o que acontece de errado nos intestinos, mas a maior parte das pessoas pouco sabe dos micróbios que convivem com nossas células. Os antibióticos, cujo propósito é matar os germes que causam doenças, também atacam a delicada flora intestinal. Normalmente, essa flora amigável se recupera sozinha pouco tempo depois do fim do antibiótico, e o máximo que se nota é um acesso de diarreia. Quando turistas sofrem de desarranjos intestinais, como as conhecidas diarreias que as pessoas contraem na Índia ou no México, a causa disso é uma mudança na flora intestinal. Os micróbios digestivos não são os mesmos mundo afora. A menos que a pessoa sinta dor, desconforto, inchaço, diarreia ou constipação, ninguém presta muita atenção à digestão, sobretudo nesse nível microbiano.

Nos últimos anos, no entanto, a população de micróbios que reside em nosso corpo vem assumindo uma importância imensa, meio repentinamente. Tocamos na razão disso quando mencionamos que o corpo contém 100 trilhões de células estranhas ou microbianas. Como já dissemos, isso significa que 90 por cento das células do nosso corpo são micróbios, incluindo a ampla preponderância de seu material genético. O nosso corpo contém cerca de 23.000 genes humanos *versus* mais de 1 milhão de genes bacterianos. Em outras palavras, somos uma coleção de colônias bacterianas com um pouquinho de células humanas! Essa constatação se revelou quando foi possível mapear genomas inteiros, inclusive os genomas de centenas de milhares das possíveis espécies microbianas que habitam o nosso corpo, sobretudo no intestino, mas também na pele, na boca e em outros lugares.

Antes que possamos compreender os nossos genes, é necessário tentar entender as implicações genéticas do microbioma – nome dado à completa flora de microrganismos, que superam as nossas células em 10 por 1 (o termo "microbiota" também é usado). Esses micróbios não vieram apenas fazer uma visitinha quando as formas de vida maiores surgiram. A relação simbiótica entre as células de nosso corpo e trilhões de micróbios abarca um vasto período de tempo, desde quando os micróbios surgiram, há 3,5 bilhões de anos. O aparecimento de nosso ancestral hominídeo 2,5 milhões de anos atrás representa um piscar de olhos na marcha evolutiva da bactéria, que consegue criar genes e até intercambiá-los. Ao longo desse caminho, a nossa interação com essas bactérias influenciou a evolução de todos os órgãos, inclusive do cérebro. Não se sabe quantas espécies de micróbios estão presentes em nosso organismo – a estimativa chega a mais de mil, o que já é uma quantidade desconcertante. A maneira como o microbioma foi descrito dá uma ideia de seu impacto: "o segundo genoma humano", "um órgão recém-descoberto", "uma floresta interna de bactérias". Nos intestinos, as células são expelidas em vastos números: de 100 milhões a 300 milhões são expulsos pelo cólon por hora, uma fração pequena dos 1 a 3 bilhões expulsos pelo intestino delgado. Os micróbios se estabelecem no biofilme que reveste as paredes intestinais, mas também são expulsos em quantidade – uma amostra de fezes contém cerca de 40 por cento de micróbios por peso.

O termo "microbioma" foi apresentado por Joshua Lederberg, biólogo molecular, ganhador de Prêmio Nobel e antigo colega de Rudy, mas a noção de um microbioma foi descrita primeiramente por William Beaumont (1785-1853), cirurgião do exército americano do século XIX, um pioneiro na fisiologia da digestão. Ele costumava dizer que a raiva impedia a digestão. Desde então, aprendemos que uma vasta coleção de bactérias intestinais afeta diretamente o desenvolvimento do cérebro e do sistema nervoso central, desde o útero até a nossa morte. Além disso, o microbioma está sempre ajustando o sistema imunológico.

Quando o equilíbrio natural do microbioma é rompido ou desequilibrado, damos a isso o nome de "disbiose", mas só agora está se descobrindo que, longe de ser um problema digestivo, os prejuízos da disbiose são sistêmicos. O leque de problemas relacionados a ela está aumentando, mas seu número já surpreende: encontraram relações com a asma, o eczema, a doença de Crohn, a esclerose múltipla, o autismo, a doença de Alzheimer, a artrite reumatoide, o lúpus, a obesidade, doenças cardiovasculares, arterioesclerose, câncer e desnutrição. Os novos tratamentos estão tomando o mesmo rumo: o microbioma.

O entusiasmo pelo microbioma chegou a tal ponto que quase todo o mundo ficou sabendo dele pela mídia e através de produtos denominados "probióticos" (o mais propagandeado é o iogurte com lactobacilos vivos), que apresentam a vantagem de proporcionar o crescimento de micróbios saudáveis no trato intestinal. Do ponto de vista da genética, o microbioma ajuda a educar o sistema imunológico e a prevenir doenças. Ao longo de eras de evolução, o DNA microbiano não conviveu simplesmente lado a lado com o DNA dentro das criaturas vivas, mas infiltrou-se nelas, tornando-se uma parte integrante do DNA humano de hoje. É possível que um mundo de descobertas derive dessa interdependência, que tem sido contínua há milhões de anos em nossa espécie.

A outra parte importante dessa história – a conexão entre o microbioma e as doenças crônicas – é provável que venha a ter um impacto considerável na vida das pessoas, e isso pode acontecer logo. Existe uma relação natural com as doenças do trato intestinal, como a síndrome do intestino irritável. A obesidade também pressupõe um ajuste natural em relação ao modo como o alimento é digerido e metabolizado. Muito mais inesperado é o vínculo em potencial entre o microbioma e doenças graves como as cardíacas, o diabetes tipo 1, o câncer e até doenças mentais, como a esquizofrenia.

Já se sabe que as bactérias intestinais produzem compostos neuroativos que interagem com as células cerebrais e que podem até controlar a manifestação de nossos próprios genes através da epigenética. Assim que se percebeu que existia uma forte conexão entre o intestino e o cérebro, começaram a ruir as barreiras entre as nossas células e as células estranhas. Se uma bactéria do intestino consegue de fato influenciar o nosso humor ou contribuir com uma doença mental, surge no horizonte uma concepção totalmente nova do corpo, como vamos explicar. (Vamos tratar dos probióticos e de outras recomendações alimentares na Parte 2, "Escolhas em prol de um bem-estar radical".)

Do mistério ao modismo

Como centenas de micróbios habitam o nosso corpo, o genoma deles e os *terabytes* de informações derivados deles compõem um mistério enorme. Para ajudar a compreendê-lo, precisamos nos basear em algumas categorias. O professor Rob Knight, um especialista em micróbios humanos da Universidade do Colorado, apresenta o microbioma dizendo: "Um quilo e meio de micróbios que a pessoa carrega por aí talvez sejam mais importantes do que cada gene que ela traz no genoma". Pelo peso, o microbioma mal se iguala ao do cérebro. Knight simplifica essa abundante população de microrganismos agrupando-a de acordo com as regiões do corpo que eles ocupam, sendo as principais o intestino, a pele, a boca e a vagina. Essas regiões são como paisagens microbianas – e genéticas – separadas, e tão distintas em sua flora quanto o Ártico é dos trópicos. A base desse mapa simplificado é a análise feita por Knight do microbioma de 250 voluntários saudáveis, que por sua vez se baseia na imensa base de dados do sequenciamento humano do Projeto Microbioma Humano, um empreendimento de 173 milhões de dólares fundado pelo governo federal americano.

Um dos principais mistérios referentes ao microbioma é que ele varia muito de pessoa para pessoa. Em uma conferência TED de fevereiro de 2014, que acumulou mais de 300.000 visualizações, Knight nos atormenta com alguns fatos intrigantes. Algumas pessoas juram que são mais picadas por mosquitos do que outras, enquanto outras dizem que raramente são picadas. Em parte, a razão disso está nos diferentes micróbios da pele e até que ponto os mosquitos se sentem atraídos por eles. Os micróbios do intestino também parecem determinar se um analgésico como o Tylenol (acetaminofeno ou paracetamol) pode causar ou não problemas no fígado.

Devido à diversidade, é difícil descrever a população de um microbioma perfeitamente saudável. O aspecto negativo disso é que o intestino do homem moderno pode estar seriamente comprometido. Em um artigo influente de 2014, Erica e Justin Sonnenburg, microbiologistas da Universidade Stanford, proclamaram uma possível perda de micróbios intestinais ocasionada por vários fatores. Um deles é a alimentação ocidental, pobre em fibras vegetais. A fibra é um prebiótico de que os micróbios precisam como alimento para se desenvolver (em oposição ao probiótico, que introduz novos micróbios no trato digestivo). O uso indiscriminado de antibióticos também tem um efeito destrutivo no espectro de bactérias e vírus. Menos tangível mas também suspeito é o estresse da vida moderna, pois os hormônios do estresse e as emoções em geral podem causar mudanças no microbioma. Assim como a atividade genética, o microbioma é tão dinâmico que deveria ser encarado como um verbo, não como um substantivo.

A sugestão mais incômoda dos Sonnemburg é que a moderna alimentação ocidental tenha sido crucial para o aumento das doenças crônicas, sobretudo das doenças autoimunes, como as alergias. O microbioma ajuda a regular a imunidade, e também cria subprodutos químicos durante a digestão, que reduzem inflamações. Cada vez aumentam mais os indícios que relacionam a inflamação a um conjunto de problemas, inclusive doenças cardíacas, hipertensão e vários tipos de câncer. Reduzir a diversidade da flora intestinal talvez esteja arruinando a nossa saúde. Os Sonnenburg declararam os riscos explicitamente: "É possível que a microbiota ocidental seja na verdade disbiótica [nocivas para os micróbios] e predisponha os indivíduos a uma série de doenças".

Como ocorre com muitos assuntos que envolvem o microbioma, é difícil confirmar esses riscos. Existem poucas populações isoladas no mundo cujo microbioma está livre de influências prejudiciais. Emily Eakin, em artigo do *New Yorker* de dezembro de 2014, menciona a tribo *hadza*, na África, que foi estudada por Jeff Leach, um antropólogo colaborador dos Sonnenburg. Durante um ano, Leach examinou trezentos membros da tribo, que ainda sobrevive da caça e da coleta na Tanzânia. "Precisamos ir a lugares onde as pessoas não têm acesso fácil aos antibióticos, onde as pessoas ainda bebem água da mesma fonte que as zebras, girafas e elefantes, e onde ainda vivem fora de casa", Leach relatou a Eakin. Os genes do *Homo sapiens* se desenvolveram nessas condições.

Através de amostras de fezes, Leach descobriu que "tudo indica que os *hadza* apresentam uma das maiores diversidades em termos de flora intestinal entre as populações do mundo já estudadas". No entanto, uma pesquisa anterior sobre os *hadza*, feita por estudiosos alemães do Max Planck Institute for Evolutionary Anthropology, revelou que, embora abrigassem certas bactérias intestinais jamais vistas antes, os *hadza* não tinham outras que são associadas à boa saúde no microbioma ocidental. Leach acreditava tanto na superioridade genética do intestino dos *hadza* que transplantou uma amostra do microbioma deles para o próprio trato intestinal.

Isso gerou um modismo que se espalhou, apesar de muita coisa sobre o microbioma ainda estar no ar. Leach transplantou os micróbios dos *hadza* usando um conta-gotas grande e injetando as fezes deles em seu cólon. Ainda que isso pareça desagradável e mesmo repulsivo, até no Youtube existem vídeos que ensinam como fazer isso. A base para esse procedimento do tipo "faça você mesmo" é de uma lógica simples. Se um microbioma ocidental adulto está comprometido, o de um recém-nascido ou de uma criança saudável ainda não está. Por que não trocar um pelo outro?

A Food and Drug Administration (FDA)[1] tomou a iniciativa de impedir o transplante de microbiota fecal (ou terapia bacteriana) pelos médicos até que se conduzissem testes oficiais como os que são feitos com novos medicamentos. Porém, o entusiasmo por essa terapia bacteriana é tamanho que a prática se tornou clandestina, e não existem proibições quanto ao seu uso por médicos em outros países. As normas da FDA deram um basta a pesquisas de pequena escala sem financiamento para proceder a testes extremamente caros, que geralmente levam de sete a dez anos. Mas a FDA, como relata Eakins, ficou angustiada diante das milhares de pessoas que desenvolveram a síndrome de imunodeficiência adquirida (aids) através de transfusões de sangue antes que se soubesse que o sangue era um meio de transmitir o vírus HIV humano. Organismos que causam doenças, como o vírus que causa a hepatite A, ficam

---

1 Órgão norte-americano correspondente ao Ministério da Saúde. (N. da T.)

abrigados no intestino. (No caso da hepatite A, a matéria fecal tem que penetrar na boca da pessoa não imune à doença; em geral, isso ocorre em condições precárias de manipulação de alimentos.) Por esse e por outros riscos ainda desconhecidos, as normas da FDA são acertadamente precavidas.

Fazer um transplante fecal é como pegar o microbioma inteiro de um doador sem saber o que ele contém. Ninguém deveria correr tal risco. Mas a novidade clandestina desse transplante, mesmo desordenado e desconcertante como é o procedimento, está no enorme potencial que tem o microbioma de reverter um grande número de doenças crônicas. Um dos exemplos gritantes é a doença de Crohn, uma enfermidade inflamatória intestinal que pode debilitar muito. Seus sintomas incluem diarreia crônica, que pode levar a uma grave perda de peso, além de dores abdominais e febre. As vítimas da doença de Crohn tendem a ter uma vida sofrida, restrita pela doença. Como a raiz está em uma inflamação de origem inexplicada, podem ocorrer problemas inflamatórios também fora do trato intestinal, como rachaduras na pele, vermelhidão e inchaço nos olhos e até diabetes.

Os tratamentos medicamentosos são em geral pouco eficazes nessa doença, e em casos graves retiram-se cirurgicamente as partes mais afetadas do intestino. Mas já nos anos 1950, alguns médicos, em geral considerados charlatães ou pior, acreditavam que tratar os pacientes de Crohn com matéria fecal de doadores saudáveis (retirada em boas condições sanitárias em pílulas ou pelo reto) curava de verdade, muitas vezes em um notável período curto de tempo, ou seja, semanas ou meses. Agora, tratar a doença de Crohn com transplante fecal pode se tornar comum, e até a FDA abriu uma exceção em suas regras contra o procedimento.

Ainda mais surpreendente é um outro problema que o transplante fecal cura em questão de horas, até quando o paciente está à beira da morte. Trata-se da infecção bacteriana causada por *Clostridium difficile*, que tem muita relação com fortes doses de antibiótico. Cerca de meio milhão de pessoas sofre com essa infecção, sendo que, entre os casos graves, mais de 10.000 morrem anualmente. A *C. difficile* resiste a antibióticos e costuma ser encontrada quando pacientes hospitalizados estão em tratamento e uma sequência pesada de antibióticos causou um grave esgotamento de seu microbioma. Essa situação é então propícia à *C. difficile*, sendo que a infecção causa sintomas semelhantes à doença de Crohn, inclusive diarreia grave.

Ironicamente, o tratamento padrão para a *C. difficile* é oferecer o antibiótico vancomicina. A vancomicina pode ser completamente ineficiente caso tenha surgido uma nova e resistente linhagem da bactéria. Mas a literatura médica contém relatos esparsos de uma recuperação notável, quase instantânea, com o uso de transplante fecal. Em questão de horas, os micróbios recém-inseridos combatem e excluem a *C. difficile*, levando à diminuição de todos os sintomas. A FDA também abriu uma exceção nesse caso. Por extensão, se um transplante fecal consegue curar duas doenças que partilham o mesmo sintoma – uma inflamação bastante destrutiva –, e se a inflamação é potencialmente a vilã de vários tipos de doenças crônicas, por que não arriscar e fazer um transplante fecal, usando uma doação das fezes mais saudáveis que se puder conseguir? Foi essa lógica que fez o transplante fecal caseiro se espalhar.

Ninguém ainda comprovou que tomar essa atitude seja boa ciência ou medicina eficiente, e nós não vamos tolerar isso. (Existem outras maneiras mais seguras de otimizar o microbioma, como veremos.) Mas descobertas em ensaios com animais indicam que uma revolução de verdade talvez esteja em curso. Em 2006, uma equipe da Universidade de Washington, em St. Louis, parece ter provado uma forte relação entre o microbioma e a obesidade. Eles pegaram camundongos que tinham sido alterados geneticamente para ficar obesos e transferiram o microbioma deles para camundongos normais. Esses camundongos ficaram obesos – e foi a primeira vez que um problema foi transferido por via do microbioma, pelo menos em animais. Mas o que é realmente surpreendente é que os camundongos que engordaram depois de receber os micróbios se alimentaram com a mesma dieta dos camundongos sem transplante, porém esses camundongos não tratados não engordaram.

Como o mesmo consumo calórico conseguiu produzir camundongos gordos e normais ao mesmo tempo? Pressupõe-se que os micróbios inseridos foram mais eficientes na extração de nutrientes dos alimentos durante a digestão. Isso vai na contramão de uma crença antiga segundo a qual as calorias que entram equivalem às calorias que saem. Em outras palavras, se uma refeição contém cem calorias, o corpo de todo mundo, diante de uma digestão completa e saudável, iria extrair cem calorias de energia. No entanto, todos nós conhecemos pessoas que dizem: "Basta olhar para um pedaço de chocolate que eu já ganho peso". Esse novo estudo parece indicar que essas pessoas têm razão. Alguns microbiomas trabalham melhor na extração de nutrientes que outros – sendo que as pessoas obesas extraem demais, e as pessoas magras, muito menos.

Alguns pesquisadores de Amsterdã quiseram saber se um transplante fecal de micróbios de pessoas magras em pessoas gordas seria suficiente para gerar perda de peso. Até então, não tinha sido. A sensibilidade à insulina (essencial à metabolização adequada das calorias, para que não sejam armazenadas como gordura) dos indivíduos melhorou significaticamente, mas eles não perderam peso, e esse benefício desapareceu depois de um ano. Talvez sejam necessários mais tratamentos ou talvez seja preciso isolar micróbios específicos nos microbiomas "magros". Ainda há toda uma história genética para contar – e ela deve ser bastante complexa!

Uma nova ecologia

Como se vê, adjetivos como "estrangeiro", "estranho", "invasivo" não se aplicam aos micróbios, que aprenderam a colaborar com o corpo humano ao longo de milhões de anos. Há indícios de

UM NOVO ELEMENTO PODEROSO: O MICROBIOMA

que o desenvolvimento normal de um bebê pode depender deles. Voltando ao mapa simplificado do professor Rob Knight, existem microfloras diferentes na boca, nos intestinos (fezes), na pele e na vagina. Antes de o bebê nascer, o corpo dele não tem micróbios; o trato gastrintestinal na verdade é estéril. Quando passa pelo canal vaginal, o bebê recebe uma camada fininha do microbioma daquela região da mãe. Para o bebê, o nascimento é apenas a primeira etapa de exposição aos micróbios, que depois vão surgir de todo lado: do peito da mãe, da alimentação, da água, do ar, dos animais domésticos e de outras pessoas. O trato gastrintestinal começa a ser colonizado nessas primeiras horas após o nascimento. Estudos com animais demonstraram que quando os bichos são criados em ambientes higienizados, sem micróbios, eles desenvolvem uma série de anormalidades, desde deficiência imunológica e coração mirrado até ligações erradas das células cerebrais, além dos esperados problemas digestivos.

Às vezes, na infância, o microbioma deixa de ter um fluxo constante. Ele se estabiliza, embora isso não ocorra da mesma maneira com todo mundo. No mapa de Knight, o microbioma inicial, próprio do nascimento, progride da região da vagina e da pele até o da região intestinal e fecal. Essa sequência vale para todo mundo, pois o intestino que digere alimento é universal. Porém, há indícios de que quanto maior a exposição a micróbios, melhor, o que parece paradoxal. O microbioma das crianças de países em desenvolvimento exibem uma diversidade muito maior, confirmando a probabilidade de que vivemos "limpos demais" no Ocidente desenvolvido. Tais crianças, contudo, também pegam mais doenças de infância, assim como as crianças de uma creche estão menos predispostas a alergias, porém correm maior risco de pegar gripes, dores de ouvido, resfriados e outras doenças transmissíveis.

Na epigenética, como vimos, o maior problema é a ausência de uma linha direta entre causa e efeito. A não leva a B quando uma nuvem de causas pressiona o sistema mente-corpo. Com o microbioma, o grande problema é sua mudança rápida. Os genes ficam muito mais fixos, mesmo considerando o epigenoma, do que os micróbios que vivem em nós. Vamos imaginar o litoral, com as ondas batendo na costa, sempre movimentando a areia. As marés e o clima determinam quanta areia é retirada ou depositada ali. Se os grãos de areia fossem micróbios vivos, as marés e o clima do intestino estariam sempre revirando os micróbios, eliminando alguns e deixando que outros entrassem.

A palavra "ecologia" pode parecer uma metáfora, mas a medicina mal começou a compreender que o trato intestinal, que mede aproximadamente 7 metros e tem uma superfície comparável à de uma quadra de tênis, é tão complexo e dinâmico quanto a ecologia global. Estima-se que o microbioma tenha entre 40 e 150 vezes mais genes do que o próprio corpo. Como um exemplo das surpresas que aguardam os pesquisadores desse meio ambiente, vamos considerar um problema que vem sendo bastante vinculado aos micróbios: a obesidade.

O desgastado modelo de "calorias entram, calorias saem" joga o ônus da obesidade nos hábitos alimentares da pessoa. Se alguém come demais, seja lá por que for, o corpo armazena o excesso de calorias na forma de gordura. As pesquisas de fato mostram que as pessoas que comem em excesso tendem a subestimar as calorias que consomem. Mas, se comer em excesso fosse a única causa da obesidade, isso não explicaria por que apenas 2 por cento das pessoas que fazem regime conseguem ter êxito em perder pelo menos 2 quilos e não os recuperar durante dois anos. O que acontece com elas? Uma possibilidade é a permanência de hábitos ruins, que trazem de volta antigos padrões alimentares. Mas o ganho de peso tem sido associado a muitas influências. A lista a seguir não foi feita para alarmar nem oprimir ninguém, apenas para ilustrar como é complexa a atividade natural de comer.

Por que as pessoas ganham peso
- Elas comem demais;
- Elas pertencem a uma família que come demais, havendo assim uma possível conexão genética;
- Seus amigos comem demais;

- Sua alimentação contém açúcar refinado, carboidratos simples e gorduras em excesso;
- Elas consomem poucas frutas e vegetais frescos e outras fontes de fibras solúveis;
- Elas consomem alimentos industrializados e *fast-food*, que contêm aditivos e ingredientes artificiais, além de sal e açúcar em excesso;
- Elas desenvolvem uma porção de maus hábitos alimentares: comem vendo tevê, comem muito rápido, beliscam entre as refeições e assim por diante;
- Elas têm uma vida estressante;
- Elas estão atravessando crises pessoais, como perda de emprego ou divórcio;
- Existe um desequilíbrio entre os dois hormônios (leptina e grelina) responsáveis por fazer as pessoas sentirem fome ou satisfação;
- Elas apresentam alguma inflamação ou problema no hipotálamo, órgão regulador do apetite;
- O corpo delas apresenta sinais de inflamação crônica;
- Elas desistiram de perder peso depois de anos de regimes e do efeito sanfona;
- Elas pararam de fumar recentemente e começaram a comer demais para compensar.

Com tantos fatores em andamento, normalmente de comum acordo, fica claro por que é tão difícil tratar da obesidade: uma doença que sobrepõe áreas distintas da nutrição – endocrinologia, genética, gastroenterologia, psiquiatria e sociologia –, cada uma com sua perspectiva. A nuvem de causas se agiganta. No entanto, é possível puxar um fio do meio de todas essas influências complexas: o microbioma, que essencialmente digere alimentos, também exerce um efeito importante nos hormônios, na imunidade, na reação ao estresse e nas inflamações crônicas. Não existe nenhum outro elemento que abranja tantas funções orgânicas.

A CIÊNCIA DA TRANSFORMAÇÃO

O rastro dos indícios vai da comida ao intestino e passa pelo corpo todo. O dr. Paresh Dandona, um especialista em diabetes da área de medicina da Universidade Estadual de Nova York – Buffalo, seguiu esse rastro. Um indício grande foi descoberto por ele quando sua curiosidade o levou a examinar a comida do McDonald's. Nove voluntários que tinham peso normal consumiam o café da manhã típico dessa lanchonete: um sanduíche de ovo, queijo e presunto; um sanduíche de salsicha e dois *nuggets* de batata, totalizando 910 calorias. Existem razões bem conhecidas, além das calorias, para que tal café da manhã, rico em gordura e sal e sem quase nenhuma fibra, não seja saudável. Dandona acrescentou algo inesperado, como foi relatado na revista *Mother Jones*, em abril de 2013:

> Níveis de proteína C-reativa, um indicativo de inflamação sistêmica, dispararam "literalmente em questão de minutos... fiquei chocado", relembra [Dandona], com o fato de "uma simples refeição do McDonald's, que parece tão inofensiva" – o tipo de refeição rica em gordura e carboidratos que um em cada quatro americanos consome com regularidade – ter provocado um efeito tão dramático. E isso durou 5 horas.

A expressão "tão inofensiva" reflete a atitude de muitos americanos em relação ao *fast-food*. (Além de causar um aumento de inflamação, o consumo de um Big Mac rapidamente injeta gorduras na corrente sanguínea, que podem ser observadas como uma nódoa visível no plasma [líquido claro] depois que os glóbulos vermelhos são centrifugados.) A pesquisa de Dandona tomou um rumo importante, e ele fez mais descobertas surpreendentes.

Ao longo dos anos seguintes, Dandona avaliou vários alimentos para ver como eles afetavam o sistema imunológico, conhecido por ser prejudicado por níveis baixos de inflamação crônica. O jornalista Moises Velasquez-Manoff escreveu: "[Dandona] descobriu que um café da manhã à base de *fast-food* provocava inflamação, mas um café da manhã rico em fibras e frutas, não. Uma brecha se abriu em 2007, quando ele descobriu que água com açúcar – um substituto para os refrigerantes – causava inflamação, ao passo que suco de laranja, mesmo com muito açúcar, não". De certa forma, o suco de laranja fresco, não industrializado, neutraliza até as 910 calorias do café da manhã exagerado do McDonald's. Entre os indivíduos testados, o café da manhã causou inflamação e elevação do açúcar do sangue, mesmo que a refeição fosse acompanhada de água com açúcar ou água pura. Porém, nenhum desses efeitos apareceu entre os indivíduos que tomaram suco de laranja.

Velasquez-Manoff continua: "O suco de laranja é rico em antioxidantes como a vitamina C, flavonoides benéficos e pequenas quantias de fibra, todos anti-inflamatórios. Mas o que chamou a atenção de Dandona foi outra substância". Essa substância foi a molécula denominada endotoxina (literalmente, "veneno interno"), que apareceu no sangue dos indivíduos que beberam água e água com açúcar depois do café da manhã do McDonald's, mas não entre os que beberam suco de laranja. A endotoxina é produzida pela membrana externa da bactéria, e sua presença na corrente sanguínea indica ao sistema imunológico que entre em ação, resultando em inflamação. Dandona suspeitou que a fonte de endotoxina fosse o microbioma. A endotoxina entrou na corrente sanguínea ao ser conduzida até ela através das paredes intestinais pela comida do McDonald's. De alguma forma, o suco de laranja conservou a endotoxina no intestino, onde ela é encontrada naturalmente. (Mais pesquisas sobre a "síndrome do intestino permeável" estão aprofundando esse elo com a alimentação.)

O suco de laranja não é uma panaceia nem único em seus efeitos; pode haver uma ampla gama de alimentos que neutralizam inflamações crônicas. Diante de uma flora microbiana em permanente mudança, algumas influências constantes talvez sejam suficientes para alterar o bem-estar das pessoas. Mas é preciso mais do que uma despensa de alimentos benéficos, ainda que eles sejam importantes. (Ver pp. 133-135, onde recomendamos a melhor alimentação para o microbioma, tanto quanto as pesquisas atuais permitem indicar.)

Dos indícios às cascatas

As descobertas de Dandona, entre outras, vão além de reforçar a recomendação comum de que uma alimentação balanceada deveria conter fibras solúveis oriundas de frutas e verduras integrais e também de cereais integrais. A perspectiva de reverter inflamações doentias é interessante. Os avanços têm vindo de áreas inesperadas. Tem-se observado que a endotoxina, molécula inflamatória, diminui na corrente sanguínea depois que o indivíduo se submete a uma gastroplastia redutora (também conhecida como *"bypass* gástrico"). Essa cirurgia é um tipo de procedimento que reduz a bolsa estomacal ao tamanho de um ovo. O intestino delgado está diretamente relacionado a essa bolsa, e em consequência de uma redução severa do estômago, os pacientes comem menos e, portanto, perdem um peso significativo.

Essa era a explicação aceita, exceto que a redução da inflamação aponta para o microbioma. Em uma série de testes com ratos e camundongos, uma equipe do Massachussetts General Hospital obteve um resultado notável. Eles fizeram cirurgias de redução nos roedores, e em seguida o microbioma deles se reajustou completamente. Uma onda de micróbios benéficos não só reduziu a inflamação, mas também gerou perda de peso. Essa sequência de causa e efeito foi demonstrada ao retirarem os micróbios dos animais submetidos à cirurgia de redução e inseri-los nos camundongos com intestinos livres de germes. Esses camundongos perderam peso enquanto ainda se alimentavam com uma dieta de alto teor calórico. Na verdade, eles perderam peso enquanto consumiam mais calorias do que um grupo de controle de camundongos, que não perdeu peso. Esse resultado ajuda a desmascarar a crença há muito aceita de que o ganho de peso e a perda de peso são uma questão de calorias. Também indica uma outra possibilidade fascinante. Como parte do reajuste microbiano, os camundongos da cirurgia de estômago e os injetados conseguiram metabolizar glucose, ou açúcar do sangue, de uma maneira normal e saudável. Isso não aconteceu com os camundongos que perderam peso comendo menos. Considerando que as pessoas que fazem regime quase sempre recuperam o peso que tinham perdido, talvez o problema não esteja em voltar a um regime "errado", nem na falta de força de vontade, nem em consumir calorias em demasia. Talvez, como aconteceu com os camundongos, seja necessário um reajuste dos processos metabólicos controlados pelo microbioma.

Vamos tratar desse assunto com profundidade na Parte 2, que abrange mudanças de estilo de vida, mas vale a pena resumir as possibilidades aqui.

O que reajusta o microbioma?
- Consumir menos gordura, açúcar e carboidratos refinados;
- Acrescentar muitos prebióticos de que as bactérias se alimentam: fibras de frutas, verduras e cereais integrais;
- Evitar alimentos quimicamente processados;
- Eliminar o consumo de álcool;
- Ingerir um suplemento probiótico (ver p. 137);
- Consumir alimentos probióticos, como iogurte, chucrute e picles;
- Reduzir alimentos com efeito inflamatório;
- Preferir alimentos com efeitos anti-inflamatórios, como suco de laranja fresco;
- Administrar cuidadosamente o estresse;
- Tomar cuidado com emoções "inflamadas", como raiva e hostilidade.

Gostaríamos de enfatizar que isso são possibilidades, não certezas. O microbioma diz respeito a muito mais do que a digestão, abrangendo todas as partes do corpo. Portanto, seus efeitos são muito complexos, e é necessário pesquisar mais, continuamente. O que se sabe até agora, contudo, é bastante promissor.

Por exemplo, muitas doenças parecem resultar de processos do organismo em cascata, ou seja, uma cadeia de acontecimentos, um depois do outro, que criam mais problemas à medida que a cascata se forma. Por exemplo, camundongos criados sem um complemento normal de micróbios conseguem devorar comida sem ganhar peso, graças à digestão inadequada. Mas, se são colocados com outros camundongos, de modo a obterem uma colônia normal de micróbios, os camundongos comilões correm perigo. O excesso de calorias passa a ser digerido e armazenado como gordura. Seu fígado se torna resistente à insulina, e os animais ficam obesos mesmo com menos calorias.

Essa mesma cascata pode ser produzida através da endotoxina. Pesquisadores belgas liderados pelo professor Patrice Cani ofereceram pequenas doses de endotoxina a camundongos, o que deixou o fígado deles resistente à insulina. A obesidade veio em seguida, e depois a diabetes. Essa sequência indicou a possibilidade de que vazamentos do microbioma talvez sejam um fator importante na obesidade humana, exacerbado pelo excesso de comida e pelo consumo de alimentos errados. "Veio então a bomba", escreveu Velasquez-Manoff. "A simples adição de fibras solúveis vegetais, chamadas de oligossacarídeos, encontradas na banana, no alho e no aspargo, evitou a cascata – nenhuma endotoxina, nenhuma inflamação e nada de diabetes." Cani encontrou um meio de prevenir os problemas com algo equivalente ao suco de laranja de Dandona: fibra. Quando certas fibras solúveis ficam intactas ao chegar ao cólon, onde fica o grosso dos micróbios digestivos, as bactérias transformam a fibra em alimento. Assim, um prebiótico necessário a um microbioma saudável interrompeu a cascata de doenças. A fibra não é calórica, mas quando os micróbios a quebram, liberam substâncias benéficas, inclusive o ácido acético, o ácido butanoico, as vitaminas B e a vitamina K. (Também vale a pena lembrar os experimentos com camundongos da Universidade de Washington, nos quais o transplante de micróbios de camundongos obesos levou os camundongos normais a ficarem obesos sem comer demais.) Segue uma lista das implicações dessa pesquisa para as conexões entre intestino e inflamação.

Conexão entre intestino e inflamação
- Alimentos gordurosos, com alto teor de carboidratos, incentivam as substâncias inflamatórias da corrente sanguínea;
- A endotoxina e outras moléculas perniciosas liberadas por certas bactérias podem vazar pelas paredes intestinais;
- Se esse vazamento acontece, uma reação imunológica é ativada, resultando na inflamação;
- Entre outras coisas, a inflamação atrapalha os níveis de açúcar e a reação da insulina no fígado;
- Quando isso acontece, pode ocorrer a obesidade mesmo com uma alimentação com quantidades normais de calorias;
- Suco de laranja e fibras solúveis mudam o equilíbrio em termos de beneficiar o microbioma e neutralizam a cascata resultante de um "vazamento intestinal".

Muitos pesquisadores acham que a conexão entre intestino e inflamação revelou uma grande fonte de doenças crônicas, não apenas a obesidade. Vínculos com diabetes, hipertensão, doenças cardíacas e câncer vêm sendo examinados. "Se cuidamos da microbiota de nosso intestino, ela vai tomar conta de nós", diz Cani. "Gosto de encerrar minhas conferências com a frase: 'No intestino, confiamos[2]'."

Quando examinamos o rápido acúmulo de estudos sobre o microbioma, a relação entre o intestino e as inflamações se torna ainda mais importante. Liping Zhao, microbiologista chinês, contou sua própria história à revista *Science*, em junho de 2012, como parte de uma matéria especial sobre o microbioma. Em "Meu microbioma e eu", Zhao apresentou-se como um porquinho-da-índia humano, que reverteu a própria obesidade, nível alto de colesterol "ruim" e pressão alta ao adotar uma dieta rica em cereais integrais juntamente com dois alimentos considerados benéficos pela

---

2 Em inglês, "In gut we trust". Ele brinca com a frase "In God we trust" ("Em Deus, confiamos"), presente nas notas de dólares. (N. da T.)

medicina chinesa – o melão-de-são-caetano e o inhame chinês. Perder 20 quilos em dois anos é impressionante, mas Zhao tinha suspeitado de uma relação entre a obesidade e inflamações, em 2004. Parece bastante significativo que, no caso dele, o micróbio *Faecalibacterium prausnitzii* – uma bactéria com propriedades anti-inflamatórias – desenvolveu-se em seu intestino, passando de uma porcentagem imperceptível a 14,5 por cento do total de bactérias do intestino de Zhao.

Essa alteração persuadiu Zhao a estudar o papel do microbioma em sua transformação. Seguiram-se testes em camundongos e depois em indivíduos. Um paciente que sofria de obesidade mórbida, pesando 175 quilos na idade de 26 anos, sentiu muitos dos mesmos benefícios de Zhao, eliminando mais de 45 quilos em um ano. Mais uma vez, havia um micróbio específico envolvido nisso. Uma simples bactéria, a *Enterobacter cloacae*, conhecida por causar inflamações, respondia por mais de um terço do microbioma do paciente. Nesse paciente, com a dieta de Zhao, ela foi reduzida a vestígios, ao passo que os micróbios anti-inflamatórios aumentaram.

Para reverter a obesidade, talvez não seja necessário mirar em processos doentios específicos nem micróbios "ruins". Um estudo avaliou quatro pares de gêmeos idênticos, nos quais um dos gêmeos era magro e o outro, gordo. Alguns camundongos receberam micróbios intestinais de um ou de outro gêmeo, e os camundongos que receberam micróbios do gêmeo gordo ficaram obesos, com uma grossa camada de gordura. Vamos avaliar as implicações dessa descoberta importante para a nossa alimentação na Parte 2, em "Escolhas em prol de um bem-estar radical".

Este livro trata de genes, não de microbioma, mas ficou impossível tratar de um sem mencionar o outro. O microbioma é, essencialmente, o nosso segundo genoma. Porém, ao contrário do genoma, o microbioma é contagioso, pois podemos passar as nossas bactérias a outras pessoas. Embora isso possa parecer meio nojento, a troca de bactérias entre as pessoas através de contato íntimo pode beneficiar a população. Alguns estudiosos evolucionistas chegaram a propor que o comportamento social humano se desenvolveu a fim de propiciar a troca de micróbios. O aumento da resistência a infecções e a toxinas alimentares pode ser um fator dominante. Em animais de espécies vegetarianas, o microbioma foi feito principalmente para a digestão de plantas, mas a carne crua da caça de um leão, por exemplo, provavelmente vai estar cheia de parasitas, organismos doentios e toxinas, portanto o microbioma de um carnívoro protege a criatura desses elementos. A evolução humana partiu daí e maximizou a nossa resistência a doenças até chegar ao nível atual.

O eixo intestino-cérebro

Com essa fartura de genoma intestinal excedendo tanto o nosso próprio, o microbioma exerce uma influência que vai além da digestão e do metabolismo. O mais fascinante talvez seja o "intestino cerebral". Christine Tara Peterson, Ph.D., que investigou profundamente essa área (ela também é sócia do Chopra Center, e faz pesquisas avançadas sobre o microbioma), conta que o intestino abriga 100 milhões de neurônios, mais do que a medula espinhal, e produz 95 por cento da serotonina do corpo, um dos mais importantes neurotransmissores, cuja taxa está relacionada à depressão, conforme se sabe há tempos.

A principal linha de comunicação do cérebro com todas as partes do corpo é através de doze nervos cranianos. Um deles é o nervo vago, que vem do latim *"vagus"*, vaguear. O passeio dele é extenso – começa no bulbo raquidiano, na parte inferior do tronco encefálico, desce pela nuca, passa pelo coração e chega ao trato digestivo. Cerca de 80 por cento de todas as informações sensoriais que chegam ao cérebro é transmitida pelo nervo vago e suas ramificações. Em termos dos nossos propósitos, o intrigante é que 90 por cento desse tráfego, diz Peterson, é do intestino para o cérebro. "O microbioma", afirma ela, "pode estar tendo impacto em estados mentais como a ansiedade ou o autismo."

É difícil acompanhar os indícios disso, no entanto, pois poucos laboratórios estão preparados para acompanhar o caminho das mensagens moleculares do intestino até o cérebro. Mas já se aceita que o acesso entre intestino e cérebro é uma via de mão dupla. As bactérias de nosso trato intestinal afetam as funções do cérebro e têm potencial para alterar as emoções e mesmo a probabilidade de surgirem doenças neurológicas e psiquiátricas. Por sua vez, o humor e o nível de estresse afetam as bactérias que habitam o nosso microbioma. O que vem se realizando é uma ideia proposta há tempos pelo eminente psicólogo William James, que trabalhava com o fisiologista Carl Lange, na década de 1880. Eles afirmavam que as emoções surgem porque o cérebro interpreta sinais ou reações do corpo. Em termos mais modernos, trata-se de um ciclo de *feedback* entre cérebro e corpo através de mensagens químicas.

Já em 1974, estudos com filhotes de macacos demonstraram que a separação da mãe no nascimento trazia mais do que estresse psicológico – mudava a microflora intestinal. Em uma pesquisa semelhante em que filhotes de camundongo eram separados da mãe, eles ficavam mais ansiosos se comparados com os que permaneciam com a mãe. No entanto, quando o trato intestinal dos separados era colonizado pelas bactérias dos camundongos que tinham permanecido com a mãe, a ansiedade dos separados se dissipava. Aparentemente, esses resultados se aplicam também ao ser humano. Se as bactérias intestinais de pacientes humanos com síndrome de intestino irritável são colocadas no intestino de camundongos, os camundongos ficam socialmente ineptos e ansiosos. O estresse emocional há muito tem sido associado à síndrome do intestino irritável, e agora parece que essa conexão tem uma base concreta, e não apenas psicológica.

Em uma outra pesquisa, uma equipe holandesa demonstrou que se mães novatas estão estressadas, esse estresse altera o microbioma de seus filhos. Então, é bastante plausível que o estresse social crônico possa alterar as nossas bactérias intestinais, criando um circuito destrutivo entre intestino e cérebro que causaria inflamação ao longo de todo o sistema, inclusive no cérebro. Não está errado dizer que há mais de um século a medicina moderna se preocupa em matar bactérias, e que estamos agora aprendendo a levar uma vida mais saudável *com elas*.

Seja toda essa conversa sobre bactérias intestinais muito desagradável ou não, o fato é que ninguém escapa de se sentir humilhado. Nós, seres humanos, sempre nos vemos acima das demais criaturas, e com certeza acima dos microrganismos, que são as formas vivas mais primitivas da Terra. Mas esses micróbios deixaram de ser parasitas para ser parceiros. O biólogo Stuart Kauffman está certo ao afirmar que "toda evolução é coevolução", ao passo que Erwin Schrödinger, pioneiro na física quântica, já declarou que "nenhum 'eu' está sozinho... o 'eu' está vinculado à ancestralidade por muitos fatores".

Mas a descoberta de que nossa evolução está amarrada aos micróbios pode ganhar outros contornos e não ser nada humilhante. Dentro de nosso corpo, em nosso genoma e no genoma dos micróbios, está contida a história da vida na Terra. Todas as pessoas são uma enciclopédia biológica. Cada geração escreve uma nova página ou capítulo dessa história. Como o corpo que enxergamos no espelho é a própria vida, a necessidade de preservar sua flora fica sendo muito maior, pois a ecologia não está mais "lá fora".

O que comemos no almoço de hoje está no mesmo nível da preservação de uma floresta ou da redução dos gases de efeito estufa – formas de autopreservação que não podem ser delegadas como sendo problema alheio. À luz dessa concepção, a Parte 2 vai descrever como uma redefinição radical do corpo leva a um novo estilo de vida e ao fruto desse estilo de vida – um bem-estar radical.

PARTE 2

ESCOLHAS EM PROL DE UM BEM-ESTAR RADICAL

A nova genética é surpreendente porque nos fez perceber algo que é fácil de esquecer: não há nada mais notável que o corpo humano. Ele se altera dinamicamente a cada experiência, reagindo com precisão aos desafios da vida – se nós permitirmos. Além de uma boa saúde e vitalidade, o corpo é a plataforma para um bem-estar radical. Todas as células estão prontas para essa transformação, energizadas pelo supergenoma, mas a mente não tem preparo para tanto. Agora temos o conhecimento à mão, e esperamos que o leitor já tenha aceitado uma visão mais ampla das possibilidades.

É preciso despertar para essas possibilidades. Enquanto o estilo de vida das pessoas não tinha consequências genéticas, a única abordagem comprovada em prol de um maior bem-estar era a simples prevenção. Agora, com duas importantes vertentes – a epigenética e o microbioma –, os nossos genes podem dizer "sim" a um amplo leque de mudanças positivas. Qualquer gene tem potencial para se tornar um supergene quando coopera com nossas intenções e desejos. A evolução pessoal necessita dessa cooperação, caso contrário não conseguiremos seguir adiante.

Todo bem-estar, radical ou não, contém dois passos simples
- Primeiro, encontrar o que nos faz bem e o que nos faz mal;
- Segundo, praticar o que nos faz bem, evitando o que nos faz mal.

Em relação ao primeiro passo, a falta de conhecimento – juntamente com uma porção de charlatanices mascaradas de conhecimento – tinha que ser superada na nova genética. Se a pessoa souber, como sabemos agora, que apenas 5 por cento ou menos das mutações genéticas relacionadas a doenças são altamente penetrantes (deterministas), isso deixa 95 por cento abertos a mudanças de atividade.

O segundo passo trata da implementação do conhecimento, e esse é o maior desafio. A prevenção comum, com seus conhecidos fatores de risco e conselhos familiares, vem divulgando as mesmas mensagens de saúde há mais de quarenta anos. Por que, então, as pessoas não estão mais saudáveis? Desde os anos 1930, os níveis de mortalidade devidos a câncer não diminuíram significativamente, apesar do bom êxito da detecção precoce. O tabagismo continua sendo um problema em 25 por cento da população, e as taxas de obesidade continuam crescendo. Parece que o diabo não mora nos detalhes, mas na não aceitação.

Recentemente, Deepak esteve em uma conferência sobre os benefícios da meditação em que as notícias eram bastante promissoras. O palestrante, um geneticista e pesquisador de fama mundial, falava sobre como a meditação gerava boa atividade dos genes por meio do epigenoma (vamos tratar mais da relação entre a meditação e o genoma adiante). Quando chegou a hora das dúvidas, alguém da plateia perguntou: "Diante dessas descobertas fantásticas, o senhor medita?".

"Não", respondeu o pesquisador.

A pessoa ficou surpresa. "Por que não?"

"Porque estou trabalhando para desenvolver uma pílula que vai dar os mesmos resultados", disse o palestrante.

Ele fez a plateia rir, mas ter bom humor em relação ao não cumprimento de algo é o mesmo que alguns tipos de recusa. Motivar as pessoas a fazerem o que lhes traz benefícios e evitar o que faz mal deve ser prioridade. Todos nós brigamos com uma voz interior que diz:

Mais tarde eu faço isso.
Dá muito trabalho.
Estou bem assim mesmo.
Será que isso vai fazer alguma diferença?

"Isso" pode ser qualquer coisa que é preciso melhorar – uma alimentação melhor, atividade física regular, redução de estresse e assim por diante. Às vezes, a recusa não precisa de desculpas. Um tipo de amnésia conveniente aparece quando ficamos tentados diante de um pedaço de bolo, mesmo sem ter fome, ou de um programa de tevê que nos faz esquecer de dar uma caminhada depois do jantar.

Vamos dar uma olhadinha rápida na sua situação atual. Em seguida, há um teste com duas partes – a primeira parte trata do que faz bem para o genoma; a segunda, do que deve ser evitado. Queremos que você seja o mais sincero possível. As respostas vão servir de preparação para as escolhas de estilo de vida delineadas nesta seção do livro.

Começamos com hábitos de vida que enviam mensagens positivas ao genoma.

Teste (Parte 1): A vida que seus genes desejam

Marque cada item que for quase sempre (90 por cento das vezes) verdadeiro para você. Cada item vale 1 ponto.

- ☐ Deixo que a minha vida corra naturalmente, sem confusões e exigências constantes.
- ☐ Durmo bem (pelo menos 8 horas) todas as noites e me levanto renovado(a).
- ☐ Tenho uma rotina diária não muito rígida.
- ☐ Presto atenção ao equilíbrio alimentar, consumindo alimentos saudáveis de todos os grupos.

- ☐ Evito comida tóxica, ar e água poluídos, inclusive alimentos cheios de ingredientes artificiais.
- ☐ Não pulo refeições.
- ☐ Não belisco.
- ☐ Tomo atitudes para diminuir o estresse e lido com as situações de estresse que são inevitáveis.
- ☐ Todos os dias, reservo um tempo para que o meu corpo se recupere.
- ☐ Eu medito.
- ☐ Faço ioga.
- ☐ Como com moderação e conservo um peso saudável.
- ☐ Evito ficar muito tempo sentado(a) e me movimento pelo menos uma vez a cada hora.
- ☐ Não fumo.
- ☐ Tomo bebida alcoólica raramente ou nunca.
- ☐ Evito carne vermelha ou como carne vermelha de vez em quando.
- ☐ Faço o possível para comer apenas alimentos orgânicos.
- ☐ Sou fisicamente ativo(a).
- ☐ Compreendo o perigo da inflamação crônica e tomo atitudes para evitá-la.
- ☐ Dou muito valor ao meu bem-estar e cuido de mim mesmo(a) todos os dias.

Total: _____ (0 a 20).

Agora, vejamos o lado negativo, os hábitos que enviam a mensagem errada ao genoma.

Teste (Parte 2): *A vida que os genes não desejam*

Marque cada item que seja bastante frequente (50 por cento das vezes) para você. Cada item vale 1 ponto.

- ☐ Encaro o dia como uma infinidade de coisas que devo fazer.

☐ No final do dia, eu me sinto exausto(a).
☐ Normalmente, bebo para desligar.
☐ Sou movido(a) pelo êxito, mesmo que isso tenha um custo para a vida pessoal.
☐ Tenho sono ruim ou agitado. Eu me levanto ainda sentindo cansaço.
☐ Ao me deitar, estou com a cabeça cheia de preocupações.
☐ Eu fumo.
☐ Até resolver me cuidar, vou longe no desequilíbrio do meu corpo.
☐ Não presto atenção nas informações nutricionais nem na lista de ingredientes descritos nas embalagens.
☐ Reclamo de estresse, mas pouco faço em relação a isso.
☐ Estou sempre ocupado(a) e na correria, sem tempo para a calma e o sossego.
☐ Não cuido da alimentação.
☐ Belisco, principalmente tarde da noite.
☐ O meu peso não é o que deveria ser.
☐ Não presto atenção se a comida é orgânica ou não.
☐ Prefiro carne vermelha em vez de frango ou peixe.
☐ Fico sentado(a) por longos períodos (2 horas ou mais) sem me movimentar, no trabalho, no computador ou assistindo tevê.
☐ Sou bem menos ativo(a) do que era dez anos atrás.
☐ Preocupo-me com a idade, mas não sigo nenhum regime antienvelhecimento.
☐ Não me preocupo muito em me cuidar.
Total: _____ (0 a 20)

Examinando a sua pontuação, veja aqui uma avaliação resumida.
Parte 1: Nos aspectos positivos, se você marcou por volta de 10 itens, está vivendo como a média dos americanos. Preocupa-se um pouco com a prevenção, mas os resultados são aleatórios. Uma pontuação abaixo de 10 indica risco considerável de vir a ter problemas. Uma pontuação acima de 15 é bem boa – o supergenoma já está dizendo "sim" ao seu estilo de vida.

Parte 2: A contagem aqui trata do envio de mensagens negativas ao genoma em mais da metade do tempo. Se você fez 10 pontos, provavelmente seu modo de vida se assemelha ao da média dos americanos atualmente – você deve ter uma boa saúde, mas corre o risco de problemas futuros. Um mau hábito é suficiente para mudar um ou mais genes de modo indesejável. Uma pontuação abaixo de 10 significa boa forma suficiente para avançar. Uma pontuação de 12 ou mais indica que você precisa urgentemente pensar em melhorar o seu bem-estar.

A história de Renée

Adoraríamos se todo mundo fizesse 20 pontos no primeiro questionário e 0 no segundo. Mas, sendo realistas, sempre é possível melhorar. Ainda que os hábitos que listamos sejam bastante conhecidos em termos de padrão de prevenção, a novidade está na precisão e na atenção constante do supergenoma. Nada escapa à atenção dele. Isso é ótimo se resolvemos fazer mudanças positivas, e não muito bom se seguimos a mesma toada de sempre. Vamos demonstrar a situação criada pela nova genética por meio da história de uma mulher.

Renée, agora com seus 50 e poucos, segue firme, fazendo o que lhe faz bem. Ela consome alimentos integrais de todos os grupos (frutas, verduras, legumes, cereais). Nunca consome *fast-food* ou porcarias e não bebe há anos. No verão, nada todos os dias; quando esfria, ela faz uma caminhada vigorosa depois do jantar. Renée tem um bom casamento e gosta muito de seu trabalho de terapeuta alternativa. Por que, então, ela pesa mais de 102 quilos, e vem lutando com o peso desde o início da adolescência?

A negação de Renée tem a ver com o ritmo. Quando tem comida diante de si, ela não se controla e a devora como se não tivesse problema de peso. É quando termina a refeição, no período entre as refeições, que ela sofre ao se dar conta de que existe um problema, e ele não está melhorando.

A situação de Hank parece ser melhor. Aos 65 anos, ele não tem problemas físicos além dos 9 quilos a mais, que relaciona com a meia-idade. Já que não tem dores nem incômodos e raramente fica resfriado, Hank se considera com sorte, se comparado a muitos de seus amigos, que têm irritações de pele e próteses no joelho. "Ainda como de tudo", diz ele, que afirma não ter nenhum problema digestivo, o que combina com o fato de nunca ter tido dor de cabeça, dor na coluna nem dor de estômago.

Hank tem uma forma de negação mais sutil que a de Renée. Ele se recusa a ver que o tempo vai trazer problemas futuros. Como se sente bem, ignora quase todas as orientações para prevenir doenças. Não faz exercícios e fica sentado horas a fio diante do computador, sem se movimentar. Consome uma variedade de porcarias e *fast-food*, com lanchinhos frequentes. Não tem ideia da pressão arterial, há décadas não vai ao médico. Será Hank uma exceção diante de todos os riscos que está correndo?

No espectro da negação, a maior parte das pessoas fica entre esses dois extremos. Encontrar motivação para fazer o que lhes faz bem é um acaso. Na maior parte do tempo até tomam cuidado com o que comem; às vezes, encontram tempo para fazer alguma atividade física durante a semana; em geral, os problemas de sono são esporádicos. Mas, de nossa perspectiva, essa situação que parece normal para milhares de pessoas, nega a elas a possibilidade de um bem-estar radical. Vamos ver como isso pode mudar.

Lições de escolha

Vamos imaginar uma pessoa sentada à mesa de seu restaurante preferido, sentindo-se relaxada e satisfeita. Já comeu o suficiente, mas o garçom aparece com aquela conhecida tentação: "Que tal uma sobremesa?". A pessoa não cede de imediato, mas pede para ver o cardápio. "Café, licor?", o garçom pergunta. "Vamos ver", ela responde, cedendo um pouquinho. Ao olhar a lista de sobremesas, faz uma pausa, que pode ser de segundos, e então o pivô entra em ação. Nada é mais importante que esse pivô. É quando ela lança mão de certo aspecto: a escolha. Vai ceder à tentação ou não? A menos que caia no extremo da total autodisciplina ou no outro extremo, da completa falta de controle dos impulsos, não dá para prever qual será a escolha.

Fazer escolhas é difícil, mesmo quando se trata de pequenas decisões cotidianas. Então, em vez de nos aprimorarmos, encarando isso como uma habilidade, nós agimos a esmo. Há uma lacuna entre saber o que nos faz bem e agir. É nessa lacuna que aprendemos a capacidade de escolher. Comer uma sobremesa saborosa e depois ter remorso, aí já é tarde demais.

No entanto, se conseguirmos fazer uma única mudança por semana, o progresso rumo ao bem-estar radical se aceleraria muitíssimo. Depois de um mês, sentiríamos alguns benefícios reais; depois de um ano, a transformação seria completa. O problema do descumprimento desapareceria, se fosse reduzido a uma trilha constante de escolhas fáceis. Até podemos nos permitir não admitir algo sem sentimento de culpa, desde que alteremos alguma coisa por semana, seja na alimentação, na rotina, na atividade física. A decisão de se levantar e se movimentar a cada hora, que parece uma escolha trivial, envia mensagens positivas ao supergenoma, suficientes para fazer diferença na atividade dos genes.

A meta de uma mudança positiva por semana não vai ser viável, porém, sem uma estratégia que funcione. Se tentarmos mudar fazendo promessas, vamos falhar. Milhões de pessoas fazem promessas de ano-novo, uma única mudança no ano seguinte e, no entanto, a maioria – bem mais que 80 por cento, segundo pesquisas – só dá prosseguimento a essa resolução por um curto período de tempo. Fazer promessas com sentimento de culpa, solidão ou autopiedade, tudo isso é contraproducente. Uma pessoa viciada em bebida alcoólica e drogas acorda com esses sentimentos todos os dias. Seu passado está cheio de promessas vãs.

No redemoinho de conselhos que sempre repetem a mesma coisa – "Faça boas escolhas" –, pouco se houve sobre *como* fazer isso. Vamos considerar três princípios básicos, com os quais temos que lidar ao fazer escolhas.

1. *Existem escolhas fáceis e escolhas difíceis.*
   As duas se apresentam todos os dias, mas em geral não distinguimos uma da outra. Seguimos em frente, como sempre, levados por costumes, condicionamentos antigos e mera inconsciência. As escolhas difíceis, então, são aquelas que tentam mudar a direção do mecanismo psicológico. Superficialmente, uma escolha pode parecer bem pequena, mas a questão não é essa. A questão é a dificuldade. Para alguém com grave fobia a insetos, pegar uma formiga ou uma barata morta é uma escolha difícil, às vezes, impossível. Por outro lado, os soldados arriscam a própria vida cotidianamente, entrando em meio ao fogo cruzado para resgatar companheiros abatidos. Os pontos objetivos em relação às escolhas – se estamos arriscando muito ou pouco, se a escolha é fácil para outras pessoas ou não, se ela vai trazer dor ou prazer – é secundário e às vezes fora de propósito. O principal é se essa escolha é difícil ou fácil para o indivíduo.
2. *Às vezes, as escolhas ruins são boas.*
   Nenhum mistério nisso. Se queremos satisfação imediata, a alegria pode estar em um sorvete à meia-noite ou em "comer muito". O prazer culpado oferece ajuda em dobro: satisfação e, ao mesmo tempo, faz a culpa sumir. O lado ruim, que não é novidade, é que a sensação boa vai ficando menos eficiente e, depois de algum tempo, a culpa é tanta que não sobra nada de bom.
3. *A satisfação vinda das boas escolhas normalmente é adiada.*
   Trata-se de um clássico axioma da psicologia, graças a um teste famoso nos anos de 1960 e 1970, conhecido como Teste

Stanford do Marshmallow. Em uma das versões, colocavam crianças pequenas diante de um pedaço de *marshmallow*. "Você pode comer esse *marshmallow* agora", diziam a elas, "mas, se esperar 10 minutos, você ganha dois *marshmallows*". O pesquisador saía da sala, e as crianças eram observadas através de um espelho. Algumas crianças comiam imediatamente o *marshmallow* ou logo depois de uma breve hesitação. Outras esperavam pela satisfação adiada, mesmo demonstrando sinais de hesitação.
Mediante esse teste simples, acreditam alguns psicólogos, é possível dizer muito sobre o tipo de adulto que uma criança vai ser. Os da satisfação imediata teriam predisposição a decisões impulsivas, independentemente das consequências. Talvez se arriscassem mais ou ignorassem os riscos de certas situações. Sua habilidade de planejar o futuro seria menor. Nada disso é surpreendente se nos lembramos da fábula da cigarra e a formiga, de Esopo. A questão é se os hábitos ruins da imediatista cigarra podem ser alterados.

Qualquer pessoa deveria conseguir perceber como esses aspectos funcionam na sua vida. Se retomarmos a história das três pessoas mencionadas antes como exemplos do processo de negação, pouco importa se Ruth Ann, Saskia ou Renée são indivíduos muito diferentes. Os princípios básicos das escolhas se aplicam a todos nós. O problema é como usar esses princípios a nosso favor. Em seguida, seguem-se as respostas em que nós acreditamos.

1. Existem escolhas fáceis e escolhas difíceis.
A solução para que esse princípio funcione a nosso favor é começar a transformação com escolhas pequenas, boas e fáceis. À medida que elas vão se acumulando, vamos enviando novas mensagens ao epigenoma e ao microbioma – os dois grandes centros de mudança em todas as células. Ao mesmo tempo, cada mudança diária, ainda que pequena, vai retreinando o cérebro. Ele começa

a se acostumar com uma nova normalidade. Ao contrário, as escolhas difíceis nos levam a ir de encontro à parede, pois o cérebro não consegue encarar uma normalidade nova drástica. A inércia anterior é forte demais.

É por isso que parar de fumar de repente é uma estratégia ineficiente a longo prazo. As pesquisas mostram que as pessoas que conseguem parar de fumar deixam o hábito de lado várias vezes. Cortando um pouco, bastante ou completamente, elas acumulam a experiência de êxito. Em muitos casos, esse êxito dura pouco devido ao aspecto físico do vício do tabagismo. No entanto, com a repetição, o corpo se adapta.

Qualquer mudança significativa depende de repetição. Desenvolver novos caminhos cerebrais é como abrir canais para um novo rio. A água vai continuar correndo na direção do antigo canal enquanto ele for mais fundo que o novo. Repetindo a mudança que desejamos obter, "cavamos" inicialmente um canal raso, mas a repetição vai aprofundá-lo. Uma metáfora física só vai até aqui, mas, no cérebro, os eventos mentais são às vezes mais fortes que qualquer histórico físico. As pessoas viciadas em bebida alcoólica e tabagismo às vezes deixam o vício de um dia para outro, de vez. A porcentagem de pessoas desse tipo pode ser mínima (e o êxito repentino não é o objetivo deste livro), mas nos lembra que a mente vem em primeiro lugar, em termos de escolhas, e o corpo, em segundo.

Muitos biólogos questionariam esse aspecto, pois acreditam piamente que são os processos físicos que definem essa história. Mas não precisamos discutir, graças à íntima relação entre a mente e o corpo. Todas as mensagens que enviamos ao corpo evocam uma reação, e essa reação pode influenciar a mensagem seguinte. Esse diálogo cíclico, ou ciclo de *feedback*, é fundamental. A escolha de enviar novas mensagens afeta o ciclo inteiro.

2. Às vezes, as escolhas ruins são boas.

A solução para usar esse princípio a nosso favor é aceitar a satisfação em vez de julgá-la de forma negativa. Alguém está impressionado com isso? Citando uma frase de *Star trek: a nova geração*, famosa série de ficção científica da televisão: "A resistência é inútil". Os impulsos e as vontades têm poder sobre nós porque chegam no momento certo. O cérebro abre uma trilha rápida para a sensação desejada, e o poder da mente racional de atropelar o impulso acaba sendo adiado. No entanto, pesquisas têm demonstrado que uma ligeira pausa costuma ser suficiente para remediar o desequilíbrio entre razão e sensação. Se um grupo de pessoas consegue esperar 5 minutos antes de satisfazer a vontade, a maioria não cede. Elas encontram razões para não ceder, e essas razões bastam, pois o instante de satisfação imediata já passou. (Existem inclusive embalagens de comida com trancas cujo mecanismo tem regulagem de tempo. Digamos que a pessoa seja louca por batata frita. Quando a vontade aperta, ela come uma batata e fecha o restante dentro da embalagem. A batata frita fica fora de alcance por um período de tempo determinado, em geral entre 5 e 10 minutos, e depois a tranca pode ser aberta. A ideia parece boa, mas quantas pessoas vão conseguir comer apenas uma batata quando a vontade apertar, ou quem não terá outros salgadinhos prontos na prateleira?)

Em vez de tentar manipular a vontade, deixemos de lado essa briga. Vamos procurar a satisfação imediata em outras fontes melhores. O conselho da nutricionista de comermos uma cenoura no lugar de um pote de sorvete de chocolate não é realista, mas talvez dois biscoitos recheados ou metade de um bolinho funcionem. Existem algumas estratégias para controlar essas vontades e nenhuma que dê um fim a elas de vez, não com uma investida direta. A melhor abordagem é reajustar o microbioma, estabelecendo simples mudanças de estilo de vida, confiando que o corpo vai voltar a um estado sem essa ansiedade.

Existe também um componente emocional importante na ansiedade e na necessidade de satisfação imediata. Ter êxito ao lidar com esse componente requer expansão da consciência. Quando alguém percebe que está com muita fome, a resposta então vai ser algo mais profundo que manteiga de amendoim, geleia ou pizza. Como veremos mais adiante, na seção das emoções, sentir-se satisfeito é um estado íntimo, possível de obter se soubermos como. Uma vez nesse estado, o fascínio das provocações externas vai diminuir muitíssimo e, depois, desaparecer. A vontade de alguma coisa "por aí" fica bem solucionada com alguma coisa "aqui dentro".

3. A satisfação decorrente das boas escolhas normalmente é adiada.
A solução para trabalhar com esse princípio é que o microbioma pode diminuir o atraso da satisfação que em geral acompanha as boas escolhas. O microbioma está sempre mudando, e reage rapidamente a alimentação, atividade física, meditação e redução de estresse. À medida que continuamos a fazer pequenas escolhas, fáceis e boas, que também nos satisfazem de imediato, o efeito positivo decorrente delas começa a surgir. Não demora e, em vez de querermos nos sentir melhor, vamos tentar não perder a sensação boa que já temos. Ao contrário, a pessoa viciada na satisfação instantânea decorrente de escolhas erradas recebe curtos surtos de prazer que passam com o tempo, e só tem prazer alimentando as vontades. Tudo se torna uma questão de distrair o sofrimento.

Ao mostrar como trabalhar com esses três grandes princípios subjacentes às escolhas, queremos que as pessoas construam um caminho de êxito próprio. E, sendo completamente únicas, não devem querer seguir um regime determinado, seja a mais nova dieta milagrosa, o programa de queima de calorias da academia ou suplementos poderosos. Todos esses métodos se baseiam na expectativa de que a pessoa vai desistir depois de algum tempo e seguir atrás de uma nova moda rentável. O que funciona não é vagar sem descanso de uma solução a curto prazo para outra. Em vez disso, é preciso construir uma pirâmide de escolhas simples que tragam resultados a longo prazo. A base da pirâmide é feita de escolhas que consideramos simples. Então, vamos escalando a pirâmide, etapa por etapa, fazendo escolhas mais difíceis que se tornaram fáceis graças à base. O topo é o bem-estar radical, que parece estar muito alto e longe quando estamos no chão, mas não haverá quase nenhum esforço em alcançá-lo se soubermos o que estamos construindo e como fazer isso.

Como concretizar

Vamos dar um exemplo de construção de pirâmide que vem de alguém bastante íntimo dos autores. Vamos chamá-lo de Vincent, o primo mais velho de Rudy, embora essa não seja a sua identidade verdadeira. Desde o início da década de 1980, Vincent é médico e conquistou renome na medicina preventiva. Como sempre acontece com os médicos, Vincent não pratica o que prega. Sua rotina diária é de longas horas sem atividade física e grande exposição ao estresse de ouvir as aflições de seus pacientes. Ele se orgulha de lidar bem com isso. Anos de dedicação e ambição fizeram dele o que é hoje, mas Vincent pagou um preço.

Se ele fosse se consultar consigo mesmo, ficaria assustado. Vincent tem 18 quilos de excesso de peso, bebe todos os dias, às vezes em excesso. Reclama de insônia e de cansaço. Recentemente, ele não pode continuar ignorando a situação, pois começou a sentir dores nas juntas, principalmente nos joelhos. Submeter-se a uma cirurgia aliviou a dor nos joelhos apenas em parte. Diante de todo o seu conhecimento profissional, seria de imaginar que o acúmulo de efeitos negativos levasse Vincent rumo a uma mudança, mas não é assim que a natureza humana funciona. Como a tática que escolheu para lidar com os problemas foi fingir que eles não existem, Vincent não teve escolha a não ser duplicar isso à medida que as coisas pioraram.

Então, ele fez uma descoberta que lhe chamou a atenção: o microbioma. Animado pelos dados, Vincent encontrou uma maneira de driblar o problema e, ao mesmo tempo, alterar sua visão de que apenas medicamentos e cirurgia eram a "verdadeira" medicina. As mudanças que fez em sua rotina eram fáceis para ele:

- Consumir alimentos ricos em fibras solúveis, como pão integral, arroz integral, banana, aveia e suco de laranja. Isso dava conta dos prebióticos, o alimento de que as bactérias necessitam;
- Acrescentar alimentos probióticos, aqueles que contêm bactérias benéficas, que colonizariam o seu intestino, principalmente o cólon. Iogurte com lactobacilos vivos, chucrute e picles pertencem ao grupo dos probióticos;
- Tomar uma aspirina[1] por dia devido ao efeito anti-inflamatório;
- Cortar o excesso de bebida alcoólica, sem desistir do drinque do final do dia.

Vincent se sentiu bem com essas mudanças simples, e logo percebeu resultados como sono melhor, diminuição das dores e uma sensação geral de leveza.

Ficou convencido, como estão cada vez mais médicos, de que lutar contra a inflamação era a chave do problema. Sentindo-se melhor, recuperou o antigo otimismo e a esperança. Pela primeira vez em anos, teve a impressão de que livrar-se dos problemas seria possível. A nova etapa de mudanças foi facilitada por essa nova atitude.

- Ele parou de beber completamente. Não foi uma decisão difícil, pois estava se sentindo tão melhor que não precisava do álcool – e seus efeitos inflamatórios – como automedicação. Ao mesmo tempo, parou com o charuto que eventualmente curtia com seus colegas. Como o paladar e o olfato passaram

---

[1] A aspirina e qualquer antitérmico ou anti-inflamatório que contenha ácido acetilsalicílico não devem ser usados em pacientes com dengue ou com suspeita da doença. (N. da E.)

a ser sensíveis de novo, a toxicidade do tabaco ficou óbvia demais. Deixar de fumar veio naturalmente como resultado da alimentação melhor;
- Passou a consumir apenas alimentos orgânicos. Não sentia mais atração por alimentos com aditivos e conservantes, que provavelmente também eram inflamatórios;
- Reduziu o consumo de sal, um desejo que os salgadinhos e petiscos costumam reforçar. Isso não foi difícil, pois a alimentação integral elimina a vontade de beliscar;
- Depois de pesquisar os possíveis benefícios de tomar um suplemento probiótico, ele escolheu um, com a intenção de melhorar os tipos de bactérias de seu microbioma.

Em vez de sofrer com sintomas em cascata, muitos deles inflamatórios e relacionados às toxinas que vazam das paredes do intestino, Vincent vivenciou uma recuperação em cascata. Cada passo simples levou a outros, que seriam considerados difíceis se estivessem em uma lista de boas coisas a fazer. Em vez disso, seu estilo de vida foi evoluindo dia a dia, e cada mudança levou à seguinte, naturalmente.

Agora, Vincent se sente pronto para fazer mudanças que pareceriam inconcebíveis dois meses antes. Mesmo sem nunca ter acreditado na conexão entre a mente e o corpo, ele está com vontade de meditar. Há anos existem estudos sobre os benefícios da meditação, mas só agora ele prestou atenção neles – começou a pensar em termos de epigenética e microbioma, que recebem os efeitos positivos da meditação.

Depois de anos de dependência de analgésicos e medicamentos para pressão alta, Vincent decidiu se desligar de ambos. Os primeiros que eliminou foram os remédios para hipertensão, porque a alimentação integral reajustou o seu microbioma, e isso foi suficiente para regular a pressão arterial. O combate à inflamação, sua inspiração inicial, obviamente estava resolvido e talvez gerasse benefícios a longo prazo que ainda não eram visíveis.

A nossa história pessoal – e o caminho rumo ao bem-estar – não há de ser igual à de Vincent. Não deveria ser. Não existe um tamanho único para isso, não quando se trata de sustentar escolhas. O que pode tornar esse caminho semelhante ao de Vincent é considerar os três aspectos do ato de fazer escolhas. Ele usou as mesmas soluções aqui oferecidas.

A fim de superar o problema das escolhas difíceis, Vincent só fez escolhas simples a cada etapa. Algumas delas poderiam parecer bem difíceis no início, mas como ele tinha preparado a base adequada, elas não foram.

A fim de superar o problema da satisfação imediata, ele parou de resistir aos impulsos, porque depois a culpa e a autopunição iam longe. Ele experimentou satisfações alternativas com os alimentos que degustou, e achou que a bebida alcoólica e o tabagismo iam ser eliminados naturalmente, como de fato foram, uma vez que suas dores crônicas diminuíram.

A fim de superar a questão dos resultados tardios, ele fez escolhas que traziam resultados rapidamente, sobretudo ao adotar uma alimentação à base de produtos integrais. Continuar com esse sistema não dependeu de paciência e promessas. A paciência é necessária se as escolhas só alteram a situação do corpo anos depois, como acontece com as pessoas que tomam medicamentos para baixar o colesterol, por exemplo – o ataque cardíaco que tentam evitar está anos adiante (sem contar que tais medicamentos podem baixar as taxas de ataque cardíaco para uma boa amostragem de pessoas, mas não garantem a prevenção de nenhum ataque cardíaco específico, ou seja, o nosso).

Não é difícil perceber que Vincent não colocou alguns aspectos entre suas novas escolhas. O mais óbvio é a atividade física. Ele desfruta o prazer de jogar golfe nos fins de semana, o que por ora o satisfaz como exercício. Mas ele também sabe que o golfe não é uma atividade cardiovascular – o tipo de exercício que aumenta os batimentos cardíacos e melhora o consumo de oxigênio, beneficiando as funções cardiovasculares e a pressão sanguínea.

O excesso de peso e as dores nas juntas o impediram de fazer esse tipo de exercício durante muito tempo, portanto, para Vincent, as atividades cardiovasculares ainda estão na categoria das escolhas difíceis – uma categoria sempre aberta a revisões se nós a encararmos com a atitude de construir uma pirâmide, fazendo uma escolha simples de cada vez.

Agora, você está preparado para construir sua própria pirâmide, pois cada uma das pedras é uma nova escolha semanal, fácil de fazer. Existem seis categorias de mudança que vão trazer um efeito significativo para o epigenoma, o microbioma e o cérebro:

- Alimentação;
- Estresse;
- Atividade física;
- Meditação;
- Sono;
- Emoções.

Para cada uma delas, vamos oferecer uma lista de escolhas. Cada lista vai ser grande o suficiente para apresentar escolhas que sejam fáceis para qualquer pessoa. Uma vez que você tenha marcado suas preferências nas seis categorias, vai estar pronto para implementá-las sem esforço e com expectativa de resultados positivos. A construção da pirâmide é a chave para uma mudança bem-sucedida, duradoura e cumulativa.

Fazer escolhas, uma de cada vez, considerando seis diferentes áreas da vida, aumenta o efeito delas sobre todo o sistema mente-corpo. Recomendamos que você acompanhe os efeitos das suas mudanças de vida, com a ajuda da seguinte lista:

Resultados esperados

Marque cada um dos resultados percebidos depois de adotar uma nova mudança de estilo de vida.

- ☐ Melhora da digestão;
- ☐ Diminuição dos problemas estomacais e/ou azia;
- ☐ Eliminação dos problemas de prisão de ventre e diarreia;
- ☐ Sensação de corpo mais leve;
- ☐ Aumento da sensação de paz e calma interior;
- ☐ Percepção de raciocínio mais agudo, mais alerta;
- ☐ Eliminação de peso sem precisar fazer regime;
- ☐ Redução dos sinais de envelhecimento;
- ☐ Sensação de estar mais jovem – na verdade, reversão dos sinais de envelhecimento;
- ☐ Percepção de uma vida menos estressante, de saber lidar melhor com o estresse;
- ☐ Percepção de humor mais estável, sem altos e baixos;
- ☐ Sensação de um bem-estar prazeroso;
- ☐ Diminuição ou eliminação de dores e incômodos;
- ☐ Redução ou eliminação da sensação de fome;
- ☐ Retorno ao ciclo natural de fome e saciedade;
- ☐ Diminuição ou desaparecimento das dores de cabeça;
- ☐ Redução ou eliminação do mau hálito;
- ☐ Percepção de um sono regular e sem interrupção;
- ☐ Melhora das alergias;
- ☐ Acaba a vontade de beliscar, de fazer lanchinhos;
- ☐ Cessa a vontade de ingerir açúcar em excesso;
- ☐ Redução da vontade de se exceder em sabores doces, amargos ou salgados;
- ☐ Diminuição do consumo de bebida alcoólica;
- ☐ Redução do tabagismo.

Para verificação do médico:

- ☐ Redução da pressão sanguínea;
- ☐ Níveis normais de açúcar no sangue;
- ☐ Batimentos cardíacos normais;
- ☐ Melhora da ansiedade ou depressão, se for o caso;

- Aumento do HDL (lipoproteína de alta densidade ou colesterol bom);
- Redução do LDL (lipoproteína de baixa densidade ou colesterol ruim);
- Melhora da taxa de triglicérides (menor risco de doença cardíaca e derrame);
- Funções normais do fígado;
- Melhora da qualidade dentária (redução de placas, cáries, gengivites).

ALIMENTAÇÃO

Livrando-se da inflamação

A essa altura, não é de surpreender que o maior inimigo na alimentação das pessoas seja a inflamação. Pesquisadores da área de medicina acompanharam os vestígios disso em todo lugar, de doenças crônicas e obesidade à síndrome do intestino permeável e doenças mentais. A alimentação típica norte-americana é bem capaz de aumentar as inflamações, por isso é necessária uma mudança. Para qualquer pessoa que vive de *fast-food* e salgadinhos, a mudança é drástica. No entanto, a sobrecarga de açúcar que entra em quase todas as dietas se não prestamos atenção também é suspeita. A evolução não nos preparou para consumir mais de 45 quilos de açúcar branco refinado por ano; não se sabe nem se devíamos consumir açúcar, nem o xarope de milho barato, usados cada vez mais nos alimentos industrializados.

A inflamação é necessária ao processo de cura, quando o sistema imunológico gera elementos químicos, conhecidos como radicais livres, que inundam a região ferida ou doente. Quase todos os sintomas da gripe, como febre e dores, não são causados pelo vírus da gripe, mas pelo esforço do nosso organismo para se recuperar e pela inflamação decorrente disso. Nesse sentido, a inflamação é companheira. Mas pode se virar contra nós sem nos darmos conta disso.

É possível estar em um estado de inflamação crônica sem saber, pois ao contrário das áreas vermelhas e inchadas que aparecem na pele quando está inflamada, os indícios internos de inflamação passam muitas vezes despercebidos. Não costuma haver nenhuma sensação quando o sistema imunológico fica levemente prejudicado, e alguns sinais de inflamação, como dores nas juntas, podem ter outras causas. A nossa abordagem é fazer escolhas simples que tenham um efeito anti-inflamatório. Uma alimentação anti-inflamatória logo traz benefícios que as pessoas percebem.

Lendo a lista: A lista de escolhas está dividida em três partes, de acordo com o nível de dificuldade e a eficácia comprovada.

Parte 1: escolhas fáceis

Em primeiro lugar estão as escolhas que qualquer um pode cumprir. Se nós as adotamos de início, começamos a construir a base da pirâmide. Ainda que seja tentador adotar mais que uma escolha simples por vez, devemos resistir a essa urgência. Ao longo de um ano, serão 52 mudanças semanais no estilo de vida. Não há necessidade de nos sobrecarregarmos.

Parte 2: escolhas mais difíceis

Existem escolhas às quais resistimos ou que sabemos serem difíceis de cumprir sem escorregar. Tudo bem. As escolhas mais difíceis podem esperar até você perceber que fez todas as escolhas fáceis que conseguiu. Para algumas pessoas, as escolhas mais difíceis vão na verdade ser fáceis, pois o ponto de partida de todo mundo é diferente. Para a maioria, no entanto, as escolhas mais difíceis são as etapas que se encontram no alto da pirâmide. É preciso se sentir à vontade antes de atacá-las; caso contrário, as pessoas se arriscam a fazer uma mudança a que não darão continuidade.

ALIMENTAÇÃO

Parte 3: escolhas experimentais

Estas etapas têm uma forte defesa e são baseadas em pesquisas interessantes, mas que definitivamente constituem uma posição minoritária por ora. Os regimes da moda vêm e vão. As pesquisas de hoje são modificadas ou derrubadas amanhã. Antes de adotar uma escolha experimental, leia nossos avisos, investigue por conta própria e informe-se bem. De qualquer modo, nenhuma dessas escolhas experimentais deve substituir as escolhas das Partes 1 e 2.

Lembre-se de que sejam quais forem as suas escolhas, elas deveriam ser permanentes. Já que está fazendo apenas uma alteração por semana, você tem sete dias para saber como isso funciona. Se tudo correr bem, você vai estar pronto para selecionar uma segunda mudança na semana seguinte. Não se apresse, não se pressione. O segredo dessa estratégia é se assegurar de que ela avance sem esforço.

Achamos prudente fazer primeiro as alterações na alimentação, pois o efeito da comida sobre o microbioma é mais direto. Aconselhamos que o primeiro mês seja todo de mudanças alimentares, mas isso é com você. Antes de fazer qualquer mudança, certifique-se de ter lido as seis seções da programação.

Alimentação: a lista de escolhas
Marque de duas a cinco mudanças que seriam simples de fazer em sua alimentação atual. As escolhas mais difíceis devem vir depois de você ter adotado as mais simples, uma por semana.

Parte 1: escolhas fáceis

- Acrescente prebióticos com fibras solúveis ao café da manhã (por exemplo, aveia, suco de laranja natural, farelo de cereais, banana, uma vitamina de frutas feita de frutas com a casca);
- Coma uma guarnição de salada no almoço ou no jantar (de preferência, em ambas as refeições);

- Acrescente alimentos anti-inflamatórios à sua alimentação (ver p. 139);
- Consuma alimentos probióticos uma vez por dia (por exemplo, iogurte com lactobacilos vivos, kefir, picles, chucrute, kimchi);
- Prefira pães e cereais integrais;
- Coma peixes gordurosos pelo menos duas vezes por semana (por exemplo, salmão fresco, cavalinha, atum e sardinhas frescas ou em lata);
- Diminua a bebida alcoólica para uma cerveja ou uma taça de vinho por dia, junto com a refeição;
- Tome um suplemento probiótico diariamente e uma pílula multivitamínica. Tome também meia aspirina (de adulto) ou uma aspirina infantil (ver p. 137);
- Diminua os petiscos, consumindo apenas uma porção medida em uma tigelinha – não coma direto do pacote;
- Compartilhe a sobremesa no restaurante.

Parte 2: escolhas mais difíceis

- Escolha alimentos orgânicos, inclusive frango e carne de animais criados sem hormônios;
- Limite ou elimine a carne vermelha de sua alimentação; pelo menos mude para alternativas orgânicas, inclusive frango e carne de animais criados sem hormônios;
- Escolha ovos ricos em ácidos graxos ômega-3 (ver pp. 156-157);
- Adote a alimentação vegetariana;
- Corte o açúcar refinado;
- Reduza drasticamente os alimentos industrializados;
- Elimine a bebida alcoólica;
- Pare de consumir *fast-food*;
- Pare de comprar alimentos industrializados;
- Não coma quando não tem fome.

Parte 3: escolhas experimentais

- Adote uma alimentação sem glúten;
- Adote a alimentação vegana;
- Elimine o trigo por completo;
- Coma apenas frutas e/ou queijos em vez de sobremesas;
- Adote uma dieta mediterrânea (ver p. 142).

Explicando as escolhas

Não precisamos explicar todas as escolhas da lista individualmente, pois existe uma meta comum a todas: o combate à inflamação. Na categoria fácil, a meta é encontrar caminhos simples para combater a inflamação. O principal entre essas escolhas é reajustar o microbioma, onde o processo digestivo dá início à via que leva à inflamação. Como vimos anteriormente, as toxinas produzidas pelos micróbios intestinais são seguras, pois permanecem no trato digestivo. Mas a "síndrome do intestino permeável", que pelo visto é muito mais comum do que se imaginava, envia as toxinas pela corrente sanguínea e depois o corpo combate essas toxinas com inflamações – uma reação saudável, mas perigosa. Reajustar o microbioma é a melhor defesa e o primeiro passo para conservar essas toxinas onde devem ficar naturalmente.

A vida moderna nos expõe a muitas influências que prejudicam o microbioma ou são suspeitas de prejudicá-lo, inclusive o difundido uso de antibióticos, a alimentação rica em gordura e açúcar, a falta de fibras, ar poluído, estresse em excesso, sono ruim e vários aditivos e hormônios nos alimentos que compramos. Os micróbios que colonizam o intestino são a causa direta das inflamações, mas também são uma proteção contra elas quando o microbioma está saudável.

A meta não é um microbioma "perfeito", pois ninguém consegue definir tal coisa, pelo menos não por enquanto. Tendo que considerar mais de 1.000 espécies de bactérias, e estando o microbioma num fluxo constante, essa perfeição é inatingível ou até seja equivocado desejá-la. É mais simples e sensato mudar a alimentação, afastando a inflamação. Não há prejuízo nenhum nisso, pelo contrário, podem ser muitos os benefícios.

Os *prebióticos* vêm primeiro. São eles o alimento do microbioma, sobretudo as fibras que o nosso próprio corpo consegue digerir. A evolução gerou uma feliz parceria, na qual as bactérias se abastecem do que necessitam sem roubar nada de nosso corpo, e vice-versa. Os alimentos prebióticos também protegem o corpo de inflamações ao reduzir a endotoxina, um elemento tóxico gerado por certas bactérias, que não traz prejuízo ao trato gastrintestinal, mas é bastante inflamatório se vazar para a corrente sanguínea e ativar o sistema imunológico. (Ver na p. 99 a pesquisa que mostra como um copo de suco de laranja fresco contrabalança o efeito inflamatório de um café da manhã rico em gorduras do McDonald's.)

Os alimentos prebióticos nunca são demais. Recomendamos um café da manhã rico em prebióticos, contendo desde banana a suco de laranja natural, aveia, cereais integrais e vitaminas de frutas com a casca, várias frutinhas vermelhas e outras frutas também. É possível encontrar inúmeras receitas na internet, e a vitamina pode ser feita com verduras em vez de frutas, se for essa a preferência. Lembremos que os vegetais verdes, principais ingredientes das vitaminas vegetarianas, contêm menos calorias que as frutas. Ninguém quer um café da manhã com menos de 350 a 500 calorias se deseja ter energia suficiente para chegar até a hora do almoço sem ser incomodado pela fome. Uma salada complementando o almoço ou o jantar também serve como um bom amortecedor prebiótico.

Os *probióticos* são alimentos que contêm bactérias ativas. Iogurtes com lactobacilos vivos são o tipo mais comum encontrado nos supermercados, mas também há picles, chucrute, kimchi (um prato tradicional coreano feito de repolho fermentado) e kefir (uma bebida de leite fermentado que tem gosto de iogurte). Incluir um desses alimentos durante a refeição ajuda a reajustar o microbioma, inserindo nele bactérias benéficas que vão colonizar as paredes intestinais e, espera-se, reduzir ou eliminar as bactérias prejudiciais. Devido à complexidade do microbioma e às enormes diferenças de uma pessoa para outra, não há nenhuma previsão confiável em relação aos efeitos dos alimentos probióticos. O melhor a fazer é experimentá-los – são todos inofensivos – e depois verificar o resultado.

Os *suplementos probióticos* são um negócio em expansão, e espera-se que isso cresça extraordinariamente ainda. As lojas de comida saudável oferecem uma variedade espantosa desses suplementos, alguns em forma de pílula para serem ingeridas de estômago cheio, outras que precisam ser refrigeradas, pois são perecíveis. Não existem orientações especializadas sobre os melhores suplementos probióticos, pela mesma razão de sempre: o microbioma é muito complexo e está sempre mudando. Tampouco deve ser esquecido que um suplemento confiável, que contenha 1 bilhão de bactérias vai entrar no meio ambiente intestinal de 100 trilhões de micróbios. Na proporção de 100.000 para 1, o suplemento pode ter um impacto ínfimo.

Mas preferimos ser otimistas. Qualquer oportunidade de recuperar o equilíbrio natural do microbioma vale a pena. Um suplemento não substitui significativamente o probiótico obtido pela alimentação, mas é uma opção fácil. Além disso, a fim de aumentar o benefício, podemos acrescentar à rotina um multivitamínico e uma aspirina infantil, ou meia aspirina de adulto. Está provado que a aspirina reduz o risco de ataque cardíaco e alguns tipos de câncer. (Mas consulte um médico antes de combinar a aspirina com outros medicamentos, sobretudo os anti-inflamatórios ou com propriedades de afinar o sangue. Ela também não deve ser usada em caso de suspeita de dengue.) O multivitamínico não é essencial se a pessoa costuma ter uma alimentação equilibrada, mas à medida que envelhecemos, o trato intestinal fica menos eficiente no processamento de vitaminas e minerais. Várias pesquisas já demonstraram que até um terço dos casos de demência está relacionado a deficiências minerais ou a carência alimentar.

A *demência* é um termo genérico que abrange muitas doenças, inclusive a doença de Alzheimer, que Rudy estuda, e não existe um regime alimentar preventivo. Mas as pesquisas que investigam como o alimento afeta as células cerebrais apresentaram algumas orientações gerais, fáceis de seguir, a maioria diretamente vinculada a uma alimentação anti-inflamatória. Os elementos preventivos são:

- Ácidos graxos ômega-3 de peixes godurosos (para quem tem medo dos metais pesados presentes na gordura de peixe, uma fonte alternativa são o óleo de linhaça orgânico e um punhado de nozes, todos os dias; se optar pelo óleo de peixe, deve usar óleo com tripla destilação, para evitar contaminação por metais pesados);
- Micronutrientes antioxidantes (mirtilo, chocolate amargo, chá verde) para combater os prejuízos causados ao cérebro pelos radicais livres;
- Vitamina B (não mais que a recomendação diária);
- Dieta mediterrânea (ver p. 142).

Lembremos que essas sugestões são temporárias. Já houve até mesmo pesquisas contrárias a um suplemento como a vitamina E, que durante anos foi incentivada por seus efeitos antioxidantes. A neurociência básica gira em torno do fato de que o tecido cerebral é bastante vulnerável aos prejuízos causados pelos radicais livres, pois o cérebro usa 20 por cento do total do oxigênio consumido pelo corpo. Os radicais livres são moléculas com um átomo extra de oxigênio que se une rapidamente a outra molécula. Embora sejam necessários à cura de ferimentos, por fazerem parte da reação inflamatória, em excesso os radicais livres podem prejudicar as células saudáveis devido a reações químicas indesejáveis; as células cerebrais são o principal alvo em casos de demência.

ALIMENTAÇÃO

Reduzir os prejuízos em potencial decorrentes da oxigenação excessiva é o elo comum entre a maior parte dos elementos preventivos listados acima, mas ainda falta comprovação. Defendemos que uma alimentação equilibrada é a melhor maneira de nos protegermos, mas tomar um suplemento pode ajudar, sobretudo para quem está acima dos 65 anos. Um efeito comum do envelhecimento é a redução das funções renais, que muitas vezes resulta em leves inflamações dos rins, ou nefrite. A redução das funções renais diminui a retenção das vitaminas B e C solúveis em água. É recomendável, então, que as pessoas mais velhas tomem um suplemento multivitamínico. Para a maioria das pessoas, o maior inconveniente é que em geral as vitaminas não trazem benefícios visíveis, e o dano que pode estar relacionado à inflamação, inclusive pelo excesso de radicais livres, deve ser enfrentado com um regime alimentar anti-inflamatório.

Os *alimentos anti-inflamatórios* têm sido fonte de pesquisas devido a um crescente interesse por parte das pessoas. Se você deseja uma lista específica de alimentos anti-inflamatórios, pode encontrar uma que é consenso em www.health.com [em inglês]. Mas é melhor compreender a inflamação como um todo, pois a abordagem holística ataca o problema de muitos ângulos em vez de um só. Os alimentos a seguir são listados sobretudo para reforçar o seu conhecimento, não para apontar que apenas eles são os "certos" para a sua dieta.

Alimentos que combatem a inflamação
- Peixes gordurosos (não deixe de ver o aviso sobre metais pesados na p. 138);
- Frutinhas vermelhas;
- Oleaginosas;
- Sementes;
- Cereais integrais;
- Verduras de folha escura;
- Soja (inclusive leite de soja e tofu);

- Tempeh;
- Proteína de cogumelos e outros fungos;
- Laticínios com baixo teor de gordura;
- Pimentas (por exemplo, pimentões, vários tipos de pimentas ardidas – o sabor ardido não é indicação de efeitos inflamatórios no corpo);
- Tomate;
- Beterraba;
- Ginja (cereja ácida);
- Gengibre e cúrcuma;
- Alho;
- Azeite de oliva.

Em suas publicações *on-line*, a Faculdade de Medicina de Harvard acrescenta alguns itens a essa lista:

- Abacate;
- Abobrinha;
- Bebida alcoólica consumida com moderação (ver também p. 146);
- Cacau e chocolate amargo;
- Cenoura;
- Curry em pó;
- Hortaliças da família das crucíferas (repolho, brócolis, couve-flor, acelga chinesa);
- Manjericão e muitas outras ervas;
- Molho de pimenta;
- Nabo.

Outras listas acrescentam:

- Peito de peru orgânico (como substituto da carne vermelha);
- Pepino;
- Pimenta-do-reino.

ALIMENTAÇÃO

Nem é preciso dizer: esses alimentos são todos integrais e saudáveis, e fazer deles o nosso principal sustento só traz benefícios. No entanto, a ciência ainda não tem certeza se todos eles têm efeito anti-inflamatório no corpo, nem se causam algum efeito no genoma, no epigenoma e no microbioma. Mesmo assim, o fato de o supergenoma reagir a todas as vivências é um grande indicador de que o que comemos acarreta consequências no nível genético. O fato de haver tantas doenças ligadas à má alimentação mostra que existe uma conexão genética, portanto, consideramos que uma boa alimentação é uma forma de proporcionar a melhora da atividade genética.

Por outro lado, existem também alimentos que aumentam a inflamação, de acordo com a lista do mesmo boletim da Faculdade de Medicina de Harvard.

Alimentos que devem ser eliminados ou restringidos
- Carne vermelha;
- Gorduras trans e saturadas (por exemplo, gorduras animais e gorduras vegetais hidrogenadas encontradas em muitos alimentos processados);
- Pão branco;
- Arroz branco;
- Batata frita;
- Refrigerantes.

A esses, outras fontes confiáveis acrescentam:

- Açúcar branco e xarope de milho (com frequência escondidos em alimentos industrializados que não são necessariamente doces);
- ácidos graxos ômega-6 (ver p. 154);
- glutamato monossódico (MSG);
- glúten (ver p. 147).

Consideramos que uma alimentação anti-inflamatória deve ser melhor que uma inflamatória, pois os alimentos de risco comprovado – *fast-food*, salgadinhos e similares, alimentos gordurosos e adocicados – também levam à inflamação. A relação entre inflamação e doença crônica é forte demais para ser ignorada, e é necessário atentar para ela.

A *dieta mediterrânea* tem a reputação de ser saudável. Uma pesquisa de 2014, conduzida na Espanha, chamou a atenção ao provar com acuidade estatística que o risco de ataque cardíaco entre indivíduos alimentados com uma dieta mediterrânea diminuía consideravelmente. De fato, os resultados foram tão positivos que a pesquisa foi reduzida, já que não era ético permitir que outros indivíduos continuassem com uma dieta que não fosse a mediterrânea. Não existem estudos similares sobre dietas anti-inflamatórias (na verdade, esse estudo da Espanha foi o primeiro desse tipo a ser conduzido com rigor científico), mas a abrangência é significativa. A dieta mediterrânea substitui a carne vermelha por peixe, e a manteiga por azeite de oliva. A alternativa para vegetarianos como Rudy é obter a proteína não inflamatória de outras fontes como tempeh, tofu, cogumelos e outras fontes vegetarianas e veganas. Também são recomendadas frutas integrais, hortaliças, oleaginosas (como amêndoas e nozes) e sementes (como chia, cânhamo, girassol, abóbora, linhaça). Quando acrescentamos tudo isso, percebemos que alguns dos alimentos anti-inflamatórios mais importantes fazem parte da dieta mediterrânea.

Por que então inserir a dieta mediterrânea entre as escolhas experimentais? Por várias razões. Primeiro, pela permanência de tal mudança. Para os nativos da região, que têm essa alimentação desde a infância, não é difícil mantê-la, mas a dieta mediterrânea não é tão fácil como escolha duradoura para quem está habituado a uma alimentação típica do Ocidente. Além disso, a menos que a pessoa seja sozinha, é preciso que a família acompanhe também a alteração alimentar. As questões científicas também devem ser consideradas: o estudo conduzido na Espanha tratava de riscos em termos coletivos – uma questão de números. Adotar uma dieta mediterrânea não garante que um indivíduo fique protegido, uma vez que o nosso objetivo aqui – combater a inflamação – é uma questão individual. Mesmo assim, a alimentação mediterrânea se aproxima mais de uma dieta anti-inflamatória, portanto, vale a pena experimentá-la, mas só depois de você ter feito outras escolhas mais simples e verificado se obteve resultados.

O uso do azeite de oliva levanta a questão polêmica da *gordura na alimentação*. O nosso conselho principal é que sejam evitadas as gorduras trans, sobretudo os óleos hidrogenados encontrados nos alimentos industrializados e em algumas redes de *fast-food* (não todas). Esses óleos são conhecidos por seus efeitos inflamatórios. Limitar a gordura saturada de manteiga e creme de leite e evitar a carne vermelha também parece prudente.

É preciso ter um equilíbrio saudável de lipídeos no sangue (gorduras), inclusive colesterol e triglicérides. Ambos são necessários à formação e recuperação das células. Os lipídeos do sangue são processados no fígado depois de ingerirmos gorduras. Esse processamento é bastante complexo, dependendo da alimentação, dos genes, do peso, da idade, das doenças e de outros fatores. Pessoas obesas, cujo fígado tenha uma predisposição genética a liberar muito colesterol, que sofra de algum desequilíbrio hormonal ou cujo sistema imunológico tenha sido ativado por inflamação, entre outros fatores, podem ter problemas. Nada é simples como "consuma mais colesterol e o colesterol sobe". Para embananar ainda mais essa questão, os principais medicamentos para baixar o colesterol, conhecidos como "estatinas", não parecem reduzir o risco de ataques cardíacos, de acordo com os estudos já de 2010. Isso indica o que há muito se sabe: o ataque cardíaco não depende apenas do colesterol.

Achamos que a inflamação, fortemente relacionada às doenças cardíacas, é a primeira suspeita a ser investigada. Os problemas que ela gera começam na conexão entre intestinos e inflamação. Com tantos fatores de risco ligados à inflamação, é melhor e mais fácil lidar com eles como um todo, em vez de ficar identificando os fatores "bons" e os "ruins". De jeito nenhum estamos sancionando as gorduras saturadas. O óleo de cozinha poli-insaturado e principalmente o azeite de oliva continuam sendo as escolhas mais saudáveis.

Outra questão é quanto de gordura consumir. As pessoas têm muita dificuldade em cortar o consumo de gordura de uma vez, mesmo que a restrição extrema de gorduras há muito faça parte do programa de saúde cardíaca delineado pelo dr. Dean Ornish, da Universidade da Califórnia, em San Francisco. A abordagem que Ornish fez da doença cardíaca, voltando-se para o estilo de vida, levou a resultados extraordinários. O seu programa de alimentação, atividade física, meditação e redução de estresse continua sendo a única maneira comprovada de reverter as placas que revestem as artérias coronarianas das pessoas com alto risco de ataque cardíaco. Ornish também foi pioneiro nas pesquisas que mostravam que o programa dele gerava mudanças benéficas no genoma pelos circuitos de centenas, agora milhares, de genes, num processo chamado "regulação positiva" (*upregulation*).

Para limpar as placas das artérias coronarianas, como foi aperfeiçoado por Ornish, é necessária uma grande redução no consumo de gordura, chegando ao mínimo de uma colher de sopa de gordura adicionada ao alimento, por dia. A recomendação padrão da American Heart Association permite que no consumo diário de calorias a gordura corresponda a 30 por cento – uma diferença muito grande. (Chegar a 30 por cento já é difícil, considerando que a média na alimentação americana, embora em torno dos 34 por cento de gordura – o que não está longe da marca –, na verdade sofreu um acréscimo de 340 calorias por dia ao longo dos últimos vinte anos. Isso leva a um potencial ganho de peso de mais de 13 quilos por ano.)

Reconhecemos e apoiamos o trabalho inestimável do dr. Ornish, mas uma redução rigorosa de gordura leva ao descumprimento dos objetivos. Reduzir a porção diária a apenas poucas colheres de todas as gorduras e óleos ou ao mínimo de uma colher, se formos mais rígidos, simplesmente onera demais a média das pessoas. Os regimes para perda de peso com baixos teores de gordura provavelmente falham em cerca de 98 por cento dos casos, sendo essa a taxa de fracasso de todos os regimes rígidos. A nossa abordagem, que consiste em construir uma pirâmide de escolhas fáceis, não inclui uma restrição rígida de gorduras.

Além do descumprimento, acreditamos haver outra boa razão para não enfatizar demais as gorduras ou a redução de calorias como fazem os regimes para *perda de peso*. Estudos em animais indicam que o microbioma talvez seja a chave de tudo. Como já mencionamos antes, a simples inserção de micróbios de camundongos obesos em outros camundongos com o mesmo genoma já levou à perda de peso dos camundongos normais. Observações empíricas feitas em pessoas que testaram a si mesmas, como o dr. Zhao, na China, levam à mesma conclusão, assim como a pequena pesquisa com gêmeos idênticos, na qual um dos gêmeos é obeso e o outro, magro.

Reajustar o microbioma por meio de alimentação anti-inflamatória é garantido. Ou vai logo gerar perda de peso ou levar a pessoa a um estado de equilíbrio, no qual uma redução moderada das calorias fica viável e sem deslizes. Resumimos a nossa estratégia para perda de peso na seguinte lista:

Passos básicos para a perda de peso
- Não siga um regime de restrição de calorias. Deixe para cortar as calorias no final do seu regime para perda de peso, não no início;
- Concentre-se primeiro nos passos fáceis para reduzir a inflamação;
- Preste atenção aos alimentos prebióticos e probióticos;
- Ao mesmo tempo, faça escolhas simples em relação a aumentar sua atividade física. O mais importante é deixar de ser sedentário e se movimentar ao longo do dia;

- Atente para o sono bom, já que o sono ruim atrapalha os principais hormônios da fome e da saciedade;
- Faça escolhas fáceis em relação às emoções, já que comer por razões emocionais é em geral um componente do ganho de peso;
- Depois de seguir os passos acima por pelo menos 3 a 4 meses, verifique se você está perdendo peso. A perda de 250 gramas, aproximadamente, por semana seria considerada uma marca alta. A perda de 900 gramas por mês ainda é um sucesso. Se você perder tudo isso, continue fazendo o que faz, sem cortar calorias;
- Se você não vê perda de peso, considere um corte de 200 calorias em seu consumo diário, desde que isso seja fácil. Considere isso uma escolha permanente, como as outras escolhas fáceis do programa;
- Se não for fácil cortar calorias, continue fazendo outras mudanças e verifique o seu peso em 2 meses. Repense então o corte de calorias.

A *bebida alcoólica* há muito tempo tem defensores na medicina, e as pessoas tendem a aceitar que os franceses apresentam taxas mais baixas de ataque cardíaco devido ao costume nacional de tomar vinho. Na lista de alimentos anti-inflamatórios, o site da Faculdade de Medicina de Harvard inclui um drinque por dia (embora sem definição, pressupõe-se que seja uma cerveja ou uma taça de vinho), por causa de um único efeito benéfico: baixam os níveis de proteína-C reativa (PCR), um sinal forte de inflamação. Porém, mais de um drinque (parece que o tipo de bebida não importa) aumenta a PCR. Em geral, a bebida alcoólica tem sido classificada como inflamatória. Ela é rapidamente metabolizada, como o açúcar branco refinado, e nós a consideramos na mesma categoria do açúcar branco em termos do prejuízo em potencial de todo o sistema.

Mas também somos realistas e percebemos que a bebida, socialmente, está bem incorporada no Ocidente e é cada vez mais atraente na Ásia. As pessoas não gostam de abandonar coisas de que gostam. Portanto, oferecemos como escolha fácil limitar-se a uma bebida por dia, de preferência como parte de uma refeição completa, de modo que o fluxo alcoólico seja temperado com comida. Esperamos que, ao adotar mudanças simples, que reajustem o microbioma e enviem mensagens positivas ao epigenoma e ao cérebro, você não sinta mais vontade de beber. Vai se sentir bastante bem e, sem bebida alcoólica nenhuma, a sensação de bem-estar melhora.

Diminuir o *glúten* da alimentação também entra na categoria experimental. De acordo com a medicina, o número de pessoas que sofrem de alergia a glúten é mínimo (o diagnóstico mais comum é de pessoas com doença celíaca, que prejudica bastante o intestino), mas difundiu-se a crença – quase uma cruzada – de que inúmeras outras pessoas se ressentem com o glúten. Como qualquer pessoa logo descobre ao tentar eliminar o glúten da alimentação, ele está presente em muitos alimentos industrializados, não apenas no trigo e nos derivados de trigo, como sempre nos vem à cabeça.

Os sintomas de sensibilidade ao glúten incluem inchaço, diarreia ou constipação, abdômen dilatado e dores abdominais, causando a famosa "barriga de trigo". Alguns defensores dessa causa ampliaram essa lista, voltada para a digestão, inclusive outros sintomas do corpo, como dores de cabeça, dores em geral e fadiga. O autodiagnóstico é o caminho mais comum, pois os médicos procuram reações alérgicas específicas da doença celíaca ou por alternativas mais comuns de sensibilidade ao glúten. A prática médica ainda indica outras doenças, como a síndrome do intestino irritável, com mais ou menos os mesmos sintomas; ou alergia a trigo, que às vezes ocorre sem a sensibilidade a outras fontes de glúten.

Já que estamos sugerindo que as escolhas fáceis venham em primeiro lugar, adotar uma alimentação sem glúten nenhum não é uma delas. A lista de alimentos que você teria que abandonar é extensa (encontrada em www.healthline.com, em inglês):

- Pão, massa, produtos de confeitaria feitos de trigo (ou farelo de trigo, germe de trigo ou amido de trigo);
- Cuscuz marroquino;
- Trigo durum;
- Todos os tipos de farinha de trigo;
- Farro;
- Fu (comum em alimentos asiáticos);
- Gliadina;
- Kamut (tipo de trigo);
- Matzá;
- Semolina.

O trigo não é o único grão que contém glúten, então é preciso também cortar:

- Cevada;
- Triguilho (trigo para quibe);
- Aveia (a aveia em si não contém glúten, mas costuma ser processada em lugares com grãos que contêm glúten e se contamina);
- Centeio;
- Seitan;
- Triticale (híbrido de trigo e centeio);
- Hambúrguer vegano (se não estiver explícito que não contenha glúten).

O glúten também está presente como ingrediente no malte de cevada, no caldo de frango, no malte de vinagre, em alguns molhos prontos para salada e no shoyu, assim como em muitas misturas de temperos e especiarias. Uma alimentação sem glúten demanda dedicação total. Para completar, vamos listar os cereais permitidos nesse tipo de dieta:

- Amaranto;
- Araruta;

- Trigo-sarraceno;
- Caçava;
- Painço;
- Quinoa;
- Arroz;
- Sorgo;
- Soja;
- Tapioca.

Naturalmente, existe a opção de limitar os alimentos com glúten em vez de eliminá-los por completo. Também interessados nisso, tentamos eliminar o glúten de nossa alimentação, e ficamos entusiasmados com o aumento de energia, o apetite equilibrado e uma certa perda de peso resultante disso. Mas é importante ter consciência de que a comprovação científica da "barriga de trigo" como um mal comum e da suscetibilidade ao trigo como problema que afeta milhares de pessoas ainda precisa ser validada.

Mesmo assim, se você tiver interesse, pode experimentar por uma semana. Arroz, e não trigo, é a base alimentar de bilhões de asiáticos. Você também iria cortar a massa e uma porção de produtos de confeitaria. Mas isso não pesa muito, pois existem doces sem glúten no mercado, e nem é preciso recorrer a eles se tiver doces não industrializados feitos de farinha sem glúten. É provável que o resultado desse experimento seja bom, já que uma alimentação asiática sem a massa, o pão, o bolo, a torta e biscoitos já é bastante saudável, independentemente dessa questão polêmica da suscetibilidade ao glúten.

As *dietas vegetarianas* têm sido consideradas uma alternativa saudável. Nós tínhamos como escolha pessoal uma alimentação à base de hortaliças. Rudy é vegetariano desde os tempos da universidade, mas, diante de uma vida atribulada, acaba consumindo laticínios, pela rapidez em obter proteínas. Na Índia, a casta dos brâmanes, ou sacerdotes, sobrevive tradicionalmente com uma dieta sem carne, e muitas pessoas excluem a carne como medida humanitária contra a matança de animais. No entanto, para a grande maioria, o vegetarianismo é uma opção difícil. Naturalmente rica em fibras, é provável que a alimentação vegetariana seja anti-inflamatória e benéfica também para o microbioma. Por que, então, os vegetarianos de longa data não estão livres de doenças crônicas? Hoje em dia, muitos estão. Os dados atuais mostram que os vegetarianos correm menos risco de:

- Doenças cardíacas;
- Câncer de mama, de ovário e do cólon;
- Diabetes;
- Obesidade;
- Hipertensão.

Essas descobertas não identificam o fator anti-inflamatório, portanto, não há como saber o estado de vegetarianos que também evitam açúcar refinado, bebida alcoólica, estresse acentuado e vida sedentária. Até que seja feita uma pesquisa com pessoas que adotaram um estilo de vida holístico, voltado para a redução da inflamação, ser vegetariano permanece uma boa escolha, se for fácil para você, mas não é uma panaceia de jeito nenhum.

Comparativamente, é muito mais fácil seguir uma alimentação vegetariana do que vegana. Como a vegetariana, a *alimentação vegana* é à base de vegetais e exclui a carne, mas também todos os laticínios (leite, creme de leite, iogurte, manteiga, queijo), além de ovos e todos os produtos que contêm esses ingredientes. Uma dieta vegana rígida, portanto, depende de um regime meticuloso para obter as proteínas adequadas. A soja (no tofu ou tempeh) é uma proteína completa, e como tal é a fonte principal de proteína de muitos veganos e também de vegetarianos.

O nosso corpo precisa de nove aminoácidos, os tijolinhos da proteína, que ele não produz por si mesmo. Não é necessário obter todos eles em todas as refeições – uma variedade de hortaliças, frutas, sementes e oleaginosas é suficiente para os vegetarianos.

No entanto, existem alguns alimentos vegetarianos, além da soja, que contêm os nove aminoácidos essenciais, como a quinoa, o trigo-sarraceno, o cânhamo, a chia e a simples combinação de arroz e feijão.

Rudy limita o consumo de soja a uma refeição por semana, para não se sobrecarregar de fitoestrógenos – composto natural da soja, semelhante ao estrógeno humano. Embora as pesquisas atuais mostrem que os homens não correm risco de sofrer de baixos níveis de testosterona devido aos fitoestrógenos, essa é a escolha pessoal de Rudy em termos de hormônios.

Além dessas fontes de proteína, o vegano deve consumir combinações de alimentos que contenham muitos aminoácidos, as "peças" que formam as proteínas, a fim de obter um complemento proteico adequado – ou seja, uma proteína completa. (O normal é fazer diferentes combinações de leguminosas, cereais, batatas e fontes de proteína vegetal.) Por essas razões, colocamos a dieta vegetariana entre as escolhas difíceis e a vegana, entre as experimentais. Sendo vegetariano desde os tempos de faculdade, Rudy e toda a sua família desfrutam esse tipo de vida.

A base científica das mudanças

Tanto o epigenoma quanto o microbioma têm papel fundamental nos efeitos dos alimentos sobre o nosso organismo, num nível muito mais profundo do que se imaginava. Quando o nutricionista Victor Lindlahr intitulou o seu livro, em 1942, de *You are what you eat* [Você é o que você come], fez muito mais que simplesmente cunhar uma frase. Ele anteviu em décadas a pesquisa que confirmaria a conexão entre a alimentação e a genética. Agora existem inúmeros estudos, principalmente em camundongos, mostrando que a alimentação é o fator de maior influência na composição do genoma microbiano que abrigamos em nosso intestino. Por exemplo, mudar de repente de uma alimentação à base de produtos de origem animal para a vegana altera o microbioma em questão de dias. Em um estudo da Universidade da Califórnia, San Francisco, os camundongos ou foram alimentados com uma dieta rica em gordura animal, ou rica em açúcar ou com uma dieta à base de vegetais, com baixo teor de gordura (vegana). Quando sua alimentação mudou da vegana para a rica em açúcar, grande quantidade dos micróbios intestinais (conforme examinado nas fezes deles) tinha mudado em três dias, independentemente da genética dos camundongos. A alimentação teve muito mais importância que os genes. Essa descoberta ajuda a explicar por que gêmeos idênticos com genomas idênticos podem apresentar tantas diferenças em seu microbioma quanto dois irmãos (que não são gêmeos) e ter, portanto, genomas similares mas não idênticos.

A alimentação também afetou extraordinariamente a epigenética, como vimos antes no exemplo do Inverno da Fome holandês durante a Segunda Guerra Mundial. Na região rural da Gâmbia, por exemplo, existe uma estação chuvosa (de carência), quando a nutrição fica pobre em proteína e em energia, e uma estação seca (de colheita), quando a dieta é rica em hortaliças e em alimentos energéticos. Crianças de 84 mães, concebidas durante a estação de carestia, apresentavam menor peso no nascimento e níveis mais altos de alterações epigenéticas (metilação) em seu genoma do que as concebidas por 83 mães durante a estação de colheita. (São grandes também as diferenças em termos de níveis de vitamina B e ácido fólico em amostras do sangue materno nas duas estações, o que se correlaciona com as mudanças epigenéticas.)

As crianças nascidas de mães que tiveram uma alimentação pobre durante a concepção também apresentaram maior probabilidade de desenvolver resistência a insulina e diabetes tipo 2. Naturalmente, esses fatos reforçam a necessidade de as mulheres grávidas terem uma alimentação saudável, mas o mais importante foi enunciado quase dois séculos atrás pelo conhecido gastrônomo francês, Jean Anthelme Brillat-Savarin, que escreveu: *"Dis-moi ce que tu manges, je te dirai ce que tu es"* ("Diz-me o que comes, eu te direi quem és").

A ciência na realidade

Quando as pessoas procuram informação sobre dietas, três forças as atraem. As três, supostamente, são baseadas na ciência, porém uma contradiz a outra.

Em primeiro lugar, está o conselho nutricional padrão sobre o consumo de uma dieta balanceada. Esse conselho traz uma mudança lenta. E está bem estabelecido pelas pesquisas em nutrição. O problema é que as pessoas se comprometem. Apesar de uma ciência robusta, a alimentação norte-americana continua a tomar o rumo errado (ou seja, rica em gordura, açúcar, com sobrecarga de calorias, permanência de *fast-food* e semelhantes).

Em segundo lugar, estão as pesquisas de ponta. Essas pesquisas são bem interessantes, e os estudos sobre inflamação e dieta representam uma vertente imensa. O problema reside na falta de testes em seres humanos em termos amplos, além de descobertas que se contradizem.

Em terceiro lugar estão os regimes da moda para perda de peso. Esses regimes em geral fazem afirmações exageradas e mudam todos os dias, usando pesquisas "de ponta" inconsistentes ou mal conduzidas. Às vezes eles não têm nenhum embasamento científico. Porém, as pessoas vão correndo atrás de tais regimes até surgirem rumores de mais um.

Nós apoiamos algumas dessas pesquisas de ponta apesar da falta de testes em seres humanos em larga escala. Combater a inflamação, como ocorre com a dieta mediterrânea, nos parece cientificamente sólido. De qualquer modo, uma dieta anti-inflamatória se sobrepõe à nutrição padrão em quase todas as áreas e propicia assim uma segunda fonte de validação científica. Porém, existem áreas confusas na alimentação anti-inflamatória, que deveria ser considerada com honestidade.

Os *ácidos graxos* são um bom exemplo de tal confusão. Já foi muito divulgado que os ácidos graxos ômega-3, encontrados nos peixes gordurosos, nos fazem bem, e todos os nutricionistas nos aconselham a comer tais peixes uma vez ou duas na semana. No entanto, existe um outro grupo de ácidos graxos, o dos ômega-6, que complica tudo. Precisamos de ambos, ômega-3 e ômega-6, mas como o nosso organismo não os produz, eles têm que ser encontrados na alimentação. Ao contrário de outras gorduras, o grupo ômega não é usado só para energia, mas em processos biológicos, inclusive na produção dos glóbulos vermelhos do sangue – por isso são especiais.

De acordo com várias pesquisas, é fundamental manter baixos os níveis de ômega-6, pois níveis altos estão muito vinculados a inflamação. Já demonstraram melhoras em doenças cardíacas e artrite reumatoide obtidas com o equilíbrio saudável entre os ômega-3 e 6. Todas as dietas ocidentais têm níveis muito altos de ômega-6 devido ao uso pesado de óleos de cozinha poli-insaturados. No entanto, esses óleos, derivados de fontes vegetais – milho, soja, açafrão, etc. –, já foram considerados muito saudáveis, sendo os fatores de risco de ataque cardíaco o principal elemento em prol dessa alegação.

Hoje em dia, as evidências mudaram completamente de direção. Pesquisas com indígenas (que usam poucos óleos vegetais processados e não consomem alimentos industrializados) indicam que a relação entre ômega-6 e ômega-3 na dieta deles é de 4:1, aproximadamente. Ao contrário, a dieta ocidental é quinze a quarenta vezes mais alta em alimentos com ômega-6, com uma relação média de ômegas-6 e 3 de 16:1. Com esse nível tão alto, os ácidos graxos ômega-6 bloqueiam os benefícios dos ômega-3. Não é simples fazer pesquisas genéticas nessa área, mas especula-se que as sociedades caçadoras-coletoras ingeriam uma alimentação com níveis ainda mais baixos de ômega-6, com uma proporção de ômega-6 e ômega-3 perto de 2:1. De acordo com alguns especialistas, chegar perto de 1:1 seria o ideal.

O óleo de cozinha lidera a lista de alimentos ricos em ômega-6, mas existem outros:

Principais fontes de ácidos graxos ômega-6
- Óleos vegetais industrializados – os mais ricos são os de girassol, milho, soja e algodão;
- Alimentos industrializados que usam óleo de soja;
- Carne oriunda de vacas criadas com ração;
- Frango e porco "de granja";
- Ovos de granja;
- Cortes gordurosos de carnes convencionais.

Como podemos ver, os óleos poli-insaturados, que têm grande papel na prevenção de doenças, acabam sendo um grave obstáculo em termos de inflamação. O único óleo vegetal com baixo teor de ômega-6 e rico em ômega-3 é o de linhaça. Açafrão, canola e azeite de oliva não são especialmente ricos em ômega-3, mas têm os níveis mais baixos de ômega-6 entre os mais comuns, sendo o azeite de oliva o melhor.

Para aumentar essa confusão, gorduras saturadas "ruins", como banha de porco, manteiga, azeite de dendê, óleo de coco, têm baixos teores de ômega-6. Essa é uma das razões pelas quais as recomendações nutricionais padrão mencionam um equilíbrio de gorduras saturadas e poli-insaturadas. Mas o principal culpado, parece, não é tanto a comida que consumimos em seu estado natural, mas, sim, o alimento industrializado. O óleo de soja é barato e fácil de encontrar, prestando-se a centenas de alimentos embalados. A carne oriunda de gado criado com grãos, para que se obtenha o máximo no menor período de tempo, é muito mais rica em ômega-6 do que a carne oriunda de gado criado em pasto (sem falar no uso indiscriminado de antibióticos e hormônios feito pela indústria de carne e laticínios).

Também ricos em ômega-6 são os porcos e frangos criados nos sistemas convencionais de granja, bem como os ovos de granja.

Por isso, uma das escolhas mais difíceis que apresentamos é a mudança para a carne de boi de pasto e frango e ovos caipiras. Esse tipo de carne e ovos nem sempre é confiável, já que as galinhas podem ainda receber algum tipo de ração. Além disso, trata-se de uma escolha difícil porque é cara e não muito comum em supermercados.

Não levantamos essa questão do desequilíbrio de ômega-6 para causar alarme, mas apenas para mostrar a complexidade da interação dos alimentos com o corpo. Reequilibrar os ácidos graxos da alimentação pode se converter em passos simples, com ênfase no sentido de uma alimentação à base de vegetais, como já foi mencionado e como nós, autores, já fizemos, embora sem sermos rigidamente vegetarianos:

Como recuperar o equilíbrio entre os ácidos graxos
- Cozinhe com óleo de açafrão e azeite de oliva; o óleo de canola não é muito bom, mas é aceitável;
- Consuma oleaginosas sem sal ou com pouco sal, como nozes, amêndoas, nozes-pecãs e castanhas-do-pará. Restrinja a quantidade de oleaginosas gordurosas, como castanhas de caju, macadâmias e também amendoins;
- Coma sementes sem sal, como chia, girassol, abóbora, cânhamo e linhaça;
- Consuma peixes gordurosos – nada além de 170 gramas por semana. E se for vegetariano, consuma mais oleaginosas, como nozes, amêndoas e sementes;
- Evite alimentos industrializados, com óleo de soja na lista de ingredientes;
- Não cozinhe com óleo de soja, girassol ou milho;
- Diminua ou elimine o consumo de carnes (de vaca, porco ou frango) oriundas de criação convencional;
- Em termos de carnes e aves, compre cortes magros e retire a gordura quando necessário.

ALIMENTAÇÃO

Há indícios de que a nossa alimentação não deveria apenas ter níveis mais baixos de ômega-6, mas ter níveis muito mais altos de ômega-3. Portanto, é um grande desafio virar do avesso a dieta norte-americana. (O desafio dos vegetarianos, que dependem muito dos produtos à base de soja, como tofu e soja integral, é ainda maior.) Devemos então investir pesado nos ácidos graxos ômega-3? Alguns especialistas acreditam que eles na verdade deveriam superar os ômega-6 na alimentação, mas achamos que isso ainda está em debate. Entre os povos nativos, os inuíte, com sua tradicional alimentação marinha, rica em peixes, são os únicos que preservaram a proporção: os ômega-3 superam os ômega-6 em 4:1. No período de entusiasmo com o ômega-3, os inuíte foram considerados um exemplo de povo com baixo risco de doença cardíaca. Mas pesquisas posteriores descobriram que os indícios disso eram frágeis e, além do mais, as propriedades de afinar o sangue do ômega-3 podem estar entre os motivos de os inuíte terem níveis mais altos de mortalidade por derrame. Ou seja, o entusiasmo com alimentos ou nutrientes "milagrosos" e a preocupação com alimentos proibidos só causa confusão. O ponto forte da digestão humana é a sua adaptabilidade. Somos o máximo dos onívoros. Mas também somos as únicas criaturas que modificam a alimentação de acordo com ideias de nossa cabeça e nossa cultura.

Respeitamos ideias e culturas inovadoras, mas elas também podem servir de desculpa para combater a boa ciência e nos fazer ir atrás de modismos. O caminho das escolhas simples parece mais fácil. As coisas não se resumem em alimentação, claro. Existem mais cinco conceitos de estilo de vida que complementam a capacidade de a comida mudar o nosso microbioma, epigenoma e a atividade cerebral. Às vezes, eles funcionam como anti-inflamatórios, mas existem outros mecanismos que proporcionam grandes benefícios também. Escolhas simples com resultados que mudam a vida podem vir de várias direções.

ESTRESSE
Um inimigo escondido

Ouvir que devemos reduzir o estresse na vida em geral é conselho que entra por um ouvido e sai pelo outro. A vida moderna significa estresse. Não há escapatória para as pressões externas (tecnicamente denominadas estressores), que aceleram, exaurem e exigem demais da existência de todos nós. Pedir que as pessoas se estressem menos é o mesmo que pedir aos peixes para usarem menos água. Podemos até achar que o estresse é normal, por ser tão predominante, mas o corpo não consegue. Mesmo algo que parece superpositivo, como ganhar na loteria ou sair de férias, pode disparar os mesmos hormônios de estresse dos acontecimentos negativos.

A maior parte das pessoas aceita que o estresse faz mal, exceto tipos muito competitivos que dizem viver de estresse. Um viciado em adrenalina até encara uma escalada sem cordas, faz esqui aéreo ou luta com um crocodilo, e ainda recebe a atenção de toda a mídia que exalta essa vida eletrizante. Mas a ciência médica discorda. O surto de hormônios de estresse – sobretudo adrenalina e cortisol, que levam adiante a reação ao estresse – pode ser interpretado como excitação. Longe da vista, fica a realidade fisiológica. Esses hormônios levam a uma reação em cascata, inclusive a uma elevação do batimento cardíaco e da pressão arterial que o organismo foi feito para suportar por breves momentos, sob condições intensas. Quando esse estresse se prolonga e se repete, a reação começa a prejudicar os tecidos e órgãos em todo o corpo.

O perigo oculto é o estresse crônico, tão constante e subliminar, que nos enganamos ao acreditar que estamos adaptados a ele. O corpo diz outra coisa. Vamos imaginar o seguinte:

Um soldado com neurose de guerra voltou para casa. Está entorpecido e atordoado. Queixa-se de cansaço, mas não consegue dormir. Barulhos agudos e repentinos deixam-no assustado. Quando não está agitado, está mentalmente apático e quase sempre deprimido.

Essa é a imagem clássica de um estresse agudo quando ele se prolongou além da habilidade de o corpo se recuperar bem. Houve um tempo em que esse choque pós-traumático era tido como sinal de fraqueza ou covardia, mas hoje sabemos que a questão é fisiológica. Apesar de a nossa tolerância ao estresse, assim como a tolerância à dor, variar muito de uma pessoa para outra, todos os soldados vão sucumbir ao trauma de guerra se sujeitados ao estresse agudo sem parar, como aconteceu com as tropas sob constante bombardeio nas trincheiras da Primeira Guerra Mundial.

Agora vamos imaginar uma pessoa diante da televisão, à tardinha, quando de repente um cachorro da vizinhança começa a latir. Ela tenta deixar o barulho de lado, mas o cachorro não para. Isso não conta como estresse agudo. Ninguém vai se sobressaltar e ter uma reação imediata (do tipo lutar ou fugir, também chamada de reação de estresse agudo). Mesmo assim, essa pessoa está sendo submetida aos mesmos três fatores que agravam qualquer estresse:

- *Repetição:* o cachorro continua latindo sem parar.
- *Imprevisibilidade:* o latido veio não se sabe de onde, e ninguém sabe quando vai parar.
- *Falta de controle:* não há como fazer o cachorro parar de latir.

São esses três fatores que em geral estão por trás do problema do estresse crônico. Claro, afetam um soldado na frente de batalha de modo muito mais grave. O bombardeio constante, em horários imprevisíveis e a incapacidade de parar a artilharia inimiga, multiplicam o perigo muitas vezes se comparado com o latido do cachorro do vizinho. Entretanto, a reação ao estresse existe para nos proteger do perigo, e apesar da capacidade do córtex cerebral de diferenciar o latido do cachorro do bombardeio, a medula espinhal está vinculada a milhões de anos de evolução. Ela informa o sistema endócrino para secretar os hormônios do estresse, não em grande quantidade, mas com controle reostático. O pinga-pinga de uma lenta reação de estresse é tão destrutivo quanto a tortura chinesa da água, e pela mesma razão. Grande quantidade de um pequeno e inofensivo estresse abre caminho para o esgotamento total.

O objetivo de todo mundo deveria ser evitar os fatores agravantes de estresse. Isso seria uma verdadeira administração do estresse. Na lista de escolhas abaixo, muitos estressores não podem ser eliminados de todo; a vida moderna simplesmente não permite isso. Mas existem maneiras interessantes de melhorar as reações do corpo, inserindo mensagens melhores no sistema (mente-corpo). Depois de explicar as escolhas e o que significam, vamos revisitar os conhecimentos voltados para a administração do estresse.

Lendo a lista: Como nas demais seções sobre estilo de vida, a lista de escolhas é dividida em três partes, de acordo com o nível de dificuldade e a eficácia comprovada.

Parte 1: Escolhas fáceis
Parte 2: Escolhas mais difíceis
Parte 3: Escolhas experimentais

Por favor, consulte, na p. 132, a seção sobre alimentação, se precisar relembrar o que significam esses três níveis. Lembre também que as escolhas devem ser permanentes, seja lá quais forem. Uma dúvida que logo aparece: você deveria fazer uma escolha relativa à alimentação e outra ao estresse? Sabemos que algumas pessoas sentem urgência de fazer mudanças em mais de um aspecto – não apenas na alimentação e no estresse, mas em duas áreas quaisquer entre os seis aspectos de estilo de vida que abordamos. Se você vê escolhas fáceis em duas áreas, é uma opção sua adotá-las ou não ao mesmo tempo. Porém, não consideramos essa a melhor estratégia. Se você sobrepuser duas escolhas, é provável que falhe. É preciso facilitar as coisas e absorver a nova mudança em seu estilo de vida atual para que as mudanças sejam duradouras. Uma de cada vez é suficiente. Lembrando que, se você alterar apenas uma coisa por semana, isso significa 52 alterações no ano, o que representa uma tremenda mudança.

Você logo vai perceber que a meditação é a primeira das opções relacionadas ao estresse. Temos uma seção inteira sobre meditação, que começa na p. 185, onde está o principal sobre o tema. Para nós, a meditação é a estratégia mais importante para reduzir a reação ao estresse e reequilibrar o sistema mente-corpo. E devemos nos lembrar sempre disso, embora existam muitas outras opções fáceis. Na lista das escolhas difíceis, aconselhamos as pessoas a lidarem com as emoções negativas. Esse tema pode ser encontrado na seção das emoções, uma importante fonte de proteção contra o estresse, que começa na p. 217.

Estresse: a lista de escolhas
Marque de duas a cinco mudanças que seriam simples de fazer em sua forma atual de administração de estresse. As escolhas mais difíceis devem vir depois de você ter adotado as mais simples, uma por semana.

Parte 1: escolhas fáceis

- Medite todos os dias (ver p. 185);
- Diminua os ruídos e as distrações no trabalho;
- Evite múltiplas tarefas. Lide com uma coisa de cada vez;
- Pare de ser a causa do estresse de outra pessoa (ver p. 164);
- Diversifique a atividade diária, incluindo passeios e tempo livre (ver p. 165);

- Saia do trabalho no horário certo pelo menos três vezes por semana;
- Pare de sobrecarregar amigos e familiares com o seu estresse.
- Evite pessoas que sejam fonte de pressão e conflito;
- Fique em contato com as pessoas que são especiais para você;
- Diminua o trabalho entediante e repetitivo;
- Reduza o consumo de bebida alcoólica para uma cerveja ou uma taça de vinho por dia, durante a refeição;
- Tenha um passatempo;
- Afaste-se logo de situações estressantes;
- Encontre uma válvula de escape para se desligar do estresse diário.

Parte 2: escolhas mais difíceis

- Procure o trabalho mais significativo que puder;
- Seja administrador em vez de funcionário;
- Prefira em vez de dinheiro;
- Poupe para o futuro. Faça um seguro completo;
- Seja mais receptivo;
- Pare de se contrariar, na medida do possível;
- Pare de assumir responsabilidades em excesso;
- Pare de levar trabalho para casa. Restrinja o trabalho ao local de trabalho;
- Tire mais dias de folga;
- Elimine o trabalho entediante e repetitivo;
- Desfrute a natureza diariamente;
- Tenha um confidente;
- Tenha um mentor;
- Adote uma concepção de futuro;
- Torne-se um curador do estresse (ver p. 171);
- Trabalhe suas emoções negativas – raiva, medo, ansiedade, autocrítica, melancolia (ver p. 217).

Parte 3: escolhas experimentais

- Seja o seu próprio patrão;
- Desenvolva o sentimento de segurança e de grande autoestima;
- Seja o confidente de alguém;
- Seja um mentor;
- Faça um curso de administração de crise;
- Faça terapia para lidar com temas psicológicos duradouros.

Explicando as escolhas

O aprendizado da meditação, principal estratégia em termos de administração de estresse, vai ser tratado em uma seção própria, como já mencionamos. Aqui, você vai perceber que focamos no trabalho e no local de trabalho. Fizemos isso por dois motivos. Primeiro, quase todo mundo precisa trabalhar com pessoas diferentes em ambientes onde o estresse aparece, inevitavelmente; segundo, a outra principal fonte de estresse, os relacionamentos, precisariam de um livro inteiro, devido às diferenças entre todas as famílias. Fazer mudanças no trabalho nos ensina os princípios, e qualquer redução no estresse vai trazer benefícios ao ambiente doméstico.

Restringindo-nos por ora ao local de trabalho, diríamos que as pressões cotidianas abrangem três categorias: pressão do tempo, pressão dos pares e pressão do desempenho. É raro alguém que não sofra tais pressões, desde que o trabalho signifique prazos finais, equipes e metas. Portanto, como nos adaptamos a essas constantes? A maior parte das pessoas reage. Elas prestam pouca atenção aos seus padrões repetitivos de comportamento, sendo então muito ineficientes para lidar com o estresse.

Maneiras ruins de lidar com o estresse

Entre os itens ineficazes a seguir, quantos você usa para lidar com as pressões diárias do trabalho?

- Eu reajo emocionalmente e, às vezes, estouro;
- Reclamo da pressão, principalmente com quem não tem relação com ela;
- Passo o estresse adiante, sobrecarregando outras pessoas;
- Evito as pessoas que são a causa do estresse maior, bloqueando-as ao máximo;
- Aguento o estresse até ter uma oportunidade de desligar (por exemplo, indo à academia ou saindo);
- Aumento a pressão sobre mim e sobre os outros, pois acho que isso me fortalece e me torna mais competitivo.

Em geral, esses comportamentos são inconscientes, pois quando avaliados racionalmente, percebemos que o resultado deles não é o esperado: diminuir os efeitos nocivos do estresse. Existe um circuito do estresse. A entrada é o estressor (por exemplo, um prazo apertado, um patrão insuportável, metas de venda inatingíveis); a saída é a nossa reação. Podemos interferir em qualquer ponto do circuito, mudando a entrada ou a saída. Quanto mais consciente for a intervenção, melhores as chances de reduzir os efeitos nocivos do estresse.

Entre nossas escolhas fáceis, algumas são direcionadas à entrada, outras, à saída. Por exemplo, podemos parar de ter múltiplas tarefas, o que diminui o desempenho e aumenta a desatenção, como já foi demonstrado em pesquisas do cérebro. Ou, talvez, reduzir os ruídos externos e as distrações. Essas duas alterações ficam à entrada do circuito. Em relação à saída, podemos melhorar as reações ao estresse – parando de transmiti-lo estresse para as outras pessoas, por exemplo, distanciando-nos quanto antes de situações estressantes.

Talvez a escolha fácil mais importante seja *deixar de ser a causa do estresse de outras pessoas*. Isso significa maior consciência, e ter mais consciência é o que mais se aproxima de uma panaceia ou cura para tudo. Algumas das maneiras ruins de administrar o estresse já foram mencionadas. Elas incluem descarregar o estresse sobre os outros quando deveríamos suportá-lo sozinhos. Às vezes, fazemos isso inadvertidamente, pois fechamos as linhas de comunicação que poderiam resolver o problema. Ir à academia para relaxar pode fazer bem, mas não melhora em nada o ambiente de trabalho. Um patrão nervoso só gera funcionários estressados.

Somos fonte de estresse quando temos o hábito de reclamar e criticar. As pessoas que reclamam também têm dificuldade de elogiar e valorizar os outros. Geramos estresse quando nos deixamos levar pelo perfeccionismo e nunca ficamos satisfeitos. Sendo realistas, até comportamentos normais em escritórios – como formar panelas e fazer fofoca – são fontes de estresse que podem ser devastadoras emocionalmente. Às vezes, chegam a ser *bullying*, um tipo de estresse que não deixa dúvida. Olhe-se no espelho, depois veja a p. 171 a fim de aprender como se tornar um curador de estresse. Quando começar a ver os resultados de uma consciência maior, pode se voltar para as escolhas mais difíceis da lista, que tratam principalmente de hábitos arraigados difíceis de quebrar.

A administração do tempo também é uma maneira de diminuir o estresse a que pouca gente presta atenção. Variar a atividade ao longo do dia abre muitas possibilidades. O trabalho num escritório é sedentário, e o corpo humano foi feito para o movimento. Levantar-se a cada hora já é suficiente para reverter os efeitos nocivos do trabalho parado. Há muitos anos, um fisiologista de Yale fez estudantes atletas se deitarem por um longo período, sem se levantar – ficar de cama era o protocolo comum para os pacientes hospitalares em recuperação de cirurgias, assim como o das maternidades. Depois de duas semanas de cama, a perda muscular dos atletas era equivalente a dois anos de treinamento. Surpreendentemente, o problema não estava apenas em ficar de cama – a gravidade também contava. Se os indivíduos se levantavam durante o dia, mesmo para uma atividade mínima, não ocorria grande perda muscular.

Por isso, os cuidados no pós-operatório e com parturientes agora exigem que a pessoa se levante e se movimente assim que possível.

Além de ficar de pé e se movimentar pelo menos uma vez a cada hora, é preciso arrumar um "tempo inativo" durante o horário de trabalho para simplesmente relaxar e um tempo de introspecção, em que seja possível meditar ou apenas se sentar de olhos fechados. Essas atividades permitem que todo o sistema se recarregue. Com isso nos sentimos mais centrados psicologicamente. Parece que andar um pouco combate a tendência de embotar a mente, uma característica do trabalho repetitivo. É esse tipo de estresse miúdo que passa despercebido.

As escolhas mais difíceis são autoexplicativas, exceto uma delas: tornar-se administrador em vez de funcionário. De acordo com uma piada antiga, o patrão diz: "Não tenho ataque cardíacos. Eu os provoco". Existe uma verdade psicológica nisso. Quanto maior nossa independência, menos temos que seguir ordens de cima, menor o nível de estresse. Essa conclusão não tem relação com as horas de trabalho. Quanto mais sobe a escada corporativa, é provável que a pessoa goste mais do seu trabalho, mas é maior a probabilidade de levar trabalho para casa. As pessoas que adoram o trabalho costumam relatar que trabalham 80 horas por semana divididas entre o escritório e a casa.

O único que não presta contas a ninguém (mas perde o sono devido às demandas dos acionistas) é o presidente de uma empresa – o que traz à baila uma das nossas escolhas experimentais. Essas escolhas têm como objetivo uma independência maior, ao sugerir que você abra um negócio próprio, o que a maioria das pessoas acha ideal. Mas o significado de independência é maior do que ser patrão de si mesmo. Desenvolver uma visão a longo prazo da própria vida é um tipo muito mais significativo de independência. Trabalhar nossas questões psicológicas profundas abre a possibilidade de uma liberdade psicológica, libertando-nos do passado e das cicatrizes que carregamos. Essas são escolhas significativas que ultrapassam a definição limitada de administração de estresse, e são o tipo de mudança que transforma a vida.

A base científica das mudanças

Foi na área do estresse que a conexão entre a mente e o corpo pôde ser comprovada em primeiro lugar, abrindo a porta a todas as pesquisas e provas hoje existentes. A principal razão para o foco no estresse provavelmente foi a simplicidade. É difícil e rigoroso o trabalho de extrair um neurotransmissor como a serotonina ou a dopamina do tecido cerebral. É preciso trabalhar com amostras de tecido morto, e naturalmente os indivíduos raramente são humanos. Mas os hormônios do estresse, como cortisol e adrenalina, correm pelo sangue em tempo real e, tirando sangue, pode-se obter amostras deles. Além disso, os efeitos físicos da reação aguda ao estresse são facilmente observados em nós mesmos.

Descobertas significativas aprimoraram o que estava acontecendo, e é por isso que os pesquisadores do estresse foram capazes de provar que os fatores agravantes do estresse são imprevisibilidade, repetição e falta de controle. Em um experimento clássico, os camundongos eram colocados em jaulas onde recebiam uma leve descarga elétrica. Esses choques, em si, eram inofensivos. Mas os pesquisadores repetiam esses choques a intervalos aleatórios, e os camundongos não tinham como escapar deles. Depois de poucos dias, os animais ficavam entorpecidos e apáticos. A resposta imunológica deles ficava gravemente comprometida e alguns até morriam dos choques "inofensivos". Esse experimento permitiu a compreensão de que um estresse crônico de nível baixo prejudica o organismo. Também acabou com o mito de que sucumbir ao estresse repetitivo era sinal de fraqueza ou alguma outra falha de caráter – a fisiologia simplesmente não consegue evitar nada.

Na era da epigenética, essas descobertas alcançaram os níveis mais profundos da fisiologia, na esperança crescente de que as pessoas pudessem modificar e melhorar a reação ao estresse. Não só o alimento mas também o nível de estresse podem causar modificações epigenéticas e alterar a atividade dos genes. Em uma pesquisa sobre os efeitos do Holocausto na atividade genética, os pesquisadores da Faculdade de Medicina Icahn do Hospital Monte Sinai, em Nova York, acompanharam 80 crianças que tivessem pelo menos um genitor como sobrevivente do Holocausto e as compararam com 15 crianças "demograficamente similares" cujos pais não houvessem passado pelo Holocausto. Os resultados estão descritos num comovente relato na primeira pessoa, de Josie Glausiusz, uma das crianças filhas de um sobrevivente, publicado na revista *Nature,* em junho de 2014.

Durante duas semanas, na primavera de 1945, o pai de Glausiusz, "a mãe dele e seus três irmãos sobreviventes tinham sido enfiados em um trem junto com outros 2.500 prisioneiros de Bergen-Belsen, o campo de concentração na Alemanha onde o meu pai estava preso desde 6 de dezembro de 1944", escreve ela.

> Durante catorze dias, enquanto a família sobrevivia com uma ração mínima de casca de batatas cruas e milho, o "Trem Perdido" serpenteava pela Alemanha Oriental, bloqueada pelos avanços dos exércitos russo e americano, antes de parar em um bosque perto da cidadezinha alemã de Tröbitz.

Sem que os passageiros presos nos vagões soubessem, seus captores alemães tinham soltado a locomotiva e escapado durante a noite. De repente, dois cavaleiros russos apareceram em cavalos brancos e quebraram as trancas que prendiam os prisioneiros.

Como cresceu ouvindo essa história assustadora, Glausiusz se voluntariou para a pesquisa da Faculdade do Monte Sinai, em 2012. Essa pesquisa foi conduzida por Rachel Yehuda, neurocientista e diretora do departamento de estresse traumático dessa faculdade. O objetivo do estudo era "determinar se o risco de doenças mentais devidas a traumas é transmitido biologicamente de uma geração para outra. Os pesquisadores queriam verificar principalmente se tal risco podia ser herdado pelas marcas epigenéticas".

No seu relato, Glausiusz escreveu:

Durante a pesquisa, eu preenchi um questionário *on-line* sobre minha saúde emocional como filha de sobreviventes do Holocausto e se meus pais sofriam de transtorno do estresse pós-traumático (TEPT). Um psicólogo me entrevistou, perguntando-me sobre as vivências da guerra dos meus pais e minha história de depressão e ansiedade. Fiz exames de sangue e de urina para medir o cortisol, hormônio que facilita a reação do corpo ao estresse, bem como a metilação de GR-1F, promotor do gene do receptor de glicocorticoide, que se une ao cortisol e reprime a reação de estresse.

As descobertas apresentaram-se um tanto contraditórias, dependendo de qual genitor sofria de TEPT como sobrevivente do Holocausto. Para simplificar, a questão era determinar se as marcas epigenéticas levavam a mais ou menos cortisol na corrente sanguínea das crianças. As crianças cujos dois genitores tinham TEPT apresentavam mais atividade genética que levava à produção do receptor de glicocorticoide, que ajuda a reprimir a reação de estresse ao se unir ao cortisol (isto é, deixando-o sem efeito). Ativar o gene desliga o estresse.

Os resultados eram mistos quando um único genitor tinha TEPT. Parece que as "crianças de pais com TEPT têm 'maior tendência a depressão ou a reações de estresse crônico', diz Yehuda. [Mas] o inverso ocorre na prole das mães com TEPT". Essas crianças apresentavam níveis mais baixos de cortisol. Por quê?

Uma explicação possível:

> As mães que sobreviveram ao Holocausto, diz [Yehuda], tinham medo de se separar dos filhos. "Quando uma pessoa fica exposta a muitas perdas, e tem medo de continuar perdendo entes queridos, ela se apega demais." Os filhos do Holocausto reclamam com frequência de as mães serem excessivamente ligadas a eles.
> Embora não identifique os mecanismos por trás dessas mudanças, Yehuda acha que as modificações epigenéticas talvez ocorram nos pais antes da concepção, mas, nas mães, as mudanças acontecem ou antes da concepção ou durante a gestação.

Estávamos relutantes em trazer à tona vivências tão terríveis, porém esse estudo sobre o Holocausto significou uma ruptura. De acordo com Yehuda, até onde a sua equipe tem conhecimento, "trata-se do primeiro indício em seres humanos [...] de uma marca epigenética em crianças baseada na exposição dos genitores na pré-concepção". (Um estudo anterior em camundongos, já mencionado aqui, tinha mostrado que os cuidados maternais bons ou ruins recebidos por um filhotinho levava a marcas epigenéticas que afetavam a reação de estresse; o comportamento cuidadoso de boas mães reduzia o comportamento ansioso de seus filhotes, baixando os níveis de cortisol.) É também importante observar que a pesquisa é controversa, sobretudo porque a bioquímica das diferenças de gênero é complexa, e as diferenças encontradas por Yehuda foram pequenas, ou, segundo ela, "com nuances". É preciso observar também que sem conseguir verificar a epigenética envolvida, a psiquiatria há muito tinha conhecimento, por meio de várias pesquisas, de que os efeitos da TEPT podiam ser transmitidos aos descendentes dos sobreviventes do Holocausto.

A ciência na realidade

Diz uma piada antiga: "Cabelo grisalho é herdado. A gente herda dos filhos". A ciência mostra que isso vale para os dois lados. Preocupamo-nos mais com a transmissão do estresse em família do que no trabalho. Mas a melhor abordagem é a mesma nos dois lugares: tornar-se um curador do estresse. É provável que o seu comportamento de hoje tenha consequências num futuro distante.

Quando temos consciência de que não somos meras vítimas de estresse, mas fontes dele em potencial, o nosso comportamento muda. Eis aqui algumas escolhas positivas para aliviar o estresse em seu trabalho. Elas podem ser aplicadas nos relacionamentos e também com a família.

Como ser um curador de estresse

Entre os comportamentos positivos a seguir, quantos você pratica?

- Pergunta às pessoas como elas estão e ouve a resposta;
- Não insiste em fazer tudo do seu jeito;
- Tem sempre respeito por todo mundo. Jamais menospreza nem se vitimiza;
- Jamais faz críticas às pessoas em público;
- Aceita comentários do máximo de pessoas possível;
- Elogia e aprecia o trabalho dos outros;
- É leal a fim de obter lealdade;
- Não faz fofocas nem calúnias;
- Espera se acalmar antes de tratar de uma situação que traz nervosismo;
- Dá espaço aos colegas e funcionários para que eles tomem as próprias decisões;
- Fica aberto a novas ideias, seja de quem for;
- Não favorece um círculo pequeno de pessoas, excluindo as demais;
- Lida com a tensão, quando ela aparece, sem negá-la nem esperar que ela se resolva por si só;
- Não é do tipo perfeccionista que nunca está satisfeito;
- Trata ambos os sexos com igualdade.

Se você já adotou a maior parte dos comportamentos aqui listados, parabéns! Já é um curador de estresse. Mas a maioria de nós deve fazer um esforço consciente para mudar. Nenhum de nós está sendo submetido a experiências de laboratório sobre estresse, porém, de forma bastante real, a nossa vida é um laboratório no qual enfrentamos muito estresse. Cabe a nós ter consciência, para compreender que papel desempenhamos num mundo sobrecarregado de exigências, pressões e crises. A fonte da cura é o indivíduo – uma verdade que sempre vale repetir.

ATIVIDADE FÍSICA

Como transformar boas intenções em ação

O segredo da atividade física pode ser revelado em uma única frase: siga em frente, não pare. É melhor ser ativo a vida toda em qualquer nível, inclusive com uma atividade leve, do que praticar esportes na escola e na faculdade, mas depois parar à medida que o tempo passa. A consistência deve ser o principal objetivo, sem esforço. Mas isso demanda uma escolha consciente e perseverança. A boa notícia é que quanto mais nos movimentamos, mais queremos nos movimentar. A atividade física se torna um hábito ao qual nos adaptamos com certa rapidez, além do fato de que ajuda a criar novos caminhos cerebrais.

A vida moderna transformou a atividade física em uma bênção e em uma praga. A bênção está no fato de que não somos mais escravos de um trabalho físico exaustivo; a praga é que a bênção foi longe demais. Para a maioria das pessoas, a vida moderna é fisicamente suave demais, mas, apesar do preço pago pelo nosso organismo, preferimos assim. Diante de escolhas, a maioria das pessoas opta por:

- Ficar sentada em vez de se movimentar;
- Distrações prazerosas (tevê, videogames, internet) em vez de esportes físicos;
- Fazer trabalho mental em vez de físico;
- Deixar que as máquinas façam os trabalhos físicos em vez de usar os músculos;

- Deixar as crianças passarem mais tempo no computador e menos tempo brincando fora de casa.

Essas são escolhas modernas, e a tendência não tem sido outra. Enquanto isso continuar, as desvantagens de uma vida sedentária, tais como o aumento da diabetes tipo 2, vão empestear a sociedade, e vamos perder a oportunidade de obter os benefícios da atividade física – em termos de saúde cardiovascular, impedimento de certos tipos de câncer e aprimoramento da saúde mental. Em 2013, apenas 20 por cento dos norte-americanos adultos praticaram o recomendado em termos de atividade física – que são 2,5 horas de exercício aeróbio moderado por semana ou metade desse tempo com exercícios aeróbios vigorosos. Uma pessoa entre 18 e 24 anos de idade tem duas vezes mais probabilidade de se exercitar do que alguém com mais de 65 – 31 por cento *versus* 16 por cento –, embora seja evidente que os dois grupos que se beneficiam mais da atividade física são os mais jovens e os mais velhos.

Para nossos ancestrais, o descanso era um luxo; para a maioria de nós, encontrar tempo para ir à academia é um luxo. Na virada do século xx, cerca de 80 por cento das calorias gastas no trabalho de uma fazenda ainda vinham dos músculos dos fazendeiros, apesar da invenção dos maquinários e do uso corriqueiro do arado a cavalo, de ceifadeiras e carroças. Foi com essa vida, em que a atividade física era árdua e constante, que evoluímos. O nosso corpo está bem adaptado a muito mais atividade do que imaginamos. Existem indícios de que os primitivos caçadores-coletores tinham um ciclo de vida de 70 anos. O que encurtava a vida deles eram as condições externas – doenças, mortalidade infantil, exposição às intempéries – não a fragilidade física.

Como nós não precisamos caçar, coletar, lavrar a terra, guardar o feno no celeiro nem fazer o pão – a lista é infinita –, quase não sobrou mais nenhuma atividade física. Portanto, não importa quantas vezes ouvimos o canto do regime e do exercício, as boas intenções excedem as ações. E como não cumprimos nada, colocamos a administração do estresse acima da atividade física na lista do estilo de vida. Há mais gente pronta a diminuir a pressão da vida cotidiana do que disposta a se levantar da cadeira e começar a se movimentar.

Somos realistas e sabemos que não adianta ralhar com as pessoas para que elas mudem. A culpa apenas gera frequentadores de academias pouco assíduos. Tampouco o equilíbrio entre dor e prazer serve de motivação. Quem gosta de atividade física provavelmente corre, levanta peso ou joga desde a infância, e tem o corpo habituado a isso. O ciclo de *feedback* ao "bom cansaço" da ginástica é uma fonte de prazer. Para quem não tem o hábito de se exercitar, porém, vale o contrário. A atividade física afeta o corpo como o trabalho físico, levando (no início) à fadiga e a músculos doloridos. O corpo de alguém que não se exercita está acostumado a ficar parado, e os efeitos nocivos disso surgem a longo prazo. Pode levar anos antes de uma doença cardíaca, diabetes tipo 2 ou peso excessivo de fato começarem a se manifestar.

O nosso objetivo, então, é propiciar escolhas fáceis que possam alterar o circuito, ou seja, gerar um pouco de atividade que leve a querer mais. Além disso, as alterações recomendadas devem ser conservadas a vida inteira. Ter surtos de atividade entre longos períodos de inatividade não faz bem. A adaptação vem naturalmente quando há regularidade e constância. É melhor subir uma escada todos os dias do que tirar a neve da entrada de casa com uma pá seis vezes a cada inverno.

Lendo a lista: Como em todo estilo de vida, a lista de escolhas está dividida em três partes, de acordo com o nível de dificuldade e a eficácia comprovada.

Parte 1: Escolhas fáceis
Parte 2: Escolhas mais difíceis
Parte 3: Escolhas experimentais

ATIVIDADE FÍSICA

Por favor, consulte, na p. 133, a seção sobre alimentação, se precisar relembrar o que significam esses três níveis. Você deveria fazer uma mudança por semana no total, não uma de cada seção. Lembre-se também de que essas escolhas, sejam quais forem, devem ser permanentes.

Atividade física: lista de escolhas
Circule de duas a cinco mudanças fáceis de fazer em seu nível atual de atividade física. As escolhas mais difíceis devem vir em seguida, depois de você ter adotado as escolhas fáceis, uma por semana.

Parte 1: escolhas fáceis

- Levante-se e se movimente a cada hora;
- Se for tomar um elevador, vá pela escada até o segundo andar antes de apertar o botão;
- Faça a limpeza da sua casa em vez de contratar uma faxineira.
- Faça uma caminhada vigorosa depois do jantar;
- Ao estacionar, prefira a vaga mais longe da saída (desde que seja segura e bem iluminada);
- Se costuma levar o cachorro para passear, faça uma caminhada mais longa e mais vigorosa;
- Se o seu destino ficar a menos de 500 metros, vá a pé;
- Compre um degrau para exercícios e use-o por 15 minutos todos os dias ao ver tevê ou ouvir música;
- Saia por 5 a 10 minutos três vezes por dia;
- Pratique jardinagem, golfe ou alguma outra atividade semelhante de que goste;
- Dedique 5 a 10 minutos do seu dia à calistenia (exercícios que usam o peso do corpo como carga);
- Faça mais da metade do trabalho em sua casa;
- Trabalhe com pesos leves enquanto vê tevê.

Parte 2: escolhas mais difíceis

- Faça amigos mais ativos e junte-se a eles nessas atividades;
- Dedique meia hora de seu horário de almoço a atividades físicas;
- Se costuma levar as crianças ao parque, brinque com elas em vez de ficar só olhando;
- Se for usar um elevador, suba pela escada até o terceiro ou quarto andar antes de apertar o botão;
- Planeje uma atividade física com seu companheiro ou cônjuge duas vezes na semana;
- Compre um degrau de exercícios e use-o pelo menos durante 30 minutos, todos os dias, ao assistir tevê ou ouvir música;
- Retome um esporte de que gostava;
- Pratique de 5 a 10 minutos de calistenia (exercícios que usam o peso do corpo como carga) duas vezes por dia;
- Caminhe um total de 3 horas por semana;
- Faça todo o serviço de quintal e jardim;
- Ofereça-se para ajudar na limpeza, na pintura e nos consertos em geral;
- Faça caminhadas todos os fins de semana com tempo bom;
- Na academia, procure um treinador.

Parte 3: escolhas experimentais

- Inscreva-se em aulas de ginástica;
- Pratique ioga (ver p. 178);
- Lidere um grupo de caminhada;
- Treine um esporte competitivo e não pare;
- Encontre uma companhia regular para os exercícios;
- Jogue tênis.

Explicando as escolhas

As escolhas fáceis são bem simples. Seria preciso acumular uma porção para chegar à recomendação oficial de 2,5 horas de atividade aeróbia moderada por semana, junto com mais algum tempo de treinamento de peso. Mas essas recomendações podem soar como algo de outro planeta se você leva uma vida sedentária. A boa notícia: levantar-se da cadeira oferece inúmeros benefícios. Abandonar uma vida completamente sedentária é o principal passo para prevenir os efeitos ruins de não se exercitar. O risco de doenças cardíacas aumenta muito à medida que envelhecemos, se não nos movimentamos. Muita inatividade pode levar a uma taxa 30 por cento maior de mortalidade entre os homens e dobrar a taxa entre as mulheres. A "nova terceira idade", na qual os idosos continuam ativos e com vitalidade bem depois dos 65 anos, reverteu uma das tendências mais nocivas da vida.

Quanto mais atividade fizermos, melhor o corpo reage. Se alguém passa da caminhada para a corrida, os efeitos benéficos aumentam. É de atividade que precisam o coração, o cérebro, o sistema circulatório, a gordura e o açúcar do sangue, e depois dela podemos pensar em *mais* atividade.

Na meia-idade, a atividade física diminui o risco de doenças crônicas. Isso está comprovado estatisticamente. Ao contrário de outros fatores de risco, no entanto, a atividade física vai além da estatística. Ela melhora a vida de todos, em todos os níveis de atividade. Nas pessoas muito idosas, acima dos 80 anos, o trabalho com pesos por alguns minutos, com um mínimo de esforço (usando um peso de 2 quilos, por exemplo), pode dobrar ou triplicar o tônus muscular.

A nossa preocupação não é quanto peso você consegue levantar ou a sua rapidez na corrida. Queremos nivelar a curva, de modo que a atividade física não se restrinja sobretudo aos jovens, caindo drasticamente entre as pessoas de meia-idade e idosas. Nivelar a curva é muito mais importante do que ser ativo na juventude e sedentário na velhice. O nosso corpo se adapta *o tempo todo* ao que fazemos, não ao que fazemos de vez em quando. É esse também o segredo de fazer do exercício físico um prazer – quanto mais usamos o circuito entre os músculos e o cérebro, mais estimulado ele fica. Assim como os bíceps ou o músculo abdominal se atrofiam por falta de uso, os circuitos do corpo precisam ser utilizados, e quanto mais mensagens eles transmitem, mais vivos ficam.

Claro, esperamos que você passe às escolhas mais difíceis. Dê tempo ao tempo. Se passar dois meses subindo a escada até o segundo andar antes de pedir o elevador, o passo seguinte – ir até o terceiro ou quarto andar – vai ser mais suave. Mas se amanhã decidir subir direto até o quarto andar, é provável que sinta cansaço e o seu corpo vai receber a seguinte mensagem: "Isso é dureza". O que não é a mensagem correta, se a intenção for fazer disso um prazer.

Se tivermos que escolher uma única atividade que seja o máximo para o corpo e para a mente, essa atividade seria a ioga. O termo correto é Hatha Yoga, um ramo da antiga tradição da ioga, que tem seis escolas. Os outros têm a ver com mente e comportamento, mas o corpo não pode ser excluído da busca por uma consciência maior. Em sânscrito, o termo *ioga* significa "união" e está ligado também à palavra inglesa *yoke* [domínio, controle]. Ainda que o conceito de iluminação possa parecer misterioso, há um sentido na ioga, em seu objetivo de unir em harmonia a mente, o corpo e o espírito. Cada posição (ou *asana*) ensinada na ioga procura fazer a mente dirigir o fluxo de energia física do corpo.

Não que os dois sejam separados. Quando a consciência se movimenta, o mesmo ocorre com a energia. Os ensinamentos da Hatha Yoga são bastante sutis e até esotéricos. O fluxo de energia de vida *(Prana)*, regulado pela respiração, pode ser treinado de maneira bastante precisa. O fluxo de energia de vida diretamente ligado à mente *(Shakti)* é ainda mais preciso e exato. Ensinam que uma simples sílaba de um mantra, por exemplo, tem influências que vão da mente ao corpo por meio de todo o ambiente.

Esse assunto é tão fascinante que vamos dedicar uma seção à consciência como pivô entre o bem-estar cotidiano e o bem-estar radical. A Hatha Yoga é um passo nessa direção. Ela aprimora a consciência do corpo, nos traz de volta ao físico, afia o foco e ao mesmo tempo tonifica os músculos. Ironicamente, na Índia, a prática é principalmente masculina, e nos Estados Unidos, feminina. Na Índia, a busca de uma consciência maior está disponível a todos, teoricamente, mas as mulheres foram excluídas dessa prática. Nos Estados Unidos, os homens costumam desdenhar da ioga por ela não usar pesos nem ser uma prática aeróbia. Essas duas atitudes são equivocadas e precisam mudar.

A base científica da mudança

No momento, a epigenética da atividade física é uma novidade tão grande que existem poucas pesquisas, mas isso não impediu a genética de dar grandes contribuições. Hoje sabemos que ser holístico não é uma questão de preferência individual – é necessário a todo mundo. Como centenas, e às vezes, milhares de atividades genéticas são alteradas por meio de escolhas de estilo de vida, a atividade física não pode ser isolada da alimentação, nem a alimentação do estresse. Essa mudança tem implicações enormes.

Por exemplo, pessoas que cuidam da saúde dos outros costumavam minimizar os riscos de levar uma vida sedentária. Há trinta anos, se alguém perguntasse a um médico o que havia de errado com a falta de atividade física, o único problema que ele levantaria seria a atrofia – perda de tecido muscular pela falta de uso. Hoje sabemos que um amplo leque de problemas entre a mente e o corpo aparece devido a uma vida sedentária, como o aumento de doenças cardíacas, ansiedade e depressão, hipertensão e diabetes. A imagem terna de uma avó gorducha em sua cadeira de balanço tornou-se o retrato da falta de saúde e de bem-estar.

Ao olharmos as estatísticas da população em geral, esses efeitos doentios podem ser reconhecidos, mas a epigenética um dia vai ser capaz de sintonizar o risco individual. Às vezes, o que vale para um grande número de pessoas não vale para o indivíduo. Em termos de população, por exemplo, está bem estabelecido o fato de que a inatividade leva à obesidade pela simples razão de que gastando menos calorias do que se consome, acumula-se gordura no corpo. Mas, como vimos, a antiga crença segundo a qual "calorias entram, calorias saem" foi revista.

A fim de obter um possível elo genético entre a atividade física e a gordura corporal, uma pesquisa conduzida na Universidade de Lund, na Suécia, investigou os efeitos da atividade física nas modificações epigenéticas dos genes das células nervosas. Os pesquisadores descobriram que o exercício físico gerou mudanças epigenéticas na atividade dos genes (via marcas de metilação) que influenciavam o acúmulo de gordura no corpo. Durante seis meses, eles examinaram o genoma das células de gordura de 23 homens saudáveis de 35 anos antes e depois de eles terem aula de atividade aeróbia. Descobriram que o exercício levou a mudanças epigenéticas em 700 genes, muitas das quais levaram a alterações genômicas mais amplas na metilação do DNA das células de gordura, mudando a atividade e acentuando o metabolismo das células de gordura.

A metilação pode eliminar grupos de metila se eles estiverem bem expostos pelas histonas, que funcionam junto com o DNA nas modificações epigenéticas, seja expondo-o a marcas epigenéticas, seja escondendo-o – fundamentalmente, a chave é disponibilizada ou não. Com exercício, os padrões de metilação se modificam: alguns genes são silenciados pelas marcas de metilo e outros são silenciados pela desmetilação. Essas mudanças são complexas, mas, essencialmente, desligam-se as chaves (regulação decrescente) dos genes pró-inflamatórios enquanto as chaves dos anti-inflamatórios são ligadas (regulação crescente). Sem dúvida, o aumento de evidências sobre as mudanças de estilo de vida vai expandir a história da anti-inflamação por todo o sistema mente-corpo.

ATIVIDADE FÍSICA

A *perda de peso* é um objetivo comum entre pessoas que começam a praticar exercícios, mas essa atividade leva a vários resultados. O número de calorias consumidas por meio da atividade física não é tão grande quanto se supõe. Uma caminhada ligeiramente vigorosa queima 280 calorias por hora. Caminhada, jardinagem, dança e treinamento para perda de peso queimam em torno de 350 calorias por hora. Considerando 290 calorias por hora, andar de bicicleta a 16 quilômetros por hora queima pouco mais que caminhar. Se sua atividade física for vigorosa – corrida, natação ou ginástica aeróbia –, o consumo de energia aumenta entre 475 e 550 calorias por hora. Mas mesmo uma partida de basquete animada queima apenas 440 calorias por hora. Levando-se em conta que um *muffin* de tamanho médio contém 425 calorias, eis a razão para que a atividade física, sozinha, não seja a solução para a perda de peso.

No entanto, de uma perspectiva holística, tanta coisa muda quando nos tornamos ativos fisicamente que a importância das calorias diminui. Em uma pesquisa, pessoas acima do peso foram divididas em três grupos. O primeiro grupo correu 1 milha (1,6 quilômetro aproximadamente), o segundo trotou (correu a passo lento), e o terceiro caminhou. No final do tempo da prova, o grupo que tinha perdido mais peso foi o que tinha caminhado. Uma das razões é metabólica. Quando suamos, o corpo passa do metabolismo aeróbio, que queima calorias, para o anaeróbio, que não queima. Ou seja, menos é mais aqui também. Exercício leve e constante parece que é a chave. Porém, mesmo essa viva impressão é compensada pelo fato de o exercício, sendo trabalho físico, provocar mais fome. Além disso, os exercícios pesados geram massa muscular, que também é mais pesada que a gordura corporal. Consideramos essas variáveis e voltamos sempre ao princípio básico que é: faça mudanças fáceis e continue nelas, sem parar.

Muito pouco foi descoberto sobre o efeito epigenético de tentar perder peso. Por um lado, parece que a obesidade adulta remonta a experiências de infância e adolescência que se prolongam.

A metilação pode ter gravado os hábitos ruins e o costume de comer em excesso na atividade genética da pessoa. Há ainda a questão de quanto da influência epigenética é transmitida de pais obesos para os filhos. Já citamos os dados do caso da fome holandesa, na Segunda Guerra Mundial, mas aquelas provas são provenientes da desnutrição extrema, que então levou a modificações genéticas que aparentemente aumentaram o risco de obesidade das crianças, caso as mães estivessem grávidas ou não durante os tempos de fome ou de abundância. Outra coisa é distinguir marcas epigenéticas de acordo com a causa em andamento, já que pais obesos podem facilmente transmitir maus comportamentos alimentares, bem como marcas epigenéticas oriundas de suas experiências de antes da gravidez ou durante ela.

Tão significativa quanto isso é a pesquisa espanhola que acompanhou 204 pessoas obesas ou acima do peso e as submeteu a um regime de perda de peso de dez semanas. É bem sabido que ser obeso na adolescência eleva o risco de desenvolver uma porção de doenças na vida adulta, e não só o risco de se tornar um adulto obeso. A programação dessa pesquisa era multifacetada. Os adolescentes receberam regimes personalizados e programas de atividade física. Frequentavam reuniões semanais em que recebiam mais informações sobre nutrição e exercícios, além de apoio psicológico. No final das dez semanas, os pesquisadores selecionaram os indivíduos de acordo com a reação boa ou ruim à programação, dependendo do IMC (índice de massa corporal, que avalia a porcentagem de gordura no corpo) e do peso perdido. Examinando o epigenoma desses indivíduos, descobriram algumas fortes correlações. Aqueles cuja reação foi alta e baixa mostraram diferenças na metilação em 97 pontos distintos do DNA. Como foi relatado *on-line* no site de epigenética EpiBeat, havia um vínculo com a inflamação. "Os genes envolvidos pertencem a redes relacionadas a câncer, reação inflamatória, ciclo celular, intercâmbio de células imunológicas, função e desenvolvimento do sistema hematológico."

ATIVIDADE FÍSICA

Em cinco lugares as mudanças foram tão diferentes que simplesmente examinando ali as marcas de metilo era possível prever quem iria reagir bem ou mal ao programa de perda de peso. Quanto melhor a pessoa reagia ao programa, maiores as diferenças. Esses resultados apresentam duas possibilidades. Primeiro, a identificação epigenética vai permitir que se saiba com antecedência quem vai ter facilidade ou dificuldade de perder peso. Segundo, vamos poder apontar as atividades genéticas estimuladas pela atividade física.

A maior precisão da atividade genética resolve apenas uma parte do problema. Originalmente, pensava-se que a metilação ocorria no útero e permanecia pela vida afora. Agora, já se sabe que as mudanças epigenéticas são dinâmicas, constantes e frequentemente rápidas, acontecendo em 24 horas. Elementos químicos conhecidos como desmetilases podem eliminar as marcas de metilo, e foram relacionados a um gene específico (associado à massa de gordura e obesidade). Variantes desse único gene estão mais associados ao risco de obesidade do que outros genes. Como foi relatado por pesquisadores de epigenética da Universidade do Alabama, Birmingham, considera-se que as instruções codificadas no FTO (em inglês, *Fat mass and obesity-associated protein*) criam uma proteína que atua como a desmetilase. Essa proteína pode agir de modo a ativar ou desativar os genes da obesidade, embora o mecanismo exato não seja conhecido, nem se saiba por que o FTO está relacionado à obesidade. Mas a principal descoberta é que o exercício feito com regularidade "diminui bastante o risco elevado de obesidade associado a versões do gene FTO. Ninguém então é assombrado pelos genes", afirmou Molly Bray, chefe da equipe.

Quando se trata do microbioma, houve pouco estudo relacionando-o diretamente com a atividade física. Porém, houve uma descoberta intrigante na Irlanda, onde a equipe da University College Cork comparou quarenta jogadores profissionais de rúgbi com um grupo de controle de adultos saudáveis do sexo masculino. Os atletas estavam na concentração, um ambiente controlado –

alimentavam-se e jogavam juntos. Os pesquisadores examinaram os indícios sanguíneos de inflamação, também ligados à imunidade e ao metabolismo.

Verificou-se que os atletas tinham um microbioma muito mais variado. Eles também eram melhores do que o grupo de controle em relação a marcadores de inflamação, reação imunológica e metabolismo. Embora parte desse aprimoramento possa estar relacionado à alimentação, trata-se de uma descoberta significativa sobre a reação dos micróbios intestinais à atividade física, de modo geral.

Diante do estado atual da ciência, achamos que o melhor em termos práticos é confiar na desmetilação por meio de escolhas positivas de estilo de vida – em outras palavras, fazer o que pudermos hoje para regular os genes benéficos, tentando baixar os indícios de inflamação. Até hoje, não há como focar apenas as mudanças relacionadas ao peso corporal, mas isso não é essencial para as pessoas que não estão com sobrepeso significativo. Uma programação geral como a que recomendamos é o melhor remédio já delineado com uma boa base científica.

MEDITAÇÃO

Fundamental ao bem-estar?

O título desta seção propõe uma dúvida. A meditação deveria ser a principal escolha para melhorar o nosso bem-estar? Seus benefícios são cumulativos. Quanto mais praticamos, melhores os resultados. Mas quantas pessoas começam a meditar e param depois de algum tempo? Pela nossa experiência, isso se tornou uma dificuldade maior do que convencer as pessoas a começar. Os desgastes que motivam as pessoas a procurar o oásis sossegado da meditação também as levam a abandoná-lo. Em geral, falta de tempo para meditar ou simplesmente o esquecimento são as desculpas. Muita gente vê a meditação como uma espécie de *band-aid* em um dia particularmente difícil. "Estou bem hoje. Não preciso meditar", acompanha a noção de que a meditação é como uma recarga, um *shake* de proteína.

O nosso objetivo nesta seção será mostrar por que a meditação deveria ser uma prática para a vida toda. Sabemos que se trata de uma grande mudança no estilo de vida, pois ela representa um tipo único de compromisso, e pode incomodar bastante. Parar para meditar quebra a rotina do dia; nos afasta do contato com outras pessoas, e o benefício auferido é completamente invisível. Por isso tudo, a dedicação à meditação também proporciona benefícios únicos.

É uma tendência moderna procurar a meditação pelos resultados físicos, mas pesquisas sobre pressão sanguínea, batimento cardíaco e sintomas relacionados ao estresse abriram o caminho da meditação para o público ocidental. Quando um médico recomenda a meditação não se trata mais de "acreditar nela ou não". Isso foi uma imensa divergência em relação ao Oriente, onde a meditação tradicionalmente sempre esteve ligada à iluminação, um conceito que o Ocidente olhava com desconfiança, como um mistério inescrutável e provavelmente inatingível, a não ser por religiosos hindus, iogues, gurus e místicos.

Essa mesma encruzilhada ainda existe. Como escolha de vida, a meditação atrai pessoas que desejam ver melhoras na saúde. Como escolha espiritual, a meditação atrai pessoas que desejam um estado de consciência mais elevado. Suspeitamos ser esse segundo grupo o que medita com regularidade durante anos, até mesmo a vida toda. A meta desse grupo talvez seja invisível, mas é bem definida, e tem uma motivação duradoura. Por outro lado, se alguém faz meditação para se sentir melhor, não tem uma razão forte para fazê-la nos dias em que já se sente bem.

Meditação e sucesso

A forma de superar esse problema é simples: fazer da meditação a peça principal de nosso bem-estar. Adotá-la, não apenas por estarmos motivados a meditar, mas para usá-la como um meio de obter algo que desejamos muito. A necessidade ligada ao desejo é a única a ser satisfeita. O desejo é o mais poderoso estimulante, mas na vida da maior parte das pessoas não há necessidade de meditar como há necessidade de comida, abrigo, companhia, dinheiro e sexo. Porém, existe um desejo forte, comum a todos, duradouro o suficiente para se encaixar nessa questão: o desejo de sucesso. Se a meditação puder ser vinculada ao êxito, é provável que muito mais gente meditasse sempre.

Porém, estabelecer essa relação demanda uma mudança imensa. Os dois lados da meditação – o de quem deseja uma saúde melhor e o de quem quer uma consciência mais elevada – têm um objetivo que é muito diferente do sucesso mundano. Se listássemos os traços mais proeminentes de milionários, empreendedores, diretores de multinacionais, o sucesso deles não seria atribuído à meditação. Tampouco o estereótipo do alpinista social ambicioso, competitivo e implacável combina com essa realidade.

O mais importante é que *sucesso* é uma palavra mais forte – e um estimulante mais forte – do que *prevenção, boa forma física e mental*, e *bem-estar*. As qualidades das pessoas muito bem-sucedidas podem ser vinculadas aos benefícios da meditação.

Elementos do sucesso
- Capacidade de tomar boas decisões;
- Um forte sentido de "eu";
- Capacidade de foco e concentração;
- Não se distrair com facilidade;
- Imunidade à aprovação ou desaprovação dos outros;
- Energia suficiente para longos dias de trabalho;
- Não se desencorajar facilmente;
- Capacidade de recuperação rápida depois de fracassos e contratempos;
- Intuição e discernimento, capacidade de interpretar uma situação antes dos outros;
- Fluxo de novas ideias e soluções;
- Cabeça fria na hora da crise;
- Grande capacidade de aguentar níveis altos de estresse.

Se essas ainda não são consideradas as características do sucesso, deveriam ser. Cada uma dessas características é reforçada pela meditação. Como muitas pessoas percebem que podem tomar decisões melhores se meditarem ou conservarem a cabeça fria nas crises? O estereótipo do praticante de meditação autocentrado é tão falso quanto o do ambicioso cruel subindo os degraus do sucesso. A principal razão de a meditação ter agradado a tanta gente no Ocidente foi o fato de médicos e psicólogos terem encontrado um jeito de afastá-la da imagem de um iogue de barba comprida, isolado do mundo nas cavernas do Himalaia. Mas só recentemente pesquisas sobre alterações em atividades genéticas provaram que a meditação cria centenas de alterações com implicações holísticas para a mente e o corpo.

Esse foi um grande avanço, mas as atitudes precisam mudar ainda mais. Sendo o sucesso definido de acordo com fatores externos – dinheiro, bens, *status* e poder –, ele é concedido apenas a poucos que vêm de ambiente privilegiado. Mas e se o sucesso for definido de outra maneira, como um estado de satisfação íntima? Se nos voltarmos para isso, é possível ter êxito neste exato momento, pois o sucesso é um processo criativo. Já estamos engajados nele, pois trata-se de algo que estamos vivendo. Não é um estado final a ser atingido. Esta é a mensagem que Deepak vem espalhando há trinta anos com o exemplo de sua própria vida. É essa mensagem que ele leva às escolas de administração todos os anos, que transmite aos diretores de empresa, e que desenvolve em livros como este – e que Rudy descobriu mesmo antes de eles se conhecerem, pois já trilhavam o mesmo caminho.

Lendo a lista: Como em todas as seções sobre estilo de vida, a lista de escolhas está dividida em três partes, de acordo com o nível de dificuldade e a eficácia comprovada.

Parte 1: Escolhas fáceis
Parte 2: Escolhas mais difíceis
Parte 3: Escolhas experimentais

Por favor, consulte, na p. 120, a seção sobre alimentação, caso precise relembrar o que significam esses três níveis. Você deve fazer uma mudança por semana no total, e não uma de cada seção de estilo de vida. Lembre, também, que as escolhas devem ser permanentes, quaisquer que sejam elas.

Meditação: lista de escolhas
Marque de duas a cinco mudanças que seriam simples de fazer em sua vida atual em termos de meditação. As escolhas mais difíceis devem vir depois de você ter adotado as mais simples, uma por semana.

Parte 1: escolhas fáceis

- Na hora do almoço, reserve 10 minutos para ficar sozinho, de olhos fechados.
- Aprenda um exercício simples de respiração e meditação para praticar durante 10 minutos de manhã e no fim da tarde (ver orientações na p. 190).
- Faça uso de técnicas de conscientização várias vezes ao dia (ver orientações na p. 190).
- Pratique um mantra de meditação simples durante 10 minutos, duas vezes ao dia (ver orientações na p. 190).
- Tenha um amigo junto de quem possa meditar.
- Reserve um tempo para a introspecção sempre que achar necessário, pelo menos uma vez ao dia.

Parte 2: escolhas mais difíceis

- Frequente um curso de meditação.
- Aumente o tempo de meditação para 20 minutos, duas vezes ao dia.
- Faça da meditação uma prática a ser compartilhada com o cônjuge ou companheiro.
- Inclua algumas posições simples de ioga antes da meditação.
- Inclua 5 minutos de pranaiama (técnicas respiratórias) antes de meditar (ver orientações na p. 192).
- Ensine seus filhos a meditar.

Parte 3: escolhas experimentais

- Pesquise a cultura tradicional e a espiritualidade por trás da meditação.
- Participe de um retiro espiritual de meditação.
- Torne-se professor de meditação.
- Experimente levar a meditação às pessoas idosas.
- Experimente levar a meditação à escola da sua região.

Explicando as escolhas

As escolhas fáceis são voltadas para um tempo mínimo de introspecção durante o dia. As formas mais fáceis são um tipo de pré-meditação, que você pode fazer sentando-se de olhos fechados ou então definindo um "tempo de introspecção" de sua preferência, desde que fique sozinho consigo mesmo e elimine o máximo possível de ruídos externos e distrações. Claro, esperamos que você esteja pronto para a meditação pra valer, porém, se pretende que essa mudança seja permanente, não se apresse a assumir compromissos que não consegue cumprir. Felizmente, muita gente se surpreende com o fato de ter sido simples aderir à meditação e apreciam esse tempo de introspecção diário.

Meditação respiratória: Esta é uma técnica fácil que se aproveita da relação entre o corpo e a mente. A respiração é um ritmo essencial do corpo humano e se relaciona com o batimento cardíaco, a pressão sanguínea e muitos outros ritmos fisiológicos. Mas também está conectada ao humor – observemos o alívio que é respirar fundo quando estamos chateados ou como a respiração fica entrecortada quando nos sentimos ansiosos ou estressados. A meditação respiratória ajuda a recuperar todo o sistema e proporciona grande relaxamento sem esforço.

A técnica é simples. Sente-se de olhos fechados em um lugar sossegado. Assim que se sentir confortável, acompanhe o ar que entra e sai. Não force o ritmo da respiração nem tente modificá-lo. Se você se distrair com pensamentos ou sensações, volte com calma à sua respiração. Algumas pessoas acham que ajuda se nos concentrarmos na ponta do nariz, onde a sensação da inspiração e da expiração ficam evidentes. Continue a acompanhar a sua respiração pelo tempo que já determinou como período de meditação, mas permaneça mais um pouco sentado e relaxado depois de terminar. Não entre imediatamente em atividade.

Meditação com mantra: Um dos ramos mais complexos e sutis da tradição espiritual da Índia tem a ver com o som *(Shubda)*. Os mantras específicos oriundos dessa cultura têm sido apreciados devido ao seu efeito vibratório e não pelo significado. Na era moderna, não existe consenso sobre o efeito causado no cérebro quando se pensa em uma determinada palavra, porém muita gente já relatou que a meditação com um mantra é uma experiência mais profunda.

Às vezes, os mantras são personalizados, de acordo com critérios que o professor tenha aprendido (tais como a idade da pessoa, a data de nascimento ou outras predisposições psicológicas), mas também existem mantras de uso geral. Se deseja experimentar uma meditação com mantra, siga a mesma técnica já mencionada para a meditação respiratória. Enquanto inspira e expira, use em silêncio o mantra *So Hum*. O método comum é usar *So* ao inspirar e *Hum* ao expirar.

Pense em cada sílaba devagar e em silêncio enquanto respira. Não force o pensamento e, se você se distrair, retome o mantra. Algumas orientações afirmam que a meditação com mantra não deveria estar vinculada a ritmo nenhum, nem mesmo ao ritmo natural da respiração. Uma técnica alternativa consiste em se sentar em silêncio e pensar *So Hum*, depois abandonar o mantra e pensar nele de novo apenas quando ele vier à mente. Assim, gentilmente lembrando de dizê-lo regularmente, sem ignorá-lo. Trata-se de dar preferência a ele em meio a outros pensamentos, com calma. Porém, não estabeleça um ritmo regular e nunca tente martelar o mantra na cabeça.

Depois de meditar por um dado período de tempo, é importante continuar quieto, sentado ou deitado – melhor ainda – e relaxar um pouco antes de retomar as atividades. Como a meditação com mantra leva as pessoas muito longe, destoa muito sair dela num pulo, sem que a mente vá voltando à superfície dos pensamentos cotidianos.

Pranaiama: Como a respiração tem uma conexão muito íntima com todas as atividades do corpo, talvez você queira pensar em algumas técnicas ancestrais da ioga centradas na respiração. Embora sejam bastante complexas e demoradas, existem também formas simples de *pranaiama* – nome dado a essas técnicas – para quem quer controlar ou orientar a respiração. A que recomendamos é para aprimorar a respiração, acrescentando relaxamento e calma à meditação.

Sentado com as costas eretas, você vai expirar e inspirar devagar pela narina esquerda e pela direita, alternando-as. O ritmo é inspirar pela direita, expirar pela esquerda e depois trocar de lado. Em poucos minutos de prática isso fica bem fácil.

Primeiramente, erga a mão direita, pondo o polegar sobre a narina direita e dois dedos na narina esquerda. Feche devagar a narina esquerda e inspire pela direita. Agora, expire pela esquerda, fechando gentilmente a narina direita com o polegar. Não tire a mão ainda. Inspire pela narina esquerda, depois feche essa narina e expire pela direita.

Assim por escrito parece complicado, mas fundamentalmente você vai alternar as narinas. Talvez ache mais fácil pegar o ritmo se começar expirando e inspirando pela direita e depois mudar a mão de posição e inspirar e expirar pela esquerda.

De qualquer modo, faça o seu pranaiama com calma durante 5 minutos antes de começar a meditar. A maioria das pessoas tem uma narina dominante, que muda ao longo do dia. Às vezes, você respira mais pela direita ou pela esquerda, provavelmente porque uma das narinas está mais aberta que a outra. Supõe-se que o pranaiama equilibre e melhore a respiração. Pode parecer estranho no início, portanto, se perceber que está ficando sem ar ou arfando, pare de praticar, fique sentado e retome a respiração normal. Nunca force a respiração usando essa técnica. Toda expiração e inspiração deve ser bem natural. Não tente forçar um ritmo regular ou respirar mais fundo ou mais curto. É preciso mais disciplina para adotar o pranaiama do que uma meditação simples, mas há relatos de experiências mais profundas com a meditação feitos por quem domina essa técnica.

A base científica das mudanças

O genoma e a epigenética estão começando a revelar mais sobre o funcionamento dos remédios. Em 2014, testamos os efeitos da medicação intensa, examinando a atividade dos genes em todo o genoma humano. Essa pesquisa foi conduzida em um retiro do Chopra Center, em Carlsbad, Califórnia, perto de San Diego.

Sessenta e quatro mulheres saudáveis da comunidade foram convidadas a passar uma semana no La Costa Resort – o Chopra Center tem instalações ali –, onde foram inscritas ou em um retiro de meditação ou apenas em retiro de relaxamento, sem o aprendizado da meditação. Como grupo de controle da pesquisa, o grupo do relaxamento apenas passaria esse tempo em férias. Durante a semana, foram coletadas amostras de sangue dos dois grupos e avaliados os índices relacionados à idade.

Além disso, também foram consideradas todas as alterações psicológicas e de bem-estar espiritual, não só durante essa semana mas nos dez meses seguintes. Por volta do quinto dia, os dois grupos demonstraram melhoras significativas em relação à saúde mental e mudanças benéficas na atividade genética, inclusive menor atividade dos genes envolvidos com o estresse defensivo e reações imunológicas (lembremos que a inflamação é uma reação de defesa do sistema imunológico). No grupo de controle, foi possível atribuir essas mudanças benéficas a algo denominado "efeito férias", no qual os níveis de estresse diminuem, e os genes que de fato lidam com estresse e prejuízos conseguem "tirar férias". O corpo age como se tudo estivesse bem e diminui todos esses genes de reação ao estresse.

Mas outras mudanças ocorreram no grupo da meditação que não ocorreram no grupo de controle. Por exemplo, aconteceram duas a três *fold suppression* de atividade genética associada à infecção por vírus e cicatrização. Aconteceram ainda mudanças genéticas nos genes associados ao risco de doença de Alzheimer. Essas mudanças indicam que seria mais difícil para os praticantes de meditação ter uma infecção viral e, ao mesmo tempo, o organismo deles estava menos preocupado com a necessidade de cicatrizar ou cuidar de ferimentos.

Talvez o resultado mais surpreendente entre os praticantes de meditação tenha sido um aumento dramático na atividade antienvelhecimento da telomerase. A mais nova edição do livro *A cura quântica*, de Deepak, que trata da conexão mente e corpo explica a importância dessa alteração. Em 2008, o pioneiro em doenças cardíacas, dr. Dean Ornish, que trabalhava em colaboração com Elizabeth Blackburn, premiada com o Nobel, abriu uma nova frente ao constatar que mudanças no estilo de vida aprimoram a manifestação genética. Uma das mudanças mais impressionantes tinha a ver com a produção da enzima telomerase (ver nossa primeira apresentação sobre o assunto na p. 69). Recapitulando rapidamente, cada filamento de DNA tem na extremidade uma estrutura conhecida como "telomerase", que é como o ponto final de uma frase. Com a idade, parece que a telomerase se enfraquece, desgastando a ponta da sequência genética.

Existem pesquisas em número considerável que defendem que aumentar a telomerase, a enzima que forma os telômeros, talvez retarde o envelhecimento de modo significativo. A pesquisa de Ornish e Blackburn descobriu que a telomerase de fato aumentou nos indivíduos que seguiram o programa de estilo de vida positivo que Ornish recomenda.

A pesquisa do Chopra Center ampliou essas descobertas ao verificar especificamente os componentes mentais e espirituais de um estilo de vida alterado. O programa de Ornish tem vários elementos, inclusive atividade física, regime alimentar e administração de estresse. Nas condições de calma e introspecção vivenciadas pelos praticantes de meditação novatos, a telomerase começou a aumentar a longevidade dos cromossomos e de suas células.

Como parâmetro, reduzir o estresse durante as férias gera padrões benéficos de saúde. Porém, entre os participantes que puderam pôr em prática uma meditação profunda e significativa, os benefícios foram além do efeito férias, incluindo combate ao envelhecimento, uma menor tendência a infecções virais e exclusão de genes dedicados a danos e cicatrização de ferimentos. É importante enfatizar que esses efeitos aconteceram rapidamente, em questão de dias. Isso está de acordo com outras descobertas sobre a rapidez nas mudanças do epigenoma.

Conclusão: não é possível passar o ano inteiro de férias, mas é possível meditar e conseguir os mesmos resultados e outros mais.

A próxima fronteira: A fim de dar prosseguimento a esse estudo intrigante, criamos em seguida um projeto de pesquisa para investigar a possibilidade de induzir mudanças ainda mais profundas. O poder da escolha, acreditamos, tem um potencial infinito. Denominamos esse projeto (SBTI, na sigla em inglês) Iniciativa de Transformação Biológica Auto-Orientada. Reunimos um consórcio de cientistas e clínicos de alto nível de sete instituições de pesquisa importantes: Universidade Harvard; Hospital Geral de Massachusetts; Clínica Scripps; Universidade da Califórnia, San Diego; Universidade da Califórnia, Berkeley; Faculdade de Medicina Icahn do Hospital Monte Sinai; e Universidade Duke. Os benefícios das práticas aiurvédicas tradicionais para a saúde é o foco específico dessa pesquisa. Há pelo menos dois milênios, o aiurveda enfatiza a importância primordial do equilíbrio entre corpo, mente e meio ambiente para aprimorar o poder de rejuvenescimento do corpo. Essa pesquisa emprega métodos científicos no estado da arte a fim de testar os benefícios ao bem-estar devidos a uma abordagem aiurvédica multifacetada, que inclui alimentação, ioga, meditação e massagem. Em vez de estudar um possível resultado, trata-se de abordar o "sistema integral".

A tecnologia possibilita isso. O nosso ensaio controlado faz uso de sensores de saúde próprios e móveis, que apelam para uma porção de áreas de *expertise* que estão hoje em franco desenvolvimento: genômica, biologia celular e molecular, metabolômica, lipidômica, estudos sobre o microbioma, a telomerase, biomarcadores de inflamação e de doença de Alzheimer. Não precisamos detalhar essas tecnologias, cada qual com vasto conhecimento específico. (Avaliações das consequências psicológicas pessoais também fazem parte da pesquisa do Chopra Center.)

Deixando as tecnicidades de lado, basta dizer que até onde sabemos, este é o primeiro estudo clínico a empregar uma abordagem integral ao estilo de vida, em particular, a aiurvédica. Enquanto a pesquisa médica tradicional tenta desenvolver e validar novos medicamentos para doenças específicas, acreditamos que não deixa de ser prudente um esforço paralelo na trilha do estilo de vida, por todas as razões que já mencionamos neste livro. Para ser completamente verdadeiro, o bem-estar radical deve avançar e propiciar dados válidos, como está fazendo o estudo SBTI.

Alterações cerebrais: Se recuarmos um pouco, o que estamos descobrindo é bem surpreendente – literalmente, a capacidade da mente de transformar o corpo, fazendo isso rapidamente, com o mínimo de esforço. A mente consegue até gerar novas células cerebrais. Pesquisas iniciadas na década de 1979 mostraram que alguma coisa acontecia no cérebro durante a meditação, acompanhando a vivência subjetiva de quem se sentia mais calmo e mais relaxado. Mas, na última década, as pesquisas começaram a mostrar que a meditação também pode produzir no cérebro mudanças estruturais duradouras, sobretudo nas regiões associadas à memória. A percepção de si mesmo e a empatia em relação às outras pessoas aumenta, juntamente com menor nível de estresse. Em apenas oito semanas, começa a aparecer maior atividade cerebral em indivíduos que praticam a meditação consciente. Uma equipe liderada por pesquisadores associados a Harvard no Hospital Geral de Massachusetts relatou esses resultados na primeira pesquisa a documentar as mudanças provocadas pela meditação ao longo do tempo na massa cinzenta cerebral.

O que torna essa descoberta tão importante é que ela relaciona a fisiologia a como as pessoas se sentem ao meditar – o tipo de comprovação de que a neurociência necessita. A noção anterior era que os praticantes de meditação relatavam todo tipo de benefício mental e psicológico quando na verdade o que estavam fazendo na meditação era entrar em estado de relaxamento profundo. Nesse estudo da Harvard, foram feitas ressonâncias magnéticas do cérebro de dezesseis participantes duas semanas antes da pesquisa e logo em seguida a ela. Imagens de ressonância também foram feitas depois da conclusão da pesquisa. Já se sabia que há um aumento das ondas alfa no cérebro durante a meditação. As ondas alfa são associadas ao relaxamento profundo. Essas ressonâncias mostraram algo mais permanente: massa cinzenta mais densa (ou seja, mais células nervosas e conexões) em regiões específicas como o hipocampo, que é fundamental para o aprendizado e a memória, bem como em outras áreas associadas à consciência pessoal, à compaixão e à reflexão.

Outro estudo comparou pessoas que praticavam meditação há muito tempo com um grupo de controle e descobriu que os praticantes de meditação tinham um volume maior de massa cinzenta que os não praticantes nas regiões do córtex cerebral, que são as associadas ao controle de emoções e reações. Um estudo famoso de monges budistas tibetanos mostrou atividade na região do cérebro associada à compaixão.

Com o envelhecimento, é comum a perda de massa cinzenta (células cerebrais) e de suas conexões. Agora, parece que essa perda não é inevitável. Algumas pessoas idosas parecem ter uma proteção genética contra a deterioração da memória e das células cerebrais, mas em geral apenas 10 por cento das pessoas que acreditam ter uma memória superior de fato a possuem, de acordo com os padrões estabelecidos em um estudo desses tais "superidosos". Mesmo assim, há muito que aprender com essas pessoas. Descobrir o que as torna tão incomuns é uma promissora linha de pesquisa, sendo o foco principal o cérebro delas em comparação com o de um grupo de controle de jovens e de pessoas idosas "normais".

A ciência na realidade

A ciência é incontestável, mas é preciso mais do que a ciência para motivar as pessoas, portanto voltamos ao centro da questão: o cumprimento. Acreditamos que sucesso gera sucesso. Você deve procurar por mudanças positivas tanto em sua vida exterior quanto interior. A ciência nos diz que os sentimentos são um indicador confiável de que há mudanças ocorrendo de fato no cérebro. O elemento positivo da sensação de maior êxito traz algo novo ao circuito entre a mente e o corpo.

Porém, essa conexão com o sucesso externo, como costuma ser relatado por praticantes de meditação, ainda aguarda pesquisas científicas. Você vai estar por sua conta. A questão é verificar se as melhoras que você começa a perceber em sua vida exterior são devidas apenas à meditação. Ninguém mais pode avaliar isso além de você. Talvez você até cultive uma crença não muito secreta de que a meditação faz as pessoas ficarem mais frágeis, menos competitivas e menos entusiasmadas. O oposto também vale.

Eis uma lista das mudanças que pretendemos. Em uma semana ou duas de meditação, verifique se está percebendo qualquer um desses resultados:

O *que a meditação está fazendo pelo meu êxito*

- ☐ Estou tomando decisões mais acertadas.
- ☐ Sinto-me mais calmo e menos ansioso em relação às decisões.
- ☐ O meu trabalho está caminhando com mais facilidade.
- ☐ Estou mais à vontade comigo mesmo.
- ☐ Estou me conhecendo melhor.
- ☐ A minha concentração e o meu foco estão melhorando.
- ☐ A minha mente se distrai menos.
- ☐ Não dependo tanto da aprovação externa.
- ☐ Tenho tido ideias melhores.
- ☐ Tenho mais energia para trabalhar.
- ☐ Sinto entusiasmo pelo que faço.
- ☐ Estou mais otimista.
- ☐ Recupero-me melhor de acontecimentos negativos.
- ☐ Interpreto melhor as situações.
- ☐ Está sendo mais fácil trabalhar com outras pessoas.
- ☐ Tenho tido mais *insights*.
- ☐ Eu me frustro menos com os problemas, encarando-os como oportunidades.
- ☐ Estou lidando melhor com o estresse.
- ☐ Estou lidando melhor com as pessoas difíceis.
- ☐ Eu me sinto mais em forma.
- ☐ Em geral, eu me sinto mais inteiro.
- ☐ De forma geral, o meu humor melhorou.

Pesquisas como as conduzidas por Ornish e Blackburn e pelo Chopra Center confirmam que existe uma base biológica para esses benefícios. Eles se baseiam em fazer uma das escolhas mais difíceis: meditar por 20 minutos duas vezes ao dia. Mas mesmo que você resolva fazer uma escolha mais fácil, como reservar de 5 a 10 minutos de sua hora de almoço para meditar, vai sentir os benefícios de relaxar e reequilibrar o organismo.

Podemos confiar no testemunho de centenas de praticantes de meditação. Compreendemos que se trata de uma mudança grande em relação aos padrões ocidentais de trabalho duro e esforço para ser bem-sucedido, porém, do nosso ponto de vista, você merece aproveitar a vantagem dessas novidades tão importantes.

SONO

Um mistério inteiramente necessário

Há anos que nada muda em relação à recomendação de uma boa noite de sono. A medicina ainda não determinou exatamente o que o sono causa, mas não é primordial esperar que o mistério seja decifrado. O primordial é o fato de que não dormir desequilibra o organismo inteiro. Coisas que parecem não ter nada a ver com sono, como a obesidade, na verdade estão bastante vinculadas a ele. Já se sabe que os dois hormônios que regulam o apetite, a grelina e a leptina, se desequilibram com a falta de sono. Quando o cérebro não está recebendo sinais normais de fome, a pessoa acaba comendo demais. E o cérebro não vai saber quando já comeu o suficiente, o que também é fundamental.

Na geração de nossos pais, as 8 horas recomendadas de sono eram fáceis de conseguir. Os norte-americanos[1] agora conseguem uma média de 6,8 horas de sono, um pouco menos que as 7 horas consideradas saudáveis. Os idosos dormem menos, mas não por necessitarem de menos horas de sono. Descobertas atuais indicam que um pequeno agrupamento de células cerebrais no hipotálamo age como "interruptor de sono", e essas células diminuem com a idade. Antes, a causa da insônia dos idosos era desconhecida. Agora, parece que ela envolve mudanças cerebrais, o

---

[1] Os brasileiros também não fogem dessa tendência, segundo pesquisa realizada em 2013 pelo Instituto de Pesquisa e Orientação da Mente, Ipom. (N. da E.)

que ajuda a explicar por que os idosos de 70 anos usufruem uma hora a menos de sono que pessoas de 20 anos.

A nossa preocupação, então, é com a insônia e não com o sono. Para a maior parte das pessoas, um distúrbio de sono diagnosticável não é problema. Para o aiurveda, a insônia tem raízes no desequilíbrio de *vata*, um dos três *doshas* ou forças fisiológicas básicas. *vata*, que está relacionado com o movimento biológico, gera todos os tipos de comportamento inquieto e irregular. Quando está desequilibrado, as pessoas sentem dificuldade em manter a rotina na alimentação, na digestão, no sono e no trabalho. Alterações de humor e ansiedade estão relacionadas a *vata*. Sem pedir que ninguém adote uma perspectiva aiurvédica, é interessante perceber que *vata* liga a mente e o corpo de maneira muito realista. Apetite, humor e níveis de energia, tudo fica desequilibrado quando há privação de sono – um fator natural para o desequilíbrio de *vata*.

Segue aqui uma tabela que mostra como o sono e *vata* podem se desequilibrar.

A conexão entre vata *e o sono*
Ambos se desequilibram com o seguinte:

- Ansiedade, depressão;
- Estafa;
- Ficar acordado até tarde;
- Temperaturas baixas;
- Alimentação irregular, nutrição ruim;
- Preocupações emocionais;
- Dores e sofrimentos físicos;
- Excitação, agitação;
- Estresse;
- Preocupação;
- Mágoa;
- Ambientes agressivos;
- Excesso de barulho.

Para aproveitar a vantagem da conexão entre *vata* e o sono, você deve primeiro se comprometer a ter novamente boas noites de sono. Deixar que 8 horas inteiras virem 5 ou 6 é desastroso. Se você tem problemas de insônia, seja devido a dificuldades para pegar no sono, seja porque acorda durante a noite, não comece a tomar remédios – qualquer tipo de ajuda para dormir não é o mesmo que estabelecer um ritmo natural de sono.

Em vez disso, a nossa lista de escolhas trata de ajustar o corpo e a mente, de modo que a chave do sono normal seja ativada no cérebro.

Lendo a lista: Como nas demais seções sobre estilo de vida, a lista de escolhas é dividida em três partes, de acordo com o nível de dificuldade e a eficácia comprovada.

> *Parte 1: Escolhas fáceis*
> *Parte 2: Escolhas mais difíceis*
> *Parte 3: Escolhas experimentais*

Por favor, consulte, na p. 120, a seção sobre alimentação, se precisar relembrar o que significam esses três níveis. Costumamos aconselhar que você faça uma escolha por semana no total, não uma de cada seção. Mas, no caso do sono, muitas das mudanças são tão simples que não há problema em optar por várias nem que elas se sobreponham. Mesmo assim, lembre que as escolhas devem ser permanentes, quaisquer que sejam elas.

Sono: lista de escolhas
Marque de duas a cinco mudanças que seriam fáceis de cumprir em sua rotina de sono atual. As escolhas mais difíceis deveriam vir em seguida, depois de você ter adotado as fáceis.

Parte 1: escolhas fáceis

- Escureça ao máximo o seu quarto. Persianas que vedem a luz são ótimas. Se não for possível escurecer completamente, use uma máscara para dormir;
- Tenha o máximo de silêncio no seu quarto. Se não for possível o silêncio pleno, use protetores auriculares. Eles também são aconselháveis quando os barulhos matinais incomodam;
- Certifique-se de que o seu quarto esteja confortavelmente aquecido e livre de correntes de ar;
- Tome um banho quente antes de se deitar;
- Beba um copo de leite de amêndoa quente antes de dormir. Ele é rico em cálcio e estimula a melatonina, um hormônio que ajuda a regular o ciclo do sono e do despertar;
- Faça meditação por 10 minutos, sentando-se na cama, com as costas eretas. Depois, deite-se na posição costumeira de dormir;
- Evite ler ou assistir tevê meia hora antes do horário de se deitar;
- Faça uma caminhada relaxante antes de ir se deitar;
- Tome uma aspirina 1 hora antes de se deitar, para acalmar pequenas dores e incômodos (ver p. 137);
- Nada de café nem chá 3 horas antes de se deitar;
- Aproveite as horas do final do dia, depois do expediente, para relaxar;
- Faça meditação no final do dia, quando chegar em casa do trabalho;
- Descubra maneiras de se desligar do estresse (ver a nossa seção sobre estresse, p. 158).

Parte 2: escolhas mais difíceis

- Crie uma rotina de sono regular, indo para a cama e se levantando no mesmo horário todos os dias;

- Retire a tevê do quarto. Faça do quarto um lugar de descanso;
- Atente para os sinais de ansiedade, preocupação e depressão;
- Não leve trabalho para casa;
- Peça uma massagem ao seu cônjuge ou companheiro antes de ir se deitar;
- Nada de bebida alcoólica à noite;
- Compre um colchão mais confortável.

Parte 3: escolhas experimentais

- Experimente ervas e chás de ervas tradicionalmente associadas ao sono: camomila, valeriana, maracujá, lavanda, cavacava (observe que não são medicamentos cientificamente comprovados);
- Experimente a terapia cognitiva (ver p. 206);
- Faça exame em uma clínica especializada em sono;
- Tente massagem com óleo de gergelim (ver p. 206);
- Experimente medicamentos do aiurveda para o desequilíbrio do *vata* (existem várias fórmulas em lojas especializadas).

Explicando as escolhas

A conexão *vata* abrange a maior parte dos conselhos relativos à insônia comuns na medicina ocidental. Poucas coisas precisam de mais explicação. Para começar, o que passa despercebido é o que deixa muita gente acordada, como luz demais no quarto, barulho demais e dorzinhas e incômodos que não são notados até a hora de dormir. Se você tem o tipo de falta de sono que se caracteriza por acordar no meio da noite ou cedo demais pela manhã, encare esses três fatores como remédios de primeira linha.

A tendência a perder o sono à medida que envelhecemos tem uma conexão *vata*, uma vez que, de acordo com o aiurveda, esse *dosha* aumenta com a idade. É prudente não dar o sono por certo mesmo que sempre tenha dormido bem. Adote logo as nossas recomendações, e assim vai prevenir problemas futuros. Parece que a falta de sono dispara a doença de Alzheimer (ver na p. 308 uma discussão fascinante, em que Rudy teve papel importante, sobre a relação entre o sono e o Alzheimer). A falta de sono é também associada à pressão alta, que tende a aumentar à medida que envelhecemos.

A *massagem* é muito relaxante, claro, e se você tem um cônjuge ou parceiro solidário, talvez queira persuadi-lo a massagear seu pescoço e seus ombros durante alguns instantes na hora de dormir. O aiurveda sugere a *abhyanga,* uma massagem diária específica com óleo de gergelim, para acalmar o *vata*. Trata-se de um procedimento simples, embora um tanto melado. Esquente algumas colheres de sopa de óleo de gergelim puro (disponível em lojas de produtos naturais, mas não o tipo escuro usado na cozinha asiática). Sentando-se no chão em cima de uma toalha grande onde o óleo possa pingar, passe o óleo de leve nos braços, pernas, pescoço e peito, massageando-os.

Basta usar um pouquinho de óleo, e a melhor hora de fazer isso seria pela manhã, depois do banho. A *abhyanga* é uma massagem considerada um remédio infalível para o Vata, além de ser boa para prevenir doenças relacionadas ao *vata*, como resfriado e gripe, mas ela exige bastante comprometimento, como algo a ser feito sempre.

A *terapia cognitiva* às vezes tem sido eficaz para quem tem insônia há muito tempo. Nesses casos, há sempre um preço psicológico a pagar. Ficar acordado na cama é desagradável e desestimulante. As pessoas insones vão ficando muito chateadas. Detestam a falta de energia e o pensamento embotado provocado pela falta de sono. A terapia cognitiva procura reverter o raciocínio negativo construído em consequência de muitas associações negativas durante a vigília. Verifique se você se encaixa nos seguintes padrões mentais e comportamentais:

- Tem receio da noite que está por vir porque tem certeza de que não vai dormir de novo;
- Não gosta de sua cama e do quarto;
- Preocupa-se por não estar dormindo;
- Você se vira e revira na cama, chateado;
- Fica atormentado por não conseguir dormir;
- Você se sente vítima da situação;
- Culpa a insônia por todos os seus pesares;
- Fica acordado até tarde porque sabe que não vai mesmo conseguir pegar no sono;
- Você se levanta no meio da noite para ler ou assistir tevê.

Esses comportamentos mentais arraigados pioram a insônia, portanto é bom experimentar alguns passos cognitivos que você mesmo possa dar, na falta da ajuda de um terapeuta ou de um especialista em distúrbios do sono. Seguem-se alguns dos pensamentos positivos que a ciência mais atualizada defende:

- A maioria das insônias é temporária ou está relacionada ao estresse, desaparecendo quando a vida fica menos estressante;
- Na verdade, em algum momento no meio da noite, os insones pegam no sono, mesmo achando que isso não acontece;
- O sono REM (em inglês, *rapid-eye-movement*, movimento rápido dos olhos) é um estado de sono que pode ser atingido rapidamente, mesmo em uma soneca da tarde;
- Ao contrário do que se dizia antes, é possível recuperar o déficit de sono dormindo mais nos fins de semana;
- O cérebro consegue permanecer atento com pouco tempo de sono por poucas horas. Com apenas 6 horas de sono, você pode ficar alerta normalmente, funcionando bem.

Concentre-se nos pensamentos positivos a fim de se livrar das preocupações sobre sua insônia. Seja realista em relação aos problemas que ela efetivamente causa; não se sobrecarregue com problemas imaginários ou novos. Tenha como objetivo parar de pensar apenas na falta de sono e use essa energia em soluções para o problema. Em segundo lugar, a fim de superar a sensação de ser vítima de insônia, elabore uma lista das coisas que está fazendo para resolver o problema e cumpra-a. Em terceiro lugar, não deixe que seu companheiro ou cônjuge contribua para agravar o problema, deixando a luz acesa depois que você se deita, roncando ou se remexendo demais na cama. Se você não pode dormir em cama separada, seja lá por que razão, coloque o parceiro na lista da ajuda para resolver o problema.

Se você assume a insônia como um desafio e não como uma aflição, a sua disposição mental vai ser outra. São muitas as soluções que sugerimos, e inúmeras pessoas como você aprenderam a ter uma boa noite de sono. Não há razão para você não conseguir isso também.

A base científica das mudanças

A incapacidade de a ciência explicar tanto o mecanismo quanto o propósito do sono foi resumida em uma anedota nas escolas de medicina: "a única função do sono já estabelecida é curar a falta de sono". Até agora, as pesquisas sobre o sono se concentraram no cérebro mais do que no genoma. Sabemos que a atividade cerebral muda durante o sono, e algumas descobertas básicas, como a necessidade de sono REM, surgiram há décadas. Está cada vez mais claro que quando o sono normal piora, isso é um sinal sutil de que outras coisas estão acontecendo. Por exemplo, algumas pessoas que sofrem de depressão grave relatam que o primeiro sinal de que vão ter um surto é que não conseguem mais dormir bem. Ao cuidar imediatamente desse sono irregular, às vezes elas conseguem evitar o surto depressivo.

Também já ficou claro que o ritmo de sono difere de uma pessoa para outra. De acordo com a terminologia dos pesquisadores de sono, existem "cotovias" (que acordam cedo) e "corujas" (que acordam tarde), cujo hábito de sono é bem definido. Não se sabe como esses hábitos se formam, e essa área pode ser bastante fértil para a epigenética, já que é por meio das marcas epigenéticas que a predisposição genética faz intersecção com a experiência. Sabe-se que romper o ritmo natural de sono de uma pessoa traz muitas consequências ao corpo dela. Por exemplo, os trabalhadores noturnos nunca se adaptam de todo ao horário de acordar e dormir. Cerca de 8,6 milhões de norte-americanos trabalham à noite ou fazem turnos noturnos e correm maior risco de doenças cardiovasculares, diabetes e obesidade. Já que esses mesmos problemas estão associados à inflamação, pode haver aqui uma conexão forte.

A sociedade talvez também esteja pagando um preço ao estabelecer horários escolares pela manhã bem cedo. Os professores reclamam que os estudantes do ensino médio chegam num estado tão sonolento que praticamente ficam dormindo durante as primeiras horas da manhã. Os adolescentes precisam de mais horas de sono – entre 8 e 10 horas – que os adultos, mas uma pesquisa descobriu que apenas 15 por cento dos adolescentes dormem 8 horas e meia ou mais todas as noites. Quarenta por cento usufruem 6 horas ou menos de sono. O padrão típico dos adolescentes, que é ter horas irregulares de sono e ficar acordado até tarde, gera problemas que poderiam ser evitados facilmente. O horário ideal para um adolescente ir dormir é às 23h. Isso significa que a escola deveria começar mais tarde. Nos Estados Unidos, os educadores vêm debatendo esse assunto. Pelo menos uma escola de bairro experimentou começar o dia escolar uma hora mais tarde e percebeu que os resultados dos exames escolares melhoraram significativamente entre os alunos adolescentes.

A ciência se beneficiaria se soubesse por que nós realmente precisamos dormir. É o cérebro que precisa descansar um pouco? Ele estaria se reajustando ou talvez entrando num modo em que corrige danos em potencial ou são novas células que se desenvolvem nesse período? Há indícios de vários tipos. A teoria freudiana segundo a qual os sonhos são mensagens disfarçadas sobre o estado inconsciente de uma pessoa não é muito válida, de acordo com a psiquiatria moderna (existem controvérsias, claro). Atualmente, acreditam que os sonhos e as imagens que eles apresentam são sobretudo aleatórios. Mas isso também está aberto a conjecturas. A neurociência mal consegue melhorar a observação de Shakespeare na cena em que o culpado Macbeth não consegue dormir: "[...] o sono inocente, sono que deslinda a meada enredada das preocupações, a morte da vida de cada dia, banho reparador do trabalho doloroso, bálsamo das almas feridas, segundo prato na mesa da grande Natureza, principal alimento do festim da vida".[2]

Qualquer compreensão mais ampla do sono deve ter raízes em nossa evolução. Não há dúvida disso. Portanto, nesse aspecto os genes são fundamentais, mas ainda não sabemos como. Deepak foi coautor de um artigo sobre o sono junto com o dr. Murali Doraiswamy, especialista na área de psiquiatria da Universidade Duke. Como as relações genéticas entre o sono humano e animal são fascinantes, queremos oferecer aqui algumas ideias básicas, mesmo que não tenham aplicação prática em sua forma de dormir.

Nesse artigo eles observam que os bebês passam a maior parte do dia dormindo, mas por quê? Por que as soluções criativas às vezes surgem durante o sono ou logo depois de acordar? ("Um problema difícil à noite muitas vezes é solucionado pela manhã, depois de o comitê do sono ter trabalhado nele." – John Steinbeck.) E as plantas, elas têm períodos de descanso equivalentes ao sono?

Tais questões se tornaram mais atuais devido a uma recente pesquisa em camundongos que demonstrou que uma das funções do sono seria limpar o lixo acumulado no cérebro. Mas se essa for a única explicação, por que precisamos passar inconscientes um terço do dia? A evolução não poderia ter desenvolvido um sistema de limpeza que funcionasse enquanto estamos acordados (como a micção e a evacuação)?

---

2 *Macbeth*, de William Shakespeare. Ato II, cena II. Tradução de F. Carlos de Almeida Cunha Medeiros e Oscar Mendes. São Paulo: Editora Nova Cultural, 1993, p. 139. (N. da E.)

Vamos dar uma verificada em alguns fatos que talvez nos ajudem a penetrar os mistérios do sono. O sono é um estado no qual a nossa consciência fica reduzida ou ausente, e o organismo perde a capacidade de usar todos os músculos que não sejam essenciais (fundamentalmente, no sono profundo ficamos paralisados, sem conseguir movimentar os membros do corpo). Desde o nascimento até a velhice, ocorrem mudanças sérias com o ser humano no momento em que ele passa pelos diversos estágios de sono, bem como durante o sono como um todo. Os bebês dormem 15 horas ou mais, e isso vai diminuindo gradualmente, até as 10 ou 11 horas das crianças e adolescentes, as 8 horas dos adultos e as 6 horas dos idosos (ainda que necessitem das mesmas 8 horas de quando eram jovens).

O tempo despendido em sono REM *versus* sono não REM também diminui ao longo da vida. Os bebês prematuros passam quase todo o tempo de sono (uns 75 por cento) em sono REM, enquanto os bebês não prematuros passam cerca de 8 horas noturnas em REM, e isso cai para 1 a 2 horas noturnas em relação aos adultos. Durante o sono REM, o cérebro apresenta grande atividade (ondas gama) e grande fluxo sanguíneo, às vezes mais do que quando estamos acordados, e os cientistas acreditam que é então que o cérebro ensaia e consolida ações e lembranças. Só nos resta perguntar o que sonha um recém-nascido, que passa 8 horas em sono REM, já que ele quase não viveu nada ainda acordado.

A maior parte das espécies animais estudadas dorme. Muitos primatas, como os macacos, dormem tanto quanto nós, cerca de 10 horas. Os golfinhos e algumas outras criaturas marinhas conseguem dormir com metade do cérebro acordado (sono uni-hemisférico) para se proteger dos predadores – dormir com os dois lados do cérebro leva ao afogamento. Ainda se discute se os pássaros migratórios conseguem dormir ou não mesmo quando estão voando (com um olho aberto, como os seres humanos que tiram soneca de pé). Por alguma razão, pelo menos em cativeiro, os animais carnívoros (como o leão) precisam de mais sono do que os herbívoros (como elefantes e vacas) – não sabemos se isso também vale para pessoas carnívoras *versus* veganas!

Todos esses assuntos interessantes mostram como o sono está programado em nossos genes e comportamentos. Mas, em termos de evolução, o sono poderia ser considerado uma característica bem precária para a sobrevivência. Como o sono fez os nossos ancestrais (e outras criaturas) correrem risco diante de predadores, seus benefícios devem ultrapassar esse risco – com isso todos os cientistas concordam. Ao contrário dos seres humanos, alguns animais (por exemplo, golfinhos recém-nascidos) conseguem sobreviver à falta de sono por algumas semanas sem nenhum prejuízo aparente. Porém, a maioria das espécies, depois de um longo período de privação de sono, fica com a temperatura corporal e o metabolismo instáveis e morre. O período mais longo que um ser humano consegue sobreviver à privação de sono parece ser de duas semanas, aproximadamente, mas muitas falhas físicas e mentais acontecem bem antes disso. A capacidade de dirigir é bastante prejudicada depois de uma noite maldormida.

Por fim, o sono está relacionado ao humor – é estranho, mas a privação de sono pode deixar as pessoas alegres ou até malucas. Anos atrás os médicos tiraram proveito disso no tratamento da depressão (uma estratégia equivocada, agora que o elo entre depressão e sono ruim já foi identificado). Inúmeras conquistas criativas já foram atribuídas aos sonhos, como a canção dos Beatles "Yesterday" (Paul McCartney), a estrutura do carbono e do benzeno (August Kekulé) e a máquina de costura (Elias Howe). Na verdade, pelo que se conta, a descoberta da acetilcolina, elemento químico que regula muitos aspectos do sono com sonho, apareceu nos sonhos de Otto Loewi por duas noites consecutivas, em 1921. Na primeira noite, ele se levantou e fez algumas anotações em seu diário, porém, quem diria, não conseguiu compreendê-las de manhã. Na segunda noite, teve a sorte de fazer anotações legíveis. O subsequente experimento de Loewi baseado em seus sonhos lhe deu o Prêmio Nobel. Até Rudy teve sonhos com as fotografias históricas que decoravam o Hospital Geral de Massachusetts, perto de seu laboratório, que o ajudaram a encontrar um dos genes da doença de Alzheimer.

Vivências corriqueiras nos indicam que Shakespeare tem razão ao concluir que o sono "desata a emaranhada teia dos cuidados". No entanto, sem uma compreensão mais completa da consciência em si, todos os argumentos ficam à deriva na mesma escuridão em que nos encontramos quando caímos no sono.

A ciência na realidade

Quando se trata de aplicar a ciência do sono, surge a questão: "Que ciência?". Mas certamente já existem dados suficientes sobre a privação de sono para enfatizar a necessidade de uma boa noite de sono em qualquer idade, e as consequências nocivas para quem não tem um sono adequado. Ninguém deve se enganar, achando que já está treinado a se sair bem com menos de 7 horas de sono por noite – apenas uma fração da população adulta pertence a essa categoria.

E a conexão genética? Sabemos que o ritmo do sono diário, ou circadiano, é regulado por genes "relógio", que funcionam em circuitos sofisticados. Uma rede completa desses genes relógio forma uma atividade rítmica, embora – mais uma vez – também não se saiba como essa atividade acontece. Algumas variantes nos genes relógio têm sido associadas ao fato de a pessoa ser matutina ou vespertina. As tentativas de relacionar perturbações do sono com distúrbios neuropsiquiátricos até agora levaram à identificação de mutações genéticas em genes relógio associadas a distúrbios de sono raros.

Também já se demonstrou que a epigenética regula os nossos ciclos circadianos e talvez esteja bastante vinculada aos distúrbios do sono. Já que interrupções no ritmo do sono foram relacionadas a inúmeras doenças, como Alzheimer, diabetes, obesidade, doenças cardíacas, câncer e doenças autoimunes, devemos investigar mais o vínculo epigenético com a regulagem do sono.

Já houve avanços. Um gene relógio específico, denominado CLK, serve como principal regulador do nosso ciclo de sono ao ativar e desativar epigeneticamente outros genes do ritmo circadiano (ciclo do sono). O fato é que centenas de genes seguem um ciclo de atividade variável de 24 horas, e muitos desses genes afetam o ciclo do sono e, portanto, a saúde. Como já foi demonstrado que a epigenética modifica as atividades desses genes do ciclo do sono, é provável então que várias mudanças de estilo de vida que afetam a nossa epigenética venham influenciar o nosso ciclo de sono.

Vai ser muito importante compreender que atividades, experiências e orientações nos propiciam um sono regular ou causam privação de sono. Já mencionamos antes que o estresse contribui sobremaneira para as mudanças epigenéticas que provocam doenças. Mas aqui deparamos com uma questão semelhante à do ovo e da galinha, pois a privação de sono leva ao estresse e vice-versa. Mais descobertas epigenéticas estão em andamento.

Nossa recomendação sobre a cura da insônia também é útil se você já desfruta um sono normal, pois ela melhora a qualidade dele. A chave cerebral do sono é atrelada a duas atividades opostas uma à outra: excitação e relaxamento. A excitação nos deixa acordados e nos acorda se dormimos. Se um barulho alto nos acorda no meio da noite, esse é um exemplo de excitação; assim como a luz que nos ofusca os olhos ou uma torneira pingando.

Essas provocações externas podem ser administradas sem muito esforço, mas o problema é a excitação interna, mais difícil de controlar. Quando uma preocupação nos impede de pegar no sono, isso é um exemplo de excitação interna – o cérebro se recusa a relaxar e parar de pensar. Alguns gatilhos internos são físicos, como uma dor que nos acorda no meio da noite ou a necessidade de ir ao banheiro. Achamos que a conexão com o *vata* é bem útil nesse caso, pois o aiurveda sabe que a mente e o corpo funcionam juntos, e, quando se trata do sono, isso é mesmo verdadeiro.

Em termos ocidentais, a excitação envia sinais em demasia ao circuito cerebral. Preocupação, ansiedade e depressão se perpetuam por si mesmas, e a menos que se encontre uma maneira de quebrar a sua repetição, os mesmos pensamentos voltam obsessivamente, interrompendo o sinal que o cérebro deveria estar considerando: o sinal de ir dormir. O que o aiurveda recomenda para não estimular a mente em excesso antes da hora de dormir é um bom conselho para a nossa fisiologia. O estímulo gera excitação. Já não é fácil ter uma noite tranquila em circunstâncias normais, mas a ansiedade e a depressão apresentam dificuldades específicas. Isso vale sobretudo quando alguém está tão habituado a se preocupar ou a ter pensamentos negativos que a chave cerebral do sono fica de lado, digamos assim.

O oposto de excitação é relaxamento, uma atividade que o mundo moderno deixa para o finalzinho do dia, relaxando quando sobra tempo, em vez de fazer disso a principal atividade. É necessário um novo modelo de como um cérebro de alta *performance* deveria funcionar. O que pode ser feito para combater a tendência de procurar cada vez mais estímulo enquanto nos privamos drasticamente de relaxamento?

A versão mais verossímil de um cérebro completamente integrado foi delineada pelo dr. Daniel J. Siegel, psiquiatra e neurocientista de Harvard, agora na Faculdade de Medicina da UCLA, que vem examinando a neurobiologia do humor e dos estados mentais humanos. Em nosso livro *Supercérebro*, endossamos com entusiasmo a visão de Siegel de que o cérebro necessita de um "menu" completo de atividades durante o dia. Por favor, veja lá a discussão completa sobre o assunto. Aqui, destacamos as três escolhas da lista das quais muita gente carece: "no tempo", "tempo inativo" e "tempo de brincar".

Já nos referimos ao tempo diário "no tempo" da meditação, o tempo gasto para entrar na mente e vivenciá-la em seu momento de mais calma e também de maior profundidade. O "tempo inativo" é o tempo gasto sem pensar em trabalho ou deveres, o tempo da preguiça. Deitar-se na grama e olhar as nuvens: ideal para esse tempo. O "tempo de brincar", como diz o nome, não precisa de explicações, mas quantos de nós tiramos um tempo apenas para nos divertir e rir, todos os dias? A pesquisa de Siegel indica que essas atividades cerebrais pouco notadas têm um enorme efeito curativo em pacientes de psicoterapia. O cérebro deles não está funcionando direito devido à falta de certas atividades essenciais a uma vida plena, que inclua humores e emoções comuns.

É só uma questão de tempo para que a estimulação excessiva venha a ser relacionada com mudanças epigenéticas e inflamação. Em vez de ficar esperando que a ciência chegue nisso, dê uma olhada em sua vida cotidiana. Se estiver exausto no final do dia, se estiver sem tempo de relaxar, se não ri nem sente o simples prazer de existir, esses são sinais aos quais deve prestar atenção. O sono tem seus mistérios, mas os benefícios do relaxamento e os riscos da estimulação excessiva são evidentes. Se você altera a excitação, o seu cérebro vai voltar a um estado de equilíbrio natural, e isso só vai melhorar o seu sono.

EMOÇÕES

Como obter mais satisfação

As emoções são um assunto amplo, mas há uma afirmação que vale para todo mundo: o estado emocional mais desejado é o de felicidade. Mesmo sendo ela um estado mental, o corpo é profundamente afetado pelo nosso humor. Mensagens químicas informam todas as células sobre como nos sentimos. À sua maneira, uma célula pode estar feliz ou triste, agitada ou satisfeita, alegre ou desesperada. O supergenoma confirma esse fato amplamente. Se um dia o estômago ficou apertado de medo, o "cérebro das entranhas" fica bisbilhotando as emoções e, quando a depressão aflige vários membros de uma família, as marcas epigenéticas talvez tenham um papel importante. A maior parte das pesquisas indica que cerca de 80 por cento das pessoas se dizem felizes, no entanto, outras pesquisas indicam que cerca de 30 por cento das pessoas, no máximo, é de fato bem-sucedida, enquanto as taxas de depressão, ansiedade e estresse continuam subindo.

É muito pouco provável que o "gene da felicidade" vá ser um dia descoberto. A nova genética nos diz que em doenças complexas, como o câncer, há o envolvimento de centenas de mutações genéticas separadas. As emoções são muito mais complexas do que qualquer doença. Mas não precisamos descobrir o gene da felicidade. Em vez disso, devemos oferecer ao supergenoma o máximo de entradas positivas, confiando que elas vão gerar resultados positivos. A ciência talvez leve anos para correlacionar a complexa atividade genética que produz felicidade. Nesse meio tempo, o supergenoma conecta todas as entradas que a vida nos proporciona.

Vamos contrapor o tipo de entrada que provoca uma atividade genética benéfica com o tipo que dá prejuízo. As duas listas contêm itens com os quais você já tem bastante familiaridade a essa altura, mas é bom ver tudo junto.

Entrada positiva no supergenoma

12 coisas que reforçam a felicidade
- Meditação;
- Amor e afeição;
- Trabalho satisfatório;
- Meios criativos;
- Passatempo agradável;
- Sucesso;
- Apreciação;
- Ser útil;
- Alimento saudável, água e ar;
- Ter metas a longo prazo;
- Boa forma física;
- Rotina livre de estresse.

É difícil imaginar que alguém cuja vida seja plena dessas coisas não seja feliz. Nesse sentido, as coisas que o supergenoma interpreta como negativas devem ser evitadas.

EMOÇÕES

Entrada negativa no supergenoma

14 itens que prejudicam a felicidade
- Estresse;
- Relacionamentos ruins;
- Trabalho entediante e insatisfatório;
- Ser ignorado ou passar despercebido;
- Distrações constantes durante o dia;
- Hábitos sedentários;
- Crenças negativas, pessimismo;
- Álcool, fumo e drogas;
- Comer quando já estamos satisfeitos;
- Alimentos industrializados e *fast-food;*
- Doenças físicas, sobretudo dolorosas;
- Ansiedade e preocupação;
- Depressão;
- Amigos infelizes.

Os dois lados da experiência humana sempre disputam a nossa atenção e devemos admitir que as cicatrizes das vivências negativas são difíceis de curar na maioria das pessoas. Certamente, os estímulos positivos ajudam – se alguém não é amado na infância, ser amado na idade adulta faz enorme diferença. Mas a felicidade nunca vai ser parte da bioengenharia. Até a Parte 3, que é sobre a consciência e o genoma, o mistério das emoções vai permanecer mistério. Não se engane: todas as escolhas de estilo de vida que oferecemos são válidas. Mas o caminho dos indícios vai mais longe.

Lendo a lista: Como em todas as seções sobre estilo de vida, a lista de escolhas está dividida em três partes, de acordo com o nível de dificuldade e a eficácia comprovada.

Parte 1: Escolhas fáceis
Parte 2: Escolhas mais difíceis
Parte 3: Escolhas experimentais

Por favor, consulte, na p. 120, a seção sobre alimentação, se precisar relembrar o que significam esses três níveis. Você deve fazer uma mudança por semana no total, não uma de cada seção de estilo de vida. Lembre, também, que as escolhas devem ser permanentes, quaisquer que sejam elas.

Emoções: a lista de escolhas
Marque de duas a cinco mudanças que seriam simples de fazer em sua vida atual em relação às emoções. As escolhas mais difíceis devem vir depois de você ter adotado as mais simples.

Parte 1: escolhas fáceis

- Anote cinco coisas específicas que o deixam feliz. Realize-as, conscientemente, com regularidade;
- Demonstre gratidão por uma coisa todos os dias;
- Demonstre apreço por alguém todos os dias;
- Passe mais tempo com pessoas que são felizes e menos tempo com pessoas que não são felizes;
- Estabeleça a regra de receber "só boas notícias" na hora das refeições;
- Ao se deitar, passe um tempo revisando mentalmente as boas coisas que aconteceram durante o dia;
- Estabeleça uma noite para sair com o companheiro ou cônjuge, semanalmente;
- Faça alguma coisa que deixe alguém feliz, uma vez por semana;
- Seja criativo na hora do lazer, fazendo mais do que ver tevê e navegar pela internet.

Parte 2: escolhas difíceis

- Estabeleça uma meta digna a longo prazo e tente cumpri-la. Melhor ainda se for uma meta para a vida (ver p. 224);
- Encontre alguma coisa apaixonante;
- Evite as notícias ruins da mídia – restrinja-se a um noticiário de tevê ou à leitura de uma notícia *on-line*;
- Use as tabelas de entradas positivas e negativas (pp. 218-219) todos os dias;
- Sempre que alguma situação o deixar infeliz, distancie-se dela assim que puder;
- Não sobrecarregue os outros com negatividade, em vez disso, exerça a empatia e a compaixão;
- Todos os dias, faça alguma coisa que traga felicidade a alguém;
- Aprenda a lidar com a negatividade depois de se acalmar e não no calor do momento.

Parte 3: escolhas experimentais

- Anote a sua concepção de uma vida melhor;
- Faça um plano para superar algum hábito derrotista;
- Relembre os tempos passados em que foi feliz e aprenda com eles;
- Comece a aprimorar a sua inteligência emocional (ver p. 231).

Explicando as escolhas

O bem-estar depende da felicidade, porém, a maioria das pessoas não faz direito essa conexão, permitindo que o estado emocional se perca. Recentemente, Deepak foi consultado por uma mulher de mais de 50 anos que dizia se preocupar em ter uma boa alimentação. Ela se exercitava com regularidade e era bem-sucedida num negócio próprio, de que gostava muito. Portanto, por que estava aflita, com dores e incômodos, além de uma insônia crônica, fadiga e um humor ligeiramente melancólico o tempo todo?

Não foi preciso mais de meia hora para identificar todas as particularidades da vida dessa mulher, e depois Deepak fez uma pergunta simples, relacionada à sua insônia. Era óbvio que conseguir dormir apenas 6 horas era a causa de quase todos os problemas dela.

"O que tem feito para melhorar o seu sono?", ele perguntou.

"Nada", ela respondeu. Ela tinha contado que o marido roncava, o cachorro pulava na cama dela de madrugada e qualquer barulhinho a acordava. Deepak indicou-lhe algumas soluções simples, mas ela mal o escutava.

"Por favor, você acha que é importante cuidar de si mesma?", Deepak lhe perguntou.

Ela balançou a cabeça. "Sei que não sou boa nisso."

"Mas é tão meticulosa com tantas coisas, até sua alimentação, por exemplo."

Seu ar de culpa ficou mais evidente. "Faço isso pela família. Sem mim, eles comeriam qualquer coisa."

O quadro então ficou claro. Ela era o tipo de pessoa que se sobrecarregava com o bem-estar de todos, mas não cuidava do próprio. O sacrifício de si mesma fazia parte da sua ideia de felicidade. O problema é que tinha ido longe demais, esquecendo-se de si mesma e sobrecarregando-se de estresse, pois isso combinava com a sua concepção de boa esposa e mãe.

A curto prazo, a solução era fazer alguma coisa em relação à insônia. A longo prazo, a solução era mais difícil. Ela precisava se convencer de que a sua felicidade era importante. Tinha permitido que seu estado emocional se perdesse, portanto, não estava realmente conectada a nenhum estado real de bem-estar próprio. O bom casamento e as boas conquistas estavam sendo destruídos aos poucos, bem como as práticas positivas em seu estilo de vida tão cuidado.

Todos nós aguentamos incômodos significativos na vida sem tentar fazer mudanças. Por isso, nossas escolhas fáceis chamam a atenção para o que faz você feliz, voltando-se para questões específicas todos os dias. É preciso vivenciar o que significa apreciar outra pessoa, por exemplo. O apreço, assim como o amor, não é algo teórico. O verdadeiro sentimento deve ficar registrado no cérebro, e uma vez que isso aconteça, o sistema mente-corpo vai ter que processar algo real.

À noite, quando revisitamos as boas coisas que ocorreram durante o dia, reforçamos as experiências positivas. Ao nos recordarmos conscientemente, recondicionamos o cérebro. É como um processo de filtragem: selecionamos apenas as coisas que queremos reforçar, filtrando as negativas, mundanas e irrelevantes. Quando isso se torna um hábito, começamos a viver uma mudança real em nossa realidade. Você vai se surpreender ao perceber quanto isso passou despercebido. A vida não é boa por si só, é preciso encará-la como boa e reagir diante disso.

Nas escolhas mais difíceis, pedimos que você aprofunde o que o torna feliz intimamente. Todos nós recebemos uma enxurrada de coisas da mídia tentando nos convencer de que o consumismo traz felicidade, mas muito pouca informação que nos oriente na direção da felicidade como um estado íntimo. Essa é outra razão para fazermos escolhas conscientes – ninguém pode fazer isso por nós. Apenas você mesmo pode se livrar desse ciclo de 24 horas de notícias, que nos invadem com negatividade. Só você pode encontrar para si mesmo algo apaixonante.

Inconscientemente, você abarrotou a mente com anos e anos de vivências que depositaram lembranças de tragédias, desastres, desapontamentos e frustrações. Na cultura védica (tradicional sabedoria antiga da Índia), essas lembranças ficam no *chit akasha* (literalmente, "espaço da mente"), e é no seu *chit* (consciência) que você forma o "eu". Não existe um compartimento separado para pensamentos, lembranças e experiências que seja objetivo, impessoal e, portanto, desinteressado. Como uma duna, feita de bilhões de grãozinhos de areia, os ventos de sua vida depositaram as partículas de experiência no *chit akasha*, e ali elas se tornaram parte de você. A duna não tem escolha a não ser continuar como um coletor passivo de qualquer escombro que venha em sua direção, mas você tem escolha e pode preferir não se expor a experiências que sejam entradas negativas (ver as tabelas das pp. 218-219).

Metas valiosas: Em termos do cotidiano, a escolha mais importante da lista provavelmente é a recomendação de consultar as listas de entradas positivas e negativas. Ajuda muito se lembramos de maximizar o positivo e minimizar o negativo. Porém, damos muita importância a uma vida feliz, e isso depende demais das metas valiosas que possam ser satisfeitas a longo prazo. O prazer momentâneo não chega aos pés do impacto de um objetivo que levamos anos para conquistar, em que cada etapa trouxe mais significado e propósito à existência.

Qual vai ser a sua meta valiosa? Essa é uma decisão única e importante. Para algumas pessoas, criar um filho para ele ser um adulto bem-sucedido é bem satisfatório, ou então um trabalho beneficente apaixonante. Existem objetivos tão elevados quanto atingir níveis altos de consciência ou tão práticos quanto cuidar de um negócio familiar. A decisão não precisa ser definitiva. Um objetivo pode e deve evoluir. A chave para encontrar um objetivo que nos satisfaça por longo tempo é a consciência pessoal. A felicidade duradoura está relacionada a sabermos quem somos e o que viemos fazer aqui.

Ninguém consegue ser tudo. Na Índia, "dharma" é o termo usado para a procura que nos sustenta a vida. O termo tem raízes no significado da palavra, que é "sustentar". Se estamos no nosso dharma, o universo vai nos sustentar. Mas cada um deve testar essa teoria por si só. As pessoas hoje em dia têm a sorte de ter liberdade para procurar o próprio dharma. Na cultura indiana, essa escolha basicamente se limitava ao trabalho dos pais. Mas o princípio permanece o mesmo: busque a satisfação interior e o caminho vai se tornar suave. O oposto seria dar muito pouco valor à própria felicidade, acomodando-se na insatisfação. Quem se acomoda não pode esperar que a vida lhe dê sustento; a insatisfação só atrai mais insatisfação.

O dharma pode ser fragmentado em pequenos compartimentos. Vamos fazer isso agora. Pense em sua meta valiosa. Para Deepak, é *"serviço"* – pense em uma palavra-ônibus, uma única palavra ou frase que englobe muitas coisas pequenas e específicas, como oferecer o seu tempo livre, pensar na necessidade alheia, ter compaixão pelos problemas alheios, agir altruisticamente e assim por diante. A palavra-ônibus de Rudy é *"transformação positiva"* – com o objetivo de fazer deste planeta um lugar mais saudável e feliz do que quando ele chegou nele. Escolha você a sua palavra-ônibus. Entre as possibilidades inspiradoras, estão as seguintes:

- Amor e compaixão por todos;
- Promover a paz e diminuir a violência;
- Melhorar a educação a fim de diminuir a ignorância e a falta de conhecimento;
- Criatividade;
- Proteger os fracos e os menos favorecidos;
- Promover cultura e tradição;
- Procurar e encontrar uma área propícia para isso;
- Estar disponível sem julgar ninguém.

A maior parte das pessoas consegue encontrar uma meta valiosa nessas categorias. Escolha uma meta sem se preocupar se ela será permanente. Fique sossegado e concentre-se. Respire fundo, expire. Outra respiração profunda, expire. Agora, uma terceira vez, expire.

Nesse estado centrado e calmo, pense na meta que deseja conquistar. Digamos que queira prestar serviço. Faça a si mesmo as seguintes perguntas:

- Será que já estou vivendo de acordo com o meu objetivo, mesmo que ele só ocupe parte do meu tempo?
- Essa atividade é mesmo prazerosa?
- Ela acontece com facilidade e naturalidade?
- Ela me dá energia ou suga a minha energia?
- Ela faz com que me sinta mais perto da pessoa que desejo ser?
- Estou na posição certa para continuar perseguindo o meu objetivo?
- Será que essa atividade está me ajudando a crescer?

Essas sete perguntas são fundamentais para você descobrir o seu caminho de maior felicidade, o seu dharma. Quando conseguir responder "sim" a elas, vai estar a caminho do êxito. Vai haver outras coisas para aprender e mais habilidades para aprimorar, mas você tem feito algo inestimável: fez do sucesso uma realidade, uma atividade que vai permitir que se desenvolva aqui e agora, não em algum dia de um futuro distante.

A base científica das mudanças

A nova genética chegou em um momento oportuno, pois, do ponto de vista psicológico, a felicidade está numa encruzilhada. Como ciência, a psicologia e a psiquiatria passaram boa parte da existência tentando curar os distúrbios mentais, ou, em outros termos, tentando curar a infelicidade. Mas, a essa altura, muita gente já ouviu falar da psicologia positiva, um nome que soa muito otimista. Na verdade, algumas das descobertas mais divulgadas da psicologia positiva são pessimistas. Entre elas, as seguintes:

- As pessoas não são muito boas na previsão do que lhes traz felicidade. Depois de ganhar mais, adquirir uma casa maior,

um novo cônjuge ou um emprego melhor, elas não se sentem tão felizes quanto gostariam;
- A felicidade tende a acontecer por acaso e durar pouco. Alguma coisa cai do céu e nos deixa felizes por algum tempo, e depois some ou vira algo entediante e cansativo;
- A felicidade permanente é uma fantasia. Se alguém tem a sorte de que tudo corra bem na vida, talvez obtenha um tipo de contentamento estável, mas não vai se sentir feliz o tempo todo;
- Existe um determinado ponto de felicidade em cada um de nós que só se altera temporariamente. Depois de qualquer vivência forte, seja positiva ou negativa, em cerca de seis meses voltamos a esse ponto, e qualquer tentativa de mudar isso provavelmente vai ser inútil.

Essas conclusões são desencorajadoras, mas, felizmente, temporárias. A natureza humana é complexa demais, não pode ser reduzida a poucos princípios imediatistas. O encanto da psicologia positiva está no fato de ela colocar a felicidade como um objetivo normal que podemos nos preparar para atingir. Apesar do nosso ponto emocional, que nos faz voltar ao nosso estado normal de felicidade ou infelicidade, estima-se que 40 por cento da felicidade de uma pessoa depende das escolhas que ela faz.

Acreditamos que esse número seja muito baixo, pois não leva em conta a recente compreensão da epigenética e como as nossas experiências ficam marcadas nos genes, isso sem mencionar que o epigenoma de nossos pais e avós também nos afeta. Ainda menos compreendido é como o microbioma se relaciona com a felicidade, mas pelo menos sabemos que o "cérebro intestinal" está sempre enviando uma quantidade imensa de informações para o cérebro de fato.

Já descrevemos como o estresse pode implicar alterações epigenéticas prejudiciais. O medo também pode causar modificações epigenéticas no genoma. Uma reação de medo intensa, às vezes paralisante, acontece quando alguém sofre de fobia. Seja o que for que provoque o estado de pânico – aranhas, altura, espaços abertos, o número 13 –, isso não é pertinente. É a reação do cérebro que cria a fobia. Pesquisas recentes sugerem que não é possível acessar a reação fóbica no nível da atividade genética. Na Austrália, pesquisadores identificaram quais genes de mamíferos são modificados quando alguém se sente dominado pelo medo. O quadro é complexo, assim como é o de doenças complicadas, como o câncer. Em camundongos, quase 36 genes separados passam por modificações genéticas ao reagir a situações de ansiedade. Em consequência dessas pesquisas e de outras semelhantes, temos agora uma boa ideia dos genes que controlam a reação humana ao medo. Será que esses mesmos genes poderiam ser visados terapeuticamente para aliviar as fobias? O futuro dirá.

Do outro lado da moeda, as emoções positivas, sobretudo amor, também alteram a atividade genética. No reino animal, muitas espécies formam pares para a vida toda, inclusive os lobos, os peixes-anjos, as águias-americanas e até alguns parasitas intestinais. Uma dessas criaturas é o arganaz-do-campo, um pequeno roedor. Quando os pesquisadores o examinaram de perto, ficaram surpresos ao descobrir que quando o arganaz se acasala as atividades genéticas se alteram, provocando um comportamento monogâmico. Entre as espécies que preferem o comportamento monogâmico, inclusive a nossa, os casais tendem a construir casas juntos e a dividir responsabilidades. A oxitocina, um neurotransmissor específico (popularmente conhecido como "hormônio do amor"), foi associada à monogamia. Parece que quando os arganazes se acasalam, eles ligam a atividade do gene, que produz uma proteína no cérebro que se insere na superfície da célula nervosa e serve de receptora da oxitocina. Tais receptores se unem a neurotransmissores para conseguir extrair da célula o seu efeito. Em outras palavras, quando não há aumento de oxitocina ou há pouca disponibilidade dela, é mais provável que ela tenha algum efeito sobre os circuitos nervosos das células, uma vez que existem mais receptores com que se unir.

O ato de acasalamento dos arganazes completa tais mudanças, alterando a atividade genética. Outras pesquisas mostraram que a epigenética está em funcionamento no comportamento dos arganazes machos. Nesses estudos, os genes do receptor de oxitocina, assim como os genes dos receptores de outro neurotransmissor denominado vasopressina, foram ativados para produzir mais receptores. A vasopressina é conhecida por fazer os roedores ficarem mais tempo com seus pares, protegendo-os dos demais machos com mais agressividade. Porém, quando esses mesmos genes foram artificialmente ativados com drogas, os animais não sofreram as mudanças genéticas nem se tornaram monogâmicos. Conseguiram obter os resultados desejados artificialmente apenas quando os machos e as fêmeas puderam passar seis horas juntos na gaiola antes de as drogas serem administradas. As implicações dessa pesquisa foram profundas – em vez de considerar a química cerebral como uma via única, tendo um hormônio como a oxitocina comandando o comportamento, descobriram que a química cerebral também necessita do tipo certo de comportamento.

Os animais se unem e o ser humano ama. Embora sejam comportamentos emocionalmente diferentes, será que o epigenoma tem um papel importante em ambos? No arganaz, o gene receptor da oxitocina aumentou com a eliminação das marcas de metilo do gene. Isso provoca o desejo de monogamia, e os endocrinologistas relacionam isso aos sentimentos de amor entre as mães e os bebês recém-nascidos. Em contraste, o gene receptor de oxitocina com marcas de metilo demais, que o desligam, é associado ao autismo em seres humanos. (Além disso, mutações específicas no gene receptor de oxitocina também foram associadas ao autismo.) No conjunto, a epigenética tem um efeito profundo sobre o receptor de oxitocina, e se o comportamento dos arganazes servir para explicar o humano, a oxitocina nos ajuda a ser monogâmicos.

Obviamente, em seres humanos, a união duradoura não pode ser geneticamente induzida pelo ato de fazer amor. Porém, será que existe um elo no nível genético? Talvez seja necessário que os pares se conheçam primeiro, como ocorre com esses roedores. Muitos neurocientistas já aceitam que a oxitocina e a vasopressina são necessárias para que as pessoas se unam com seu par e se sintam apaixonadas. Certos neurotransmissores estimulam as regiões cerebrais usadas para obter o prazer como recompensa, o que gera o desejo de mais prazer. Esse mecanismo funciona na ação da cocaína, que estimula os receptores de dopamina, levando ao vício da cocaína.

Há pessoas que descrevem a si mesmas como viciadas em amor. Além dos efeitos químicos da oxitocina, uma vez que as sensações de prazer são relembradas e desejadas por meio do centro de recompensa da oxitocina, o amor pode mesmo se tornar um vício.

Mas o prazer, em todas as suas formas, não pode ser equiparado com a alegria. Se colocarmos comida diante de um animal faminto, ele vai comer, e imagens cerebrais vão mostrar que o centro de prazer do cérebro do animal foi ativado. No ser humano, as reações emocionais complicam a questão. Quando crianças de 2 anos fazem birra para comer, elas conseguem ser bastante obstinadas. Em restaurantes, algumas pessoas são muito enjoadas a respeito do cardápio, e todos nós, dependendo do humor, podemos recusar comida por causa de tristeza, distração, raiva, preocupação ou frustração. As reações humanas dependem de mensagens químicas, mas são tantas delas que ninguém descobriu uma fórmula simples da felicidade. Somos as únicas criaturas que diante do estímulo X têm reações inimagináveis. Os elementos químicos trabalham para a mente, não o contrário.

A ciência na realidade

A felicidade é um ramo muito novo da pesquisa genética e existem razões éticas pelas quais os indivíduos não podem ser submetidos a estados emocionais extremos. A nossa lista de escolhas baseia-se no melhor conhecimento científico hoje disponível. Atrair elementos positivos para a vida é um passo grande e, felizmente, é provável que o seu humor melhore quando você considerar todas as outras alternativas de estilo de vida. De fato, se uma mudança de estilo de vida não fizer você se sentir mais feliz, ela não vai durar muito.

Mas voltamos ao mistério das emoções e ao fato de que apenas sentir prazer não é suficiente para nos sentirmos felizes – ao contrário dos animais. O que é suficiente? Vinte anos atrás houve a moda de um novo tipo de inteligência recém-descoberto, medido não pelo Q.I. (quociente de inteligência), mas pelo Q.E. (quociente emocional). A principal descoberta foi que o Q.I. de uma pessoa se distinguia de sua capacidade de lidar com as emoções de modo inteligente. Embora tenham surgido *best-sellers* que insistiram na importância da inteligência emocional, não há nenhum padrão aceito nesse sentido. O teste de inteligência emocional mais comumente aceito, feito com 111 importantes homens de negócio, não apresentou nenhuma relação com a maneira como eles eram vistos por seus funcionários. Então, o elo entre o Q.E. e a capacidade de liderança superior – ou superioridade em qualquer campo – é ainda incerto.

Achamos que deve haver um debate maior sobre inteligência emocional e felicidade. Vamos considerar as seguintes características emocionais desejáveis:

Sete hábitos das pessoas com Q.E. alto
1. Elas têm bom controle da impulsividade;
2. Não se incomodam em adiar o prazer;
3. Percebem como outras pessoas se sentem;
4. São abertas às próprias emoções;
5. Sabem como as emoções funcionam e o que cada uma provoca;
6. São boas em sentir o próprio caminho na vida em vez de pensar nesse caminho;
7. Elas satisfazem suas necessidades ao se juntar com quem pode satisfazê-las.

Todas essas características iriam permitir que você processasse a sua experiência com mais alegria, e o que conta é o processo. Podemos processar qualquer acontecimento – um recém-nascido, prêmio da loteria, mudança para uma casa nova – como fonte de felicidade ou de infelicidade. As emoções humanas não têm regras, por isso somos criativos e também imprevisíveis. Mas em cada indivíduo deve haver uma maneira tranquila de perceber o sentimento. Para nós, esse é o maior benefício da inteligência emocional.

Vamos ver como cada característica desejável se aplicaria em sua vida.

1. Controle da impulsividade

O consumismo entraria em colapso de um dia para outro se as pessoas não fossem impulsivas. Escolhas feitas sem pensar nos levam a parar no McDonald's em vez de comer uma refeição caseira que já sabemos ser mais satisfatória e saudável. No impulso, comemos, bebemos e gastamos demais. Como acontece com tudo o que treinamos o cérebro a fazer sempre, a impulsividade vira um hábito, e uma vez que esse hábito fique arraigado, é difícil substituí-lo.

A raiz do comportamento impulsivo é a falta de controle. A maior parte dos deslizes compulsivos é inofensiva, pois todo mundo gosta de perder o controle de vez em quando. Mas, além disso, perder o controle significa que os impulsos nos controlam. Se não conseguimos aplicar algo anteriormente vivido quando sentimos de novo um ímpeto irresistível, isso significa que ainda não aprendemos a lição. As pessoas com Q.E. alto são o oposto disso. Aprendem com o que viveram anteriormente, e a principal coisa que assimilam é que o comportamento compulsivo é sobretudo autodestrutivo.

Essa lição elas de fato percebem. Não têm um branco na lembrança quando se trata de como é ruim ter ressaca ou ficar empanturrado depois de uma refeição ou como foi besteira entrar num determinado consórcio. Na verdade, elas se orgulham de ter memória emocional, coisa que a maioria das pessoas evita. O banco de dados das pessoas impulsivas é cheio de decisões horríveis que elas preferem esquecer; o banco de dados das pessoas com Q.E. alto é cheio de boas escolhas que reforçam a boa escolha seguinte.

O que fazer: Espere 5 minutos e adie a ação impulsiva. Se ainda sentir o impulso, anote em um papel os prós e contras de seu impulso. Não deixe de incluir como você se sentiu na última vez em que cedeu aos impulsos.

2. Adiamento do prazer

É comum as pessoas mais velhas censurarem as mais jovens dizendo que elas querem satisfação imediata, mas a questão é saber que prazeres podem ser adiados e quais podem ser desfrutados de imediato. É gratificante deixar a casa dos pais, ter um espaço próprio e se sustentar. Entrar na faculdade de direito ou medicina adia esse prazer por anos e, além disso, pode nos sobrecarregar de dívidas. A sociedade facilita essa escolha, pois há nela a promessa de prestígio e de renda maior depois da graduação.

Como já mencionamos, é nas pequenas escolhas que as pessoas acham mais difícil não ter satisfação imediata. É por isso que nos flagramos:

- Beliscando entre as refeições;
- Abusando de bebidas alcoólicas;
- Beliscando enquanto assistimos tevê;
- Sentados em casa, em vez de praticar alguma atividade física;
- Consumindo *fast-food*;
- Ingerindo um monte de açúcar;
- Passando horas *on-line*, em vez de nos relacionarmos com pessoas de verdade;

- Falando sem pensar e depois nos arrependendo;
- Tendo encontros equivocados, em vez de esperarmos por alguém melhor.

Assim como acontece com o controle dos impulsos, que tem afinidade com a satisfação imediata, as pessoas com Q.E. alto não se prendem à satisfação imediata. Não se deixam levar pela noção racional de que isso lhes faria bem, pelo menos não inteiramente. Sentem-se melhor quando aguardam o momento certo para o prazer. Por serem muito flexíveis, não estabelecem regras rígidas e superficiais. E a flexibilidade é uma das qualidades de quem tem um Q.E. alto. Diante de uma tentação momentânea, eles não dizem: "Vou ceder só agora. Que mal há nisso?", que é pura racionalização. Em vez disso, dizem a si mesmos: "Será que é a melhor opção? Vamos esperar pra ver".

O que fazer: Avalie bem a sua vida e veja se não vem criando problemas porque procura a satisfação imediata. Você gasta demais em compras sem sentido? O seu armário está abarrotado de roupas? O gasto impulsivo vem diminuindo o seu saldo bancário? O seu congelador está cheio de comida que você nunca consome?

Se você tem problemas com isso, cuide de uma atividade por vez. Quando a tentação for um novo par de sapatos, por exemplo, ou uma compra extravagante, como um equipamento completo de ginástica que logo vai ficar todo empoeirado, anote algo que lhe daria ainda mais prazer. Em vez de sapatos, você pode economizar para as férias. Em vez de um equipamento caro, você pode praticar um esporte ao ar livre. Enquanto a satisfação adiada não vier à mente, é difícil competir com a satisfação imediata.

3. A capacidade de ter empatia

Trata-se de perceber como as outras pessoas se sentem, naturalmente. Todo mundo tem essa capacidade desde a infância, quando as sensações dependiam muito – às vezes, apenas – de como a nossa mãe se sentia. As famílias são como escolas onde educamos as emoções e, claro, algumas crianças têm mais sorte que outras. Não aprendem maus hábitos que vão ter que desaprender mais tarde. Se você não consegue perceber com facilidade como outra pessoa se sente e sabe por quê, em algum momento você bloqueou essa capacidade com a qual tinha nascido. Talvez um professor ou um pai ausente tenham levado você para a direção errada, ou então é possível que você tenha decidido que as emoções não são um aspecto positivo da vida. De qualquer modo, não consegue mais sentir empatia.

As pessoas com Q.E. alto conseguem. Em se tratando de bons médicos, ela significa consolo junto ao leito dos pacientes. Em uma venda, ela faz as pessoas mudarem de ideia, pois sentem que suas necessidades estão sendo compreendidas. Num certo nível, ninguém consegue ser enganado pela desonestidade e pela hipocrisia; temos medidores extremamente sensíveis. Com um Q.E. alto, fica mais fácil interpretar as outras pessoas, enxergando como elas se sentem de fato, e não o que dizem.

O que fazer: É preciso querer ter empatia para conseguir senti-la por alguém. Com as pessoas que amamos, é fácil – quando as crianças se magoam, nós nos magoamos. Estender essa reação às pessoas a quem queremos bem é bastante simples. Sabendo que você tem a semente da empatia dentro de si, é só deixá-la crescer. Escute estranhos ou colegas como se fossem amigos. Observe como eles reagem, depois verifique a sua reação. Se não se sentir bem ao fazer isso, você tem alguma resistência em seu íntimo. Talvez os problemas alheios signifiquem uma carga de responsabilidade para você, que se sente obrigado a ajudar ou a se preocupar com eles.

A inteligência emocional tem condições de lidar bem com esses obstáculos, transformando-os em boas qualidades. Faz bem ajudar os outros, mas não é preciso ajudar todo mundo. Há empatia em ouvir a história das pessoas, mas não a toda hora. Assim que fizer essas distinções, vai perceber que a empatia é um dom maravilhoso e que não é preciso evitá-la nem ficar aflito. Existe um meio-termo tranquilo entre estes extremos – ter coração muito mole ou coração de pedra. Tente encontrar seu equilíbrio.

4. Autoaceitação emocional

É raro sermos completamente abertos às nossas emoções. Todo mundo tem um desejo íntimo de ser visto na melhor luz, portanto evitamos expor emoções negativas, até para nós mesmos. Mas existe uma outra força íntima que se opõe a esse desejo, uma voz que nos lembra de nossas culpas, vergonhas e más ações. Ficar sempre dizendo a si mesmo como você é bom é tão fora da realidade quanto dizer sempre como você é ruim. Os indivíduos com um Q.E. alto já enfrentaram o melhor e o pior de si mesmos. Em consequência, encontram a autoaceitação num nível muito mais profundo do que a maior parte das pessoas.

Como ficamos muito na defensiva em relação àqueles aspectos que nos fazem sentir culpa e vergonha, não é fácil nem instantâneo conseguir a autoaceitação. "Amar a si mesmo" é o objetivo, não o primeiro passo. Até dizer "Eu mereço ser amado" pode ser bem difícil para algumas pessoas. Elas não têm a estrutura das crianças amadas, que é como assimilamos o sentido do "eu". É importante perceber duas verdades: primeiro, não gostar de sentir uma certa emoção não é o mesmo que lidar com ela. Entretanto, a culpa e a vergonha não distinguem isso, e vão querer puni-lo pelo simples pensamento. Na verdade, os pensamentos vêm e vão, são visitantes transitórios e não aspectos de seu íntimo.

Segundo, você não é a mesma pessoa que já foi. A culpa e a vergonha não acreditam nisso – estão sempre reforçando a informação de que você não mudou e nunca vai mudar, mas, na verdade, estamos sempre mudando. A questão é se você quer reforçar o que é hoje ou o que já foi. A vitalidade das pessoas com Q.E. alto está em serem elas mesmas, aqui e agora. Não ficam arrastando fantasmas de si mesmas.

O que fazer: Sempre que tiver um pensamento cheio de culpa ou vergonha relativo ao passado, pare e diga a si mesmo: "Não sou mais essa pessoa". Se a sensação voltar, repita as palavras. Às vezes, tais pensamentos recorrentes são teimosos. Nesse caso, assim que conseguir ficar só por um instante, acomode-se de olhos fechados, respire fundo algumas vezes e centre-se. Não estamos negando que mágoas passadas tenham uma influência imensa no presente, mas a questão é perceber a inexatidão de usar mágoas antigas em situações novas. Com essa convicção em mente, é possível uma autoaceitação gradual. Quanto mais nos aceitamos, mais enriquecedor vai ser o momento presente. Essa verdade precisa funcionar a seu favor.

5. Consequências emocionais

Todas as ações têm consequências, as emoções também. No que se refere ao nosso cérebro, gerar os neurotransmissores que nos dão os sentimentos de raiva, alegria, medo, confiança, ou qualquer outro, é uma ação. O nosso corpo inteiro reage a essas mensagens químicas, portanto, as emoções não podem ser consideradas passivas. Mesmo alguém estoico, que refreia todas as emoções indesejadas, está sendo ativo. Neste livro, temos focado num sistema amplo de escolhas que tragam benefícios tanto para a mente quanto para o corpo, usando o supergenoma como veículo.

Uma vez que você perceba que as emoções negativas fazem mal, o seu ponto de vista muda. Você não vai mais ficar à vontade para atacar alguém, sentir inveja, agir com rancor e fantasiar uma vingança. Cada uma dessas emoções repercute até nos seus genes. O bem-estar verdadeiro não é possível quando há negatividade minando tudo. Os indivíduos com um Q.E. alto chegaram a um acordo diante desse fato, mesmo que não saibam das mudanças epigenéticas. Há quem já tenha visto como a raiva ou a preocupação dos pais provocou sofrimento nos filhos. Isso já é suficiente para você perceber que as emoções sempre têm consequências.

O que fazer: Você não pode impedir que os sentimentos negativos provoquem algum efeito, tanto em você mesmo quanto em seu ambiente. Quando isso é assimilado, o passo mais importante é assumir a responsabilidade pelas emoções. Não existe razão que justifique expressar raiva para outras pessoas, de modo que tenham medo de você, nem intimidar, provocar ou dominar por motivos egoístas.

Ninguém está querendo que você vire santo. Saber que as emoções têm consequências vai beneficiá-lo. Observe como a raiva ou a ansiedade de uma pessoa piora o ambiente. Sinta isso dentro de si mesmo, e depois se pergunte se é esse o efeito que deseja causar. As emoções são vivas. É preciso negociar com elas, e quando uma emoção vê benefícios na mudança, ela muda – você muda.

6. Sinta o seu caminho

Como muita gente não confia nas próprias emoções e tenta escondê-las – principalmente os homens –, é uma surpresa saber que, na vida, sentir o caminho funciona melhor do que pensar nele. Na verdade, essa noção é tão estranha que sentimos necessidade de destacar algumas importantes descobertas psicológicas que sustentam esse conceito.

Primeiro, os pesquisadores descobriram que as emoções fazem parte de todas as nossas decisões. Decisão puramente racional não existe. Quando tentamos eliminar os sentimentos dessa equação, reprimimos algum aspecto natural. Você gasta mais quando está de bom humor? Talvez não concorde com isso, mas pesquisas provaram que o bom humor abre o bolso. Você vai pagar mais para se sentir mais importante, para se exibir a um vendedor? Muita gente, sim.

Nesse sentido, uma das descobertas mais curiosas foi feita num leilão onde os indivíduos tinham que dar lances para uma nota de 20 dólares. Houve muita confusão e diversão nesse jogo. Seria óbvio pensar que ninguém apostaria mais que 20 dólares em uma nota de 20 dólares. Mas apostaram. Principalmente os homens. Ganhar o leilão e vencer o outro foi mais importante do que ser racional, então as apostas foram subindo até que alguém desistiu. Claro, o "vencedor" tinha feito uma compra ridícula, mas as emoções atropelaram a razão.

As pessoas com Q.E. alto não se esquivam dos elementos emocionais de uma decisão. Percebem como se sentem e então penetram em aspectos mais profundos da intuição e do discernimento. Quando deixamos as emoções aflorarem, não precisamos agir por causa delas (que é o maior medo das pessoas reprimidas, que não querem nem pensar em suas emoções fora do controle). O passo seguinte é perceber que as emoções comandam a inteligência, e por trás disso há maior confiança na intuição. As emoções destravam áreas inteiras da consciência que a maior parte das pessoas nem conhece. Para cada "emoção íntima" que pareça correta, recebemos inúmeros outros sinais que precisamos sentir, analisar.

O que fazer: Se você já está acostumado a ir percebendo o seu caminho, tudo o que acabamos de comentar vai parecer óbvio, mas isso não vale para quem não confia nas emoções. Aprender a se guiar pelo nível dos sentimentos significa dar um pequeno passo de cada vez. Para começar, pense em todas as vezes em que deixou de lado esse sentimento íntimo e agiu pela cabeça, mas depois pensou: "Eu sabia que isso ia acontecer! Por que não segui a intuição?". Essa questão não é retórica. A razão pela qual não agiu de acordo com seu sentimento íntimo é que não se treinou para isso.

Da próxima vez em que ficar dividido entre as razões para fazer algo e o fato de as suas emoções dizerem o contrário, anote o que cada faceta sua está dizendo. Depois, siga a cabeça ou as entranhas. Quando a situação se resolver e você tiver a conclusão, retome o que escreveu. Isso funciona melhor quando as pessoas vão ter um encontro, trabalhar para um novo patrão, conversar com um vendedor de carros – pois sempre há alguma interação, e os sentimentos não podem ser ignorados, pois poderiam significar a diferença entre o êxito e o desapontamento. Se você anotar o que sentiu, fica mais fácil confiar na intuição da próxima vez. A repetição é a chave, assim como encarar de olhos abertos quantas vezes a sua intuição estava certa.

7. Satisfazendo suas necessidades

Quando alguém tem necessidade de alguma coisa, a quem recorre? Vamos ser específicos. Você reúne coragem para dizer algo difícil a alguém, e essa pessoa acaba com você. Você fica magoado e desestimulado, as palavras o magoaram. Nesse momento, precisaria de consolo e compreensão. Se procurar um amigo que ouve com educação, murmura um chavão qualquer e logo muda de assunto, escolheu a pessoa errada. Ninguém iria atrás de um burro se quisesse leite, por que fazer isso quando se trata de problemas emocionais?

A resposta é complicada, mas envolve inteligência emocional. Quando se sentem magoadas, algumas pessoas ficam tão desesperadas para descarregar a mágoa que se voltam para o primeiro que aparecer por perto. Se são casados, com certeza vão procurar o cônjuge. Mas a pessoa com Q.E. alto vai saber quem ouve com empatia e quem não faz isso. Vai procurar um tipo e evitar o outro.

Vamos pensar em uma necessidade profunda – a necessidade de amor. Quando essa necessidade foi satisfeita na infância – algo importante em termos de inteligência emocional –, esse amor veio da fonte adequada, os pais. Mas os pais também podem ser contidos e frios, o que gera confusão emocional. A pessoa então cresce sem saber quem de fato oferece o amor de que precisa, e aí o que acontece? Ela vai experimentando o amor aleatoriamente, passando de uma pessoa a outra sem conseguir compreender quem é capaz de amar. E quando encontra alguém que tem um pouco de amor para dar, mas não muito, é provável que fique com essa pessoa. Uma combinação de insegurança, carência e mágoas emocionais leva esse indivíduo a relacionamentos que acabam sendo frustrantes, decepcionantes e, na pior das hipóteses, nocivos.

Encontrar a pessoa certa para satisfazer necessidades é tão básico entre pessoas com Q.E. alto que elas acham estranho quem não consiga fazer isso. A triste verdade, porém, é que as pessoas feridas em geral procuram outras pessoas feridas ou até gente que provavelmente vai causar mágoas. Muitas vezes, ficam ansiosas diante do comportamento de indivíduos emocionalmente saudáveis, pois isso ameaça a existência solitária e reservada a que estão acostumadas. Mas é preciso fazer um esforço, caso contrário, tropeçamos vida afora num profundo sentimento de insatisfação.

O que fazer: A maior parte das pessoas se encontra em algum ponto entre o flerte, o namoro, o casamento e o divórcio. A lacuna entre ter uma necessidade e satisfazê-la é compreensível para elas. Em todos os relacionamentos, não podemos pedir algo que o outro não tem para dar. Mas fazemos isso mesmo assim, e queremos empatia de alguém que é indiferente; compreensão, do autocentrado; amor, do alquebrado... ou pior.

Porém, os passos para resolver esse dilema não são tão difíceis quanto supomos. Quando tiver uma necessidade, volte-se para quem possa satisfazê-la com certeza. Quem é essa pessoa? Você só pode saber se já a tiver visto reagir em situação semelhante. Não adivinhe. Não dê murro em ponta de faca. As pessoas que são gentis, amorosas, emocionalmente generosas, não escondem essas características. É assim que vivem.

Você logo vai descobrir que a maior parte das pessoas vai querer estar do seu lado. Quem nunca encontrou um estranho simpático que acaba ouvindo tudo sobre um problema familiar, um romance, um trabalho ou até segredos profundos? Naturalmente, por medo de rejeição, o impulso é nos fecharmos, mas não é difícil detectar um sinal de abertura e depois dar um passo de cada vez.

Uma pequena abertura leva a outra, e se você sentir que a pessoa não tem mais nada a oferecer – nenhum tempo, conselho, solidariedade nem interesse –, você vai perceber.

O único aviso é: mesmo quem oferece amor, compaixão e compreensão tem o direito de dizer não. Sabemos que é difícil aceitar isso. A rejeição é a principal razão pela qual a maior parte das pessoas evita encontros e preserva emoções. É mais fácil compartilhar os problemas com um amigo ou familiar que faz cara de paisagem. Cara de paisagem é melhor que nada. Mas as necessidades devem ser satisfeitas, e você precisa ter coragem de procurar as pessoas certas, mesmo correndo o risco de ser rejeitado.

Mas é provável que isso não aconteça. Nem toda necessidade é de amor eterno. A necessidade mais comum é a de alguém que saiba ouvir e também de solidariedade e compreensão. A reafirmação é um traço comum. Uma vez que você perceba que pode receber aval – e que o merece –, vai se sentir mais forte intimamente. Então, pedir amor vai ficar mais fácil.

As emoções produzem reações potentes, e todas as necessidades mencionadas geram mudanças no corpo. Falta conhecimento científico nessa área. Como espécie, tivemos milhares de anos para ser mais espertos, uma conquista que não deveria ser depreciada só porque todo mundo banca o bobo de vez em quando. Aguardamos ansiosamente pelo dia em que a genética encontre a combinação mágica das alterações genéticas que levem à sabedoria. Por ora, o melhor guia são as nossas emoções, que estão à frente da ciência, ainda que a genética sempre tente acompanhá-las.

PARTE 3

COMO ORIENTAR A PRÓPRIA EVOLUÇÃO

A SABEDORIA DO CORPO

O supergenoma nos liberou para pensar no corpo, então vai fazer o mesmo com a mente? Com certeza. O cérebro não é mais um castelo de areia onde a mente mora sozinha. Tudo o que pensamos e sentimos é compartilhado pelo resto do corpo. O cérebro não diz algo como "estou entediado" ou "estou deprimido". Tudo é química e genética. A mesma linguagem é compreendida por todas as células. Não importa o que aconteça no cérebro, isso se reflete nas atividades primorosamente integradas de todas as células.

Temos o costume de acreditar que apenas o cérebro tem consciência de nós e de nosso ambiente. Essa noção precisa mudar, pois não se pode negar que o corpo inteiro está intimamente interconectado. Não só as células cerebrais, mas o conhecimento de todas as células foi aprimorado ao longo de centenas de milhões de anos. Claro, assim que alguém diz que as células dos rins são conscientes, os biólogos tradicionais, comprometidos com a noção de que interações biológicas só podem ser aleatórias, vão gritar: "Bobagem!". E se a pessoa ainda assim diz que um gene ou um micróbio tem tanta consciência quanto qualquer um, muitos outros cientistas vão pegar em armas.

Mas sentir-se ultrajado por essas concepções não resulta em boa ciência. Erwin Schrödinger, um dos mais brilhantes pioneiros da física quântica, disse: "A consciência é um singular que não tem plural... Não tem sentido dividir ou multiplicar a consciência".

Estamos tão acostumados a separar a mente e o corpo que juntá-los em um campo de consciência não é aceitável, mas a física já sabe há mais de um século que tudo no universo físico surge de campos, seja um campo eletromagnético, de onde vem a luz, um campo gravitacional, que põe nossos pés no chão, ou um campo quântico, a fonte máxima de matéria e energia.

Imaginemos neste instante que todas as células sejam tão conscientes quanto uma pessoa. O cérebro então seria rebaixado de sua posição privilegiada. Teríamos que abandonar a crença de que pensar é algo estritamente mental, que envolve um fluxo de pensamentos, imagens e sensações dentro do cérebro. Mas é óbvio que existe um tipo diferente de pensamento – não verbal, sem imagens visuais, sem voz – que silenciosamente sustenta as células. Essa inteligência celular foi chamada de sabedoria do corpo. A fim de dar um salto em nosso estado de bem-estar, é preciso fazer apenas três coisas:

- Cooperar com a sabedoria do corpo;
- Não se opor à sabedoria do corpo;
- Aprimorar a sabedoria do corpo.

Não faz muito tempo, esse tipo de linguagem soava como licença poética. *Sabedoria* é uma palavra pretenciosa que reservamos para veneráveis sábios e professores. Na vida moderna, nem é uma palavra que usamos muito. Mas aqui não estamos lidando com metáforas. A sabedoria é o conhecimento que vem com a experiência, e as nossas células estão repletas disso. Todas as escolhas de estilo de vida que recomendamos se resumem no seguinte: obedecer e recuperar a sabedoria do corpo. Até agora usamos o repertório da genética. Vejamos se esse repertório pode ser ampliado para abranger a sabedoria do corpo como um todo – um campo de consciência –, em vez de pedaços e fragmentos. Isso vai estabelecer o palco para a mais interessante das possibilidades: influenciar a nossa própria evolução e a de nossos filhos, talvez até dos netos.

Células sábias, genes sábios

As células têm que enfrentar muitos desafios. Se apagarmos todo o sofisticado conhecimento científico, a célula é como um balão de água que por acaso está vivo. Mas pode correr perigo exatamente como um balão de água. Um furo iria soltar toda a água; explodiria com calor; frio demais, e cristais de gelo sairiam pela pele. Ambos, o balão de água e a célula, têm que se preocupar em permanecer intactos em um meio ambiente que está sempre mudando e é cruel. Ao longo das eras, as células tentaram resolver esse árduo desafio.

A solução que encontraram é conhecida como "homeostase", a capacidade de preservar a estabilidade "aqui", independentemente do que esteja acontecendo "ali". Inicialmente, a homeostase era primitiva. Os organismos unicelulares evoluíram até ter condutores de íon (de elementos químicos como sódio, cálcio e potássio) em sua membrana externa, que pudessem conservar um equilíbrio químico e fluido adequado dentro deles. O passo seguinte foi conseguir mobilidade, para nadar em busca de comida, escapar de predadores e chegar a um nível de temperatura e luz mais adequado à sua sobrevivência. O fato de as células não serem simples balões de água mas formas de vida complexas resulta do fato de terem encontrado como permanecer equilibradas "aqui".

Agora, vamos dar um salto até o momento presente. As nossas células ainda se "lembram" de como essa solução funciona, graças ao DNA. A memória genética, em funcionamento por longos períodos de tempo, garante que nenhuma célula, mesmo primitiva, volte a ser um balão de água. Tendo aprendido o truque da divisão celular, durante a qual cada filamento de DNA produz uma cópia perfeita de si mesmo, as formas de vida avançaram. A memória foi a maior invenção da evolução – ato completamente invisível –, e, quando surgiu, não teve por que parar. As células começaram a lembrar cada vez mais, desenvolvendo cada vez mais capacidades, como fazemos via nosso cérebro.

Neste momento, com a ajuda de nossos genes, as células lembram como nos manter vivos, uma conquista que a ciência mal compreende, pois depende de muitas ocorrências dinâmicas, engrenadas, perfeitamente sincronizadas, só para conservar o equilíbrio químico das células do coração, fígado e cérebro. Embora programados pelo mesmo DNA, as células do coração, do fígado e do cérebro desempenham as inúmeras tarefas específicas desses órgãos. Na nova genética, temos que pensar no corpo como uma comunidade com 100 trilhões de habitantes (somando todas as células de nosso corpo ao vasto e apinhado microbioma), cada um dos quais com interesse próprio. Uma célula cardíaca tem tanto o que fazer por si própria que não interfere em nada na célula do fígado. No entanto, esse jogo do "eu primeiro" também funciona em termos de partilhar e cooperar, pois se uma célula do coração fica cansada das mensagens vindas do fígado ou do cérebro e interrompe a conversa, ela morre.

A homeostase, que começou transformando um balão de água em uma célula, teve que se tornar bilhões de vezes mais complicada à medida que mais células são convidadas a entrar na comunidade. Porém, na essência, o DNA continuou repetindo a mesma lição: manter o equilíbrio, preservar a estabilidade "aqui". Para mostrar como isso é fundamental, consideremos os prisioneiros que entram em greve de fome, como aconteceu durante os conflitos na Irlanda do Norte (conhecidos como "The Troubles"), quando membros do Exército Republicano Irlandês (IRA) usavam esse tipo de greve como protesto político. O corpo consegue permanecer num equilíbrio saudável por apenas três dias, valendo-se de suas reservas de açúcar no sangue e no fígado. Depois ele começa a extrair açúcar das células de gordura, e depois de três semanas mais ou menos, ele se volta para os músculos, que começam a se deteriorar. A inanição se manifesta quando os músculos ficam emaciados, e a morte se torna inevitável por volta do 30º dia, desde que nada além de água tenha sido ingerido nesse período. Mahatma Gandhi, que jejuou em campanha pela Independência da Índia, levou a cabo um jejum de 21 dias, o mais longo que ele fez. Os dez prisioneiros do IRA, que atraíram a atenção mundial devido à greve de fome em 1981, sobreviveram por um período entre 46 e 73 dias. (Não estamos considerando uma pessoa excessivamente obesa que decida parar de comer; existem registros hospitalares de sobrevivência por mais de ano sem comida quando alguém tem entre 130 e 180 quilos de gordura e proteína para drenar.)

Um jejum completo provoca a ruptura gradual da homeostase, que logo rompe o funcionamento normal de tudo no corpo – e isso pode vir a ser fatal. Mesmo assim, pode-se expandir bastante o período de sobrevivência acrescentando-se pequena quantidade de açúcar e sal à água ingerida durante o jejum. Os praticantes de jejum que acrescentam um pouco de mel à água já conseguiram jejuar por até cinco meses sem parar. Não são apenas as calorias que prolongam a vida, mas manter o equilíbrio iônico das células (eletrolítico), o mais básico dos fatores a fazer da mais primitiva célula um ser vivo em vez de um balão de água. (Observação: Não estamos aprovando nenhum jejum à base de suco, mel ou água com açúcar de duração nenhuma. Os prós e contras desses regimes devem ser deixados para outra hora.)

Observe a reação sistemática do corpo ao jejum total, passando de uma estratégia a outra a fim de continuar em equilíbrio pelo maior tempo possível. O que estamos defendendo é que o mecanismo da mais básica sobrevivência foi preservado em nossa construção genética ao longo de bilhões de anos, e, ao mesmo tempo, o nosso supergenoma acompanha tudo o que queremos fazer hoje em dia. A homeostase é tão complexa quanto nós. Isso implica uma visão mais ampla da conexão entre o corpo e a mente. Enquanto pensamos, sentimos, sonhamos, imaginamos, lembramos e aprendemos com o passado, ao mesmo tempo que antecipamos e planejamos o futuro, o nosso corpo deve acomodar tudo isso no presente, sem sacrificar seus interesses, ou seja, sobrevivendo, e até florescendo, e permanecendo saudável.

Uma célula típica reserva apenas oxigênio e combustível suficientes para sobreviver alguns segundos, portanto as proteções automáticas devem vir de algum outro lugar – isto é, da cooperação. A célula "sabe", quimicamente falando, que vai obter oxigênio e combustível da corrente sanguínea, então ela não precisa "pensar" nessas coisas, direcionando a sua "inteligência" a outros processos. (Estamos usando aspas aqui para diferenciar a inteligência natural da célula do uso normal, que envolve a implementação volitiva do conhecimento pelo cérebro.)

A menos que a homeostase seja rompida e venhamos a sentir algo fora do comum (por exemplo, dor, apatia, cansaço, depressão), os mecanismos de proteção do corpo permanecem longe da vista. Mas podemos estabelecer uma relação com as nossas experiências pessoais, e, ao fazer isso, a conexão entre a mente e o corpo transcende os processos químicos e biológicos. As nossas células estão vivendo as mesmas experiências que estamos vivendo, partilhando os mesmos propósitos e significados. Como demonstra o quadro abaixo, as propriedades inerentes a uma única célula são surpreendentes.

> ***A sabedoria da célula: 9 elementos indispensáveis para a vida***
> *Consciência:* As células têm uma consciência afiada de seu ambiente, ou seja, estão sempre recebendo e reagindo a informações bioquímicas. Uma simples molécula é suficiente para que alterem o trajeto. Elas se adaptam a cada momento, de acordo com as mudanças das circunstâncias. Não prestar atenção não existe como opção.
> *Comunicação:* Uma célula tem contato com outras células próximas a ela e mesmo com as distantes. As células trocam entre si mensagens bioquímicas e elétricas para avisar os postos avançados de qualquer necessidade ou intenção, mesmo superficial. Não se comunicar ou se retrair não existe como opção.
> *Eficiência:* As células funcionam com o mínimo gasto de energia. Precisam viver no momento presente, mas estão bem à

vontade com isso. O excesso de consumo de alimentos, ar ou água não existe como opção. Enquanto tentam fazer o máximo com o mínimo de energia, estão sempre evoluindo no sentido de buscar mais eficiência.

Vínculo: As células que compõem os tecidos ou órgãos são inseparáveis. Compartilham uma identidade comum por meio de seu DNA, e ainda que as células do coração, do fígado, dos rins e do cérebro tenham vida própria, elas estão sempre ligadas à sua origem, não importa o que vivenciem. A marginalidade não existe como opção. No entanto, células renegadas podem gerar um tumor canceroso.

Doação: No corpo, a troca química é um constante toma lá, dá cá. O dom do coração é bombear sangue para as outras células; o dom do rim é purificar o sangue de todo mundo; o dom do cérebro é ficar de olho na comunidade toda, e assim por diante. O total compromisso da célula com o "dar" faz o "receber" parecer automático – é a outra metade de um ciclo natural. Tomar sem receber não existe como opção.

Criatividade: À medida que as células se tornam mais complexas e eficientes, elas se juntam umas às outras com criatividade. Uma pessoa consegue digerir um alimento que nunca consumiu, ter pensamentos que nunca imaginou, dançar passos que nunca tinha visto. Essas inovações dependem da adaptação das células ao novo. Ficar amarradas a comportamentos antigos sem nenhum motivo razoável não existe como opção.

Aceitação: As células reconhecem umas às outras como sendo igualmente importantes. As funções do corpo são interdependentes. Nenhuma vira um controlador maluco. Ultrapassar as necessidades não existe como opção, caso contrário, alguma anormalidade, como um câncer, pode surgir.

Ser: As células sabem como ser. Encontraram o seu lugar no cosmos, obedecendo ao ciclo universal de descanso e atividade. Esse ciclo se expressa de diversas maneiras, tais como oscilação dos níveis hormonais, pressão sanguínea, ritmos digestivos e necessidade de sono. A chave de ativar é tão importante quanto a de desativar. Ser obsessivamente ativo e autoritário não existe como opção.

Imortalidade: Embora as células acabem morrendo, elas são imortais no sentido de que usam os genes assim como a epigenética para transmitir seu conhecimento, experiência e talentos às células-tronco muito depois de terem morrido. Não escondem nada de seus rebentos. Trata-se da continuidade da existência, que é também um tipo de imortalidade eficaz, pois se submete à morte no plano físico, mas a derrota por meio da propagação do DNA. A lacuna entre gerações não existe como opção.

Quando qualquer um desses nove elementos essenciais se rompe, a própria vida é ameaçada. Não há nenhum exemplo mais evidente – nem assustador – que o câncer. A célula cancerígena abandonou os elementos essenciais. Suas ações a tornam imortal em sua divisão sem fim. Ela se amontoa e mata as células vizinhas. Dispensa os sinais químicos regulatórios das células vizinhas. Nada importa além de seu interesse; o equilíbrio natural da comunidade celular é tragicamente atravessado.

A oncologia vem ativamente decifrando os gatilhos genéticos envolvidos no câncer, que são extremamente complexos e entrelaçados. A verdade diabólica é que uma célula maligna faz uso da mesma "inteligência" que qualquer outra célula, mas a mutação genética leva a sua atividade à loucura. Como um criminoso rematado, ela muda sem parar de disfarces a fim de ficar longe das garras da polícia, ou, nesse caso, do sistema imunológico. Se o câncer não fosse uma ameaça tão terrível, tal engenhosidade provaria ainda outra frente: a de que todas as possibilidades que a mente humana consegue projetar já foram antecipadas pelas nossas células.

Diante da incrível complexidade colocada pelo supergenoma, surge algo simples e útil: os nove elementos essenciais que as células preservam a todo custo são os mesmos que nos tornam humanos. A conexão entre a mente e o corpo é tão flexível que ela consegue se adaptar não apenas à adversidade, mas também à perversidade – a perversidade de dar as costas ao que a natureza planejou para nós, que é continuar em equilíbrio. Quando submetemos o corpo a toxinas, forçando-o ao ponto da exaustão, ignorando os sinais de sofrimento, estamos zombando da sabedoria de cada célula.

Por outro lado, podemos nos aliar à sabedoria, e quando isso acontece a conexão entre a mente e o corpo atinge seu verdadeiro potencial.

Como vivenciar os 9 elementos essenciais
1. Ter um propósito que seja maior que você;
2. Valorizar a intimidade e a comunhão – com a natureza, com as outras pessoas, a vida inteira;
3. Ficar aberto a mudanças, sempre sentindo o ambiente ao seu redor;
4. Alimentar a aceitação de que todos são iguais, sem julgamento nem preconceito;
5. Apreciar a própria criatividade. Agarrar o frescor renovado do dia, sem amarras com o antigo e o velho;
6. Sentir como o seu ser é embalado pelos ritmos e modelos do universo. Aceitar a realidade onde se encontra em segurança e nutrido;
7. Deixar que o fluxo da vida lhe traga o necessário. O ideal da eficiência é permitir que a natureza cuide de você. Força, controle e esforço não são um caminho;
8. Ter a sensação de vínculo com a sua fonte, a imortalidade da própria vida;
9. Ser generoso. Comprometer-se, tendo na doação a razão da abundância.

Esses nove itens satisfazem a necessidade de cooperação com a sabedoria do corpo, sem se opor a ela, fazendo o possível para aprimorá-la. Passamos pelas escolhas de estilo de vida e pelo que dá mais significado à vida, que é o que interessa ao bem-estar. Não queremos simplesmente nos sentir melhor, mas estabelecer as fundações de uma vida plena.

O campo da mente

Nós nos empenhamos em basear nossos argumentos na ciência sólida, e considerar o corpo como um campo de *inteligência* faz parte disso. Quando alguém pergunta: "Onde fica a mente?", a maior parte das pessoas vai apontar para a cabeça. Por quê? Pode ser simplesmente por que muitos órgãos do sentido ficam ali: olhos, ouvidos, nariz e língua. Com tanta informação fluindo para uma parte do corpo, poderia ser um hábito posicionar a mente na cabeça. A mente e o cérebro ocupam juntos uma residência que fica numa caixa chamada crânio. Será que o cérebro está mesmo tão fechado nessa caixa que tem sentido falar dele como se fosse uma máquina de fazer a mente, como uma impressora faz documentos? A nova genética nos propõe alguns questionamentos radicais em termos de cultura, inclusive o mais radical de todos: Será o cérebro necessário de fato a todas as formas de "consciência"?

Em termos evolutivos, o sistema nervoso não foi sempre centralizado. Algumas criaturas, como a água-viva, têm agrupamentos de neurônios distribuídos pelo corpo. Embora os seres humanos possuam um sistema nervoso central, também temos outros sistemas nervosos mais espalhados. Temos um sistema nervoso periférico, que inclui os nervos que juntam informações para o cérebro (por exemplo, os nervos em nossos órgãos do sentido) e os nervos que enviam sinais do cérebro (por exemplo, dizendo aos nossos músculos o que fazer). Depois que observaram que o trato gastrointestinal pode funcionar bastante bem quando separado do sistema nervoso periférico, concluíram que isso constituía um sistema nervoso entérico (intestinal), semelhante a uma rede.

As células ganglionares especializadas, localizadas entre as camadas musculares das paredes do intestino, foram o fator decisivo para considerar o sistema nervoso entérico como um sistema nervoso separado. Elas agem como um cérebro local. Se cortarem os nervos que fazem a ligação do cérebro com elas, essas células ganglionares continuam a orientar o intestino a se movimentar, absorver e excretar, funcionando bastante bem e com autonomia, como uma unidade funcional independente.

Acontece que o trato intestinal não fica apenas aceitando conselhos do resto do corpo. Ele nutre reações próprias. Quando alguma notícia ruim causa em nós um aperto no estômago, estamos vivendo uma emoção que certamente também vivemos na cabeça, e normalmente ela antecede qualquer pensamento. Será que o sistema nervoso entérico criou essa sensação sozinho? Não se sabe, mas é tentador achar que sim. Com certeza, muitas pessoas confiam nessas reações vindas das entranhas mais do que nas reações confusas e comprometidas que sobrecarregam o cérebro pelo excesso de reflexões.

Tornaram-se comuns as descobertas sobre os processos semelhantes aos cerebrais fora do crânio. Os músculos de nosso rosto estão diretamente ligados ao cérebro. Embora se suponha que o cérebro esteja dizendo à boca e aos lábios para sorrir quando estamos felizes, o inverso também é verdadeiro. Ver um sorriso no rosto de alguém pode nos fazer feliz, e é costume ensinar as crianças a sorrir como uma forma de deixar a tristeza de lado. Se isso funciona ou não, varia de pessoa para pessoa, mas podemos dizer que nesses momentos o rosto está controlando o cérebro.

Pode ocorrer que outras partes do corpo passem por cima do cérebro ou se rebelem. Rudy, que joga basquete duas vezes por semana, vivenciou um fenômeno conhecido como "braços de jacaré". Quando estressado, distraído ou ansioso, a memória muscular dos braços e punhos se paralisa, e a bola, lançada de acordo com as melhores intenções do cérebro, não cai na cesta por uma questão de pouco mais de 1 metro.

O sistema cardiovascular, que organiza o batimento cardíaco, pode ser considerado o cérebro do coração, assim como as células ganglionares do intestino são o cérebro intestinal. A independência do sistema cardiovascular aparece quando um coração transplantado começa a bater mesmo que tenham sido cortados os nervos que o ligam ao sistema nervoso central e periférico do doador. A interação do processo independente do coração com o cérebro é complexa e ainda não foi de todo compreendida.

O sistema imunológico foi denominado "cérebro flutuante". Graças ao que se chama vigilância imunológica, é perceptível que as células imunológicas podem "decidir" se uma substância invasora é amiga ou inimiga. Se elas erram, podemos ter uma alergia a coisas inofensivas – poeira, pólen, pelo de gato – que não oferecem perigo nem precisam ser repelidas. Basta perguntar a quem sofre de alergia se ela atrapalha o raciocínio. A apatia, a falta de energia e o abatimento que muitos alérgicos sofrem não deixam dúvida de que o sistema imunológico faz parte de uma inteligência corporal mais ampla.

Essas descobertas são suficientes para afirmar que há muitas lacunas nas suposições culturais sobre a mente e o cérebro. A localização da mente é uma questão em aberto, e qualquer tentativa de isolá-la fisicamente no crânio depara com objeções sérias. Cada vez mais parece-nos que há uma versão de mente localizada em que cada órgão. (Podemos fazer uma analogia com os Estados Unidos [ou com o Brasil], que tem um governo federal central e vários governos estaduais, além de uma porção de governos municipais trabalhando juntos e influenciando uns aos outros.)

Os pensamentos ocorrem com algum disfarce ou outro em todos os lugares do corpo, o tempo todo. Essa noção, que vem se formando, tem o potencial de chacoalhar a compreensão que se tem da mente. O que se percebe, cada vez mais, é que o cérebro é como uma formação rochosa em uma paisagem cheia de várias formas de inteligência. Vamos investigar as implicações desse novo modelo.

No modelo antigo, os nervos eram como os fios elétricos de uma casa. Mas não são só os "fios" dos nervos que ligam o cérebro ao corpo. Os hormônios e neurotransmissores produzidos em todo tipo de órgão afetam o funcionamento do cérebro e como sentimos a nossa mente. Consideremos as mudanças de humor que muitas mulheres sofrem durante o ciclo menstrual e a menopausa, ou que os homens vivem durante a crise da meia-idade. Outras ocorrências mentais são provocadas de modo semelhante, em termos biológicos. Quem nunca teve sono depois de comer demais? Quem nunca sentiu um aumento de adrenalina depois de falar em público ou ficou aturdido depois de cair da bicicleta? Os hormônios chegam ao cérebro pela corrente sanguínea, gerando efeitos profundos na natureza da "nossa mente". Um pensamento assustado criado pela adrenalina, escondido longe do cérebro no córtex adrenal, parece um pensamento "nosso" – a biologia misteriosamente se converteu em mente.

O cérebro fora do cérebro

O exame do cérebro revela que a relação entre a mente e o cérebro é de uma complexidade ainda maior. Embora as pessoas em geral pensem nos neurônios como sendo células cerebrais específicas, que formam a mente (agindo juntos em redes complexas quase infinitas), há outras células no cérebro sem as quais os neurônios não conseguiriam cumprir sua função – as células da glia, por exemplo, que excedem em número os neurônios e cumprem muitas funções essenciais: transformam nutrientes e oxigênio em neurônios, criando a bainha de mielina em torno dos axônios (condutores dos impulsos nervosos). Essa bainha facilita a rapidez do sinal de transmissão, estabilizando as conexões entre os neurônios e servindo de sistema imunológico para proteger as células dos micróbios nocivos. Em relação a doença de Alzheimer, as células da glia promovem a recuperação de áreas ou células nervosas danificadas, mas também combatem e matam células nervosas. Esse "fogo amigo" pode acontecer ao tentar proteger o cérebro de invasores como bactérias, vírus e fungos.

As células que processam as ocorrências mentais não são necessariamente só "do cérebro". Os neurônios também podem derivar de outras células do corpo, e alguns neurônios e muitas células da glia chegam ao cérebro por meio do sistema circulatório – são como nômades que acabam encontrando um lugar onde viver permanentemente. Existem questões em abundância sobre quanto isso acontece e em quais regiões diferentes do cérebro isso está ocorrendo. (A produção de algumas células cerebrais talvez se dê pela circulação de células-tronco que se tornam neurônios e células da glia, ou pela fusão com células preexistentes.) Todos esses temas ainda estão sendo investigados pelos biólogos evolucionistas. Mas está claro que as células transitam entre o corpo e o cérebro o tempo todo.

Portanto, no corpo, as fronteiras entre o que é cérebro e o que não é cérebro não são nítidas. O cérebro é permeável ao restante do corpo. Dizer que o cérebro cria a mente é no mínimo incompleto. Dizer que o cérebro propicia o acesso à mente é mais preciso. Em uma analogia simples, nenhum automóvel funciona sem motor. Mas o motor sozinho não vai a lugar nenhum. A função que torna o carro um carro exige o desempenho de todas as suas partes como se fosse um concerto. Da mesma forma, as funções que a nossa mente dinâmica desempenha são criadas pelo sistema mente-corpo, não pelo cérebro sozinho. O cérebro sempre esteve fora da caixa; só estava esperando que a ciência percebesse isso. A ciência mais convencional é relutante, quando não rejeita a noção da mente fora do cérebro. Na verdade, fazer a mente funcionar fora da cabeça é relativamente fácil. Se alguém queima a mão no fogão, a atenção vai imediatamente para ela. O aperto no coração de um amor não correspondido leva a atenção para o meio do peito. Em muitas culturas tradicionais, esse tipo de "mente em movimento" acaba sendo uma habilidade consciente. Vejamos um exemplo comum de introdução à "mente fora da caixa" vindo da prática zen-budista. Estudantes que adotam uma disciplinada meditação zen diária – normalmente, contando ou acompanhando a respiração – recebem depois o conselho de se concentrar no *hara*. O *hara* é o segundo chacra, ou centro de energia sutil, localizado abaixo do umbigo, bem em frente ao sacro. Uma maneira de descrever esse exercício da "mente em movimento" é imaginar que a mente está localizada em uma gota de mel no centro do crânio (onde em geral achamos que fica a mente) e depois deixar que a gota de mel vá descendo pela parte da frente da espinha até chegar ao *hara*.

Ter êxito nesse exercício leva tempo e bastante prática. Inicialmente, pode parecer que há só um pequeno movimento, pois o foco de atenção volta à cabeça, como se fosse um elástico. Então, é preciso começar de novo, deixando que a gota de mel desça devagar e a mente, junto com ela. Por que fazer isso? Uma das razões é que quando a mente se movimenta do crânio para uma posição em frente do sacro, ela vai trazer um jorro de energia, não muito diferente do café, que energiza a mente pouco depois que a gente ingere a xícara matinal. O que teria sido um zen sonolento, de repente se transforma num zen desperto.

Mais importante, os praticantes relatam que sentem um apurado senso de estabilidade em sua mente quando ela chega a esse lugar: os pensamentos ainda vêm e vão, mas ficam como ondas subindo e descendo, ou como nuvens que passam, e não como macaquinhos inquietos balançando-se pelo espaço. A mente que corre pelo espaço dos pensamentos descontrolados nos cansa, mas também disfarça a capacidade de termos uma mente silenciosa, forte e estável.

Perdendo a "minha" cabeça

A neurociência desconfia de experiências subjetivas, mas o fato é que os praticantes de zen e outras culturas orientais costumam movimentar a mente fora da cabeça. Há séculos essa experiência é repetida; não é acidental, nem ocasional, nem alucinação. Com bastante prática, uma pessoa consegue levar a mente ao dedinho do pé, ombro, cotovelo, talvez até ao outro lado da sala. A pronta resposta da maioria dos neurocientistas é que tal sensação subjetiva de "movimentar a mente" ou não é real ou pode ser explicada como algum tipo de ilusão neurológica, semelhante aos "membros fantasmas", relatado pelos pacientes que amputaram a perna ou o braço. O membro fantasma ainda ocupa o mesmo espaço do membro perdido e até sente dor.

A melhor réplica a essa alegação é que todo um conjunto de experiências subjetivas da medicina é de relatos pessoais que não podem ser mensurados sem que se pergunte ao paciente o que está acontecendo. Afirmações como "Sinto uma dor aqui", "Estou deprimido", "Estou confuso" e "Perdi o equilíbrio", às vezes, podem ser atribuídas a uma atividade mental distorcida em uma ressonância magnética, mas só o paciente pode dizer o que está acontecendo. O cérebro não tem como dizer que uma pessoa está com dor quando ela diz que não está. (Em uma placa de Petri, quando uma bactéria evita uma toxina ou é atraída para a comida, podemos dizer que ela está sentindo alguma forma primitiva de repulsa ou atração?)

Em todas as culturas com conceitos contemplativos, chega uma hora em que a concepção que alguém tem da mente e do "eu" comum muda fundamentalmente, seja por um instante, seja pela vida inteira. Nas tradições védicas e budistas, essas experiências são chamadas de *samadhi,* quando há uma comunhão com a consciência pura em seu nível mais profundo. Na liturgia hebraica isso poderia ser compreendido como *devekut*, na liturgia cristã, como "comunhão com Deus". A mente pensante comum é deixada para trás e chegamos à consciência sem conteúdo.

Samadhi penetra a zona sombria em que a "minha mente" se dissolve na mente em si. Ali, a realidade muda de forma dramática. Em vez de se aquietar no espaço de um cômodo, a pessoa se aquieta no espaço mental (em sânscrito, *chit akasha*). Entretanto, o que acontece não é estritamente mental. Nessa viagem interior, tempo, espaço, matéria e energia emergem do silêncio da mesma forma que a usada pela física para descrever a criação borbulhando da "espuma quântica". Em nossa opinião, a experiência íntima da meditação, da ioga, do zen-budismo e outras semelhantes não são inferiores aos dados coletados em estados subjetivos de dor, felicidade ou apaixonamento. Os escaneamentos cerebrais apresentam uma correlação com essas experiências, mas para isso é necessária uma pessoa.

As pessoas ficam aturdidas, às vezes apreensivas, ao descobrir que não existe fronteira entre "eu" e o resto do mundo. E a pele? Na escola, ela é retratada como uma barreira impermeável, que nos protege de invasores vindos "de fora" que agridem o corpo. Mas a metáfora da pele como uma armadura viva não é viável. A pele é uma comunidade de células humanas e habitantes bacterianos. Faça uma pausa e mexa a mão, observando como o punho e as articulações dos dedos se movimentam sob a pele. Por que a pele não se rompe com todo esse movimento de estender e contrair os dedos, de flexão e alongamento dos braços? Porque as bactérias que revestem as pregas da pele digerem as membranas celulares de células de pele mortas e produzem a lanolina, que lubrifica a pele (assim como o colágeno que liga as células da pele também faz). Quanto tempo "nós" e nosso genoma duraríamos se a pele vivesse se rompendo, aberta a infecções só de teclar no computador ou acenar para alguém? Felizmente, somos comunidades vivas prosperando em interações harmoniosas orientadas pelo supergenoma.

A única razão para separarmos "aqui dentro" de "lá fora" talvez seja mais biológica do que baseada na realidade. As pesquisas começaram a considerar a oscilação entre o mundo interno e o externo, uma oscilação que todos nós vivemos todos os dias. Às vezes, direcionamos a atenção aos objetos "lá fora", às vezes às ocorrências mentais "aqui dentro". Agora, há uma hipótese que sugere atividades neurológicas específicas entre duas redes complementares de sinais no cérebro – uma fica ativa quando lidamos com o mundo fora do corpo (chamada rede de tarefas positivas), enquanto a outra, a *"rede default"* (ou rede de tarefas negativas) entra em funcionamento quando o foco é interno, como normalmente acontece na vigília, na introspecção ou na falta de entradas sensoriais significativas. Consideram que o cérebro se alterna rapidamente entre essas duas redes, mas, no caso de meditação profunda, as duas entram em funcionamento. Na meditação, "interior" e "exterior" não são mais oposto e contrário, mas são vividos como um todo, sem emenda. E a atividade genética fica mudando durante todo esse processo magnífico.

A última fronteira

Uma última fronteira mantém a mente e o corpo separados: uma crença rígida na fisicalidade (ou corporalidade). Toda a estrutura do cérebro é física. Todas as ações conduzidas pelos neurônios são físicas, e assim são as sequências cifradas do DNA que criam as células nervosas. Graças à nova genética, esse código ficou muito mais transparente; com os avanços surpreendentes da tecnologia, podemos enxergar mínimas alterações na atividade genética. Mas em nenhum ponto dessa sequência é possível ver o DNA obedecendo à mente. Os pensamentos são invisíveis, e a ciência desconfia de qualquer coisa que não possa ser visivelmente detectada e mensurada. A validação da ciência é pelas medidas, mesmo que seja preciso um aparelho tão poderoso quanto um microscópio eletrônico para aumentar a visão humana.

Porém, sabemos que a mente está trabalhando. A nova genética auxiliou a causa da invisibilidade, digamos assim, ao mostrar que as experiências subjetivas da vida podem provocar modificações epigenéticas que alteram a atividade dos genes. Em certo sentido, o fato de o nosso corpo mudar de acordo com o que pensamos e sentimos é tão óbvio que a ciência nem precisa comprovar isso. O corpo inteiro reage quando alguém perde o cônjuge, o melhor amigo ou o emprego, e no estado de luto pode ocorrer depressão, maior suscetibilidade a doenças e até risco de morte prematura. O nosso supergenoma reage diretamente a essas mudanças da vida.

Todas essas mudanças são reguladas pelos genes, e mesmo assim ainda permanece nas ciências em geral esse engodo de que tudo é físico. Um geneticista avalia primeiro a cadeia de alterações moleculares do DNA, descobrindo cada vez mais elos complexos, antes de considerar qualquer coisa tão intangível quanto as emoções do luto. Essa limitação é a última fronteira a ser atravessada. Como conquistar isso?

Uma das possibilidades é o conceito de campo, que é básico na física moderna. Tudo o que acontece fisicamente no nível dos átomos e moléculas (que são "coisas" observáveis) tem origem nas flutuações do campo (que é invisível e uma "não coisa"). Podemos ver a agulha de uma bússola apontar o Norte, mas não podemos ver o campo eletromagnético da Terra, que está causando esse efeito. Podemos enxergar uma folha caindo da árvore, mas não podemos ver a gravidade que a atrai para o chão. Alguma coisa semelhante estaria acontecendo quando os genes ficam ativos?

Uma experiência interessante, conduzida por biólogos moleculares britânicos, em 2009, pode elucidar essa questão. Há décadas sabemos que o DNA tem a propriedade de se recuperar, o que ele faz ao reconhecer que partes da dupla hélice estão codificadas, quebradas ou sofreram mutação incorreta. Quando uma célula se divide e um filamento de DNA se duplica, acontece também a identificação no reagrupamento do novo filamento enquanto cada novo par de base encontra o seu lugar adequado.

Nesse experimento, a equipe britânica colocou filamentos separados de DNA na água e observou que eles começaram a formar conglomerados redondos (esféricos) de material genético. Uma longa sequência de 249 bases químicas (denominadas nucleotídeos) foi marcada com tinta fluorescente para que fosse possível acompanhar como elas se ligaram a outros pedaços de DNA nesse conglomerado.

Os resultados foram surpreendentes e inexplicáveis. Cortes exatamente iguais de DNA foram duas vezes mais propensos a se unir, reconhecendo um ao outro mesmo quando separados na água por distâncias que não permitiam contato físico. Para um biólogo celular, isso não tem sentido, já que é preciso contato físico ou ligações químicas para que qualquer coisa aconteça em uma célula. Mas, em termos de campo, o mistério tem uma explicação. Como um ponteiro que obedece às linhas das forças magnéticas que cercam o planeta, esses filamentos de DNA poderiam estar obedecendo a um "campo biológico" que mantém a vida intacta.

A equipe de pesquisadores batizou de "telepático" o comportamento dos filamentos de DNA na ausência de qualquer conexão física que os juntasse. O campo biológico, que operaria por meio de descargas elétricas infinitesimais, pode ser uma explicação menos sobrenatural. Mas o reconhecimento é uma característica que atribuímos à mente. Quando estamos esperando um amigo no aeroporto, nós o reconhecemos entre uma multidão de estranhos, sem ficar olhando uma pessoa por vez, simplesmente porque sabemos quem estamos procurando. Nesse sentido, mas de modo muito mais misterioso, o pinguim da Antártica, ao voltar do mar com comida no papo, consegue reconhecer qual é o seu filhote, dirigindo-se diretamente a ele entre milhares de outros filhotinhos da mesma espécie.

Há alguma coisa no reconhecimento que é básica e desafia a escolha aleatória. Trata-se de uma propriedade do campo mental da qual todos dependemos – neste momento, você reconhece as palavras na página, não uma coletânea de letras que escolhe a fim de compreender o que significam. Aparentemente, o DNA consegue fazer o mesmo, pois os 249 nucleotídeos não foram se encontrando um a um; a sequência inteira encontrou a sua imagem espelhada, desafiando o acaso.

Como entrar em contato com o campo

Esse experimento mencionado nos ajuda a cruzar a fronteira, mas não nos leva muito além da fisicalidade. Para fazer isso, temos de aceitar que outros fatores, ainda não descritos nem mensurados, estão agindo nos bastidores, organizando partes da matéria para formar criaturas vivas. Nas culturas místicas mundo afora, existem adeptos que experimentaram essa ação invisível.

Só precisamos entrar em contato com um campo natural de inteligência, presente no cérebro e em todas as células do nosso corpo. Os campos são infinitos, mas nós não precisamos ser. Uma pequena ferradura imantada representa uma saliência do imenso campo magnético da Terra, consequentemente, o campo magnético da Terra é um pontinho no campo eletromagnético do universo. No entanto, cada característica desse campo infinito está presente em um ímã. Da mesma maneira, somos uma saliência de nossa mente, que faz parte de um campo mental mais amplo. A conexão com ele é automática. Quando uma experiência com o campo mental fica evidente, como acontece em uma meditação profunda, a percepção muda. Algumas pessoas que já chegaram a esse estado de consciência relatam as seguintes sensações:

- Sentiram o infinito em todas as direções;
- O tempo e o espaço deixaram de ser absolutos – passaram a ser meras criações mentais;
- Cessaram todas as divisões. Apenas o inteiro era real;

- Todos os eventos estavam conectados uns aos outros, como ondas subindo e descendo em um oceano ilimitado;
- A vida e a morte não mais representavam o começo e o fim;
- Fundiram-se ao *continuum* da existência.

Essas percepções estão disponíveis a todos; não é preciso frequentar escolas esotéricas ou místicas. Na verdade, não há um lugar aonde ir em busca do campo mental, pois estamos cercados por ele até nos genes. Para que esse campo se revele é preciso um ponto de vista especial. Na cultura védica, um texto intitulado "Sutras de Shiva" apresenta 108 maneiras de enxergar e descobrir o que existe além do disfarce da matéria. Uma das técnicas é enxergar o que fica além do céu. Não podemos realizar isso, não fisicamente, mas essa não é a questão. Na tentativa de enxergar além do céu, alguma outra coisa acontece: a mente para. Frustrado pela impossibilidade do exercício, o fluxo normal de pensamentos se interrompe. Nesse instante, a mente só percebe a si mesma. Nenhum assunto obstrui a consciência pura, então, aha! *É isso* o que existe além do céu.

Passando a vida toda rodeado de água, o peixe não sabe de fato o que é água. Mas, se pula fora do mar, há um contraste, e então o molhado vai ser vivenciado como o oposto do seco. Não podemos pular do campo mental, mas podemos desacelerar a mente e então ter um contraste semelhante: podemos vivenciar o que é quietude, silêncio e suspensão da atividade.

Mesmo que você não pratique a meditação, que é onde os grandes sábios, santos e místicos encontram o contato mais profundo com o campo mental, ainda é possível ter um vislumbre dele. Acomode-se de olhos fechados, sem fazer nada. Observe o fluxo de pensamentos que passam pela sua mente. Todo evento mental é temporário. Ele chega, fica um instante e depois vai embora. Entre cada evento mental, observe que há uma breve lacuna. Mergulhando nessa lacuna, você chega ao campo mental em sua extensão infinita. Mas não precisa tentar fazer isso nesse instante.

Depois de vislumbrar esse intervalo entre dois pensamentos, abra os olhos. Reflita sobre o que acabou de vivenciar. Os eventos mentais vão surgindo – mas de onde? Os eventos mentais desaparecem – mas para onde vão? O campo mental. Prestamos tanta atenção aos nossos pensamentos que não percebemos esse elemento simples. Cada pensamento é um evento passageiro, enquanto a mente é permanente e imutável. Você percebeu como é fácil observar isso? Por um breve instante, você se tornou um iogue *gyan*, uma pessoa vinculada ao campo mental. Ou, para sermos mais precisos, uma pessoa que sabe estar unida ao campo mental simplesmente porque, para ela, perder contato com esse campo é algo que não existe. Nós nos esquecemos do campo, pois somos obcecados pela constante ciranda mental de pensamentos, sentimentos, sensações e imaginação.

Não estamos criticando a atividade mental. Vivenciar o campo mental apenas ajuda a aprofundar o apreço pela vida. Engendra o encanto que levou Rumi, o poeta persa, a exclamar: "Chegamos girando do nada e espalhando estrelas de pó". E, em outra ocasião: "Veja esses mundos girando do nada/ Isto está em seu poder".

A vida evolui de acordo com padrões que todo mundo acha bonito contemplar. A evolução deu origem ao genoma e ao cérebro humano, a mais complexa estrutura conhecida no universo. Esse mistério pode ser solucionado olhando além do disfarce da matéria? O corpo exibe uma "inteligência" quase infinita em todas as células. O que denominamos "inteligência" celular é a capacidade natural da célula de se adaptar, reagir e fazer escolhas certas em todos os momentos, não apenas por si mesma, mas a serviço de todas as células, tecidos e órgãos do corpo. Algo levou a isso. Em busca desse algo, precisamos nos voltar para a própria evolução, a força que, antes de mais nada, propicia que estejamos todos aqui.

COMO TER CONSCIÊNCIA DA EVOLUÇÃO

O supergenoma expandiu muito a noção de uma célula sensível e adaptável e abre uma janela para muitas outras perspectivas interessantes. Uma célula sensível e adaptável pode modificar o seu DNA à medida que o seu meio ambiente disponha novos desafios e oportunidades. Ela consegue receber e interpretar mensagens vindas do cérebro e responder na mesma moeda. A vida, portanto, se adapta a nossas experiências, reorganizando-se e equilibrando-se constantemente para melhor servir a si mesma e às outras células do corpo. O que testemunhamos é uma parceria entre a mente e o corpo. A mente humana é consciente. Ela faz uso da adaptação, dos circuitos, da criatividade e da complexidade de maneiras extraordinárias – elas são as recompensas pela nossa posição evolutiva na natureza. As células espelham a mente, dando-lhe expressão física.

Mas há um problema com essa história: a teoria da evolução não considera que os genes espelhem a consciência. Um termo como "gene inteligente" seria um anátema, mesmo que a maior parte dos geneticistas não tenham desaprovado o "gene egoísta". Ser egoísta implica fazer escolhas que sirvam apenas à própria pessoa, e é preciso consciência para fazer isso. As nossas células fazem escolhas o tempo todo. Imaginemos uma bolinha de aço movimentando-se em círculos sobre uma folha de papel. A bolinha parece que se movimenta sozinha, como mágica, mas aí olhamos embaixo do papel e há um ímã que a controla. Algo semelhante parece acontecer com a atividade celular em nosso corpo.

Digamos que sejamos capazes de observar células cardíacas individualmente e, sem razão aparente, elas tenham começado a se contorcer feito loucas e logo depois tenham desacelerado. Parecem ter tido tal atitude por si mesmas, mas, se avaliamos direito, aconteceu de a pessoa dona do tal coração ter subido um lance de escadas. As células do coração reagiram a instruções do cérebro, e o cérebro estava obedecendo à mente. É assim que funciona a parceria. O que julgamos inteligente é a pessoa, não suas células. Mesmo as células cerebrais vêm em segundo lugar na parceria, pois a mente sempre vem primeiro. A teoria da evolução se encontra na posição inversa, colocando a matéria em primeiro lugar. A mente, no que diz respeito ao darwinismo convencional moderno, evoluiu a partir de uma atividade celular básica que era irracional. As interações químicas ficaram mais complexas, assim como a capacidade da célula de se adaptar ao seu meio ambiente. Células individuais começaram a se agrupar e formar organismos complexos. Depois de centenas de milhões de anos, esses grumos se especializaram, e o principal veio a ser o que se transformou em células nervosas, dando origem ao sistema nervoso primitivo e, por fim, ao cérebro primitivo. Sabemos de tudo isso porque, sendo seres humanos sortudos, nossas células nervosas agrupadas representam o pico da evolução cerebral. O cérebro humano nos fez conscientes, atentos, criativos e muito inteligentes.

Este livro propôs, ao contrário, que as células e genes participam do mesmo campo mental que o cérebro. Essa teoria é aceitável a qualquer um que acredite, como os darwinianos, que a matéria vem primeiro. Mas a nossa concepção tem uma grande vantagem: ela abre uma nova fronteira para a parceria entre a mente e o corpo. Os pandas nunca vão deixar de comer brotos de bambu; os tigres sempre vão perseguir os veados; os pinguins vão sempre atravessar os campos de gelo da Antártica para botar seus ovos –

ao menos pelos próximos milhões de anos. Seria necessário todo esse tempo para que um gene mutante alterasse tais comportamentos instintivos tão poderosos.

Mas os seres humanos podem mudar a alimentação, renunciar à violência, tornar-se vegetarianos e ter bebês em um hospital acolhedor e não na Antártida. Somos infinitamente adaptáveis. Por isso, ampliamos a evolução muito além das fronteiras físicas. A nossa pele irradia calor em tal quantidade que passar uma noite de inverno do lado de fora seria fatal a um ser humano nu, porém, compensamos essa imensa desvantagem com roupas, abrigo e fogo. Nós nos tornamos os esquisitos da evolução, sem dúvida. Mas o próximo avanço talvez ultrapasse qualquer coisa aceita pelas principais tendências darwinistas.

O ser humano pode ser a primeira criatura na história da vida na Terra a orientar a própria evolução. Se isso ocorrer, o supergenoma se torna a chave do futuro de todos nós, começando pelo que cada um de nós está pensando e fazendo neste exato momento.

Para chegar lá, seria preciso estabelecer três mudanças importantes em nossa compreensão sobre a evolução, e cada uma derrubaria um pilar da teoria darwiniana.

Primeiro, a evolução deve ser orientada por algo mais que a aleatoriedade.

Segundo, a evolução tem que se acelerar muitíssimo, sendo capaz de trazer mudanças não em centenas de milhares e milhões de anos, mas em uma geração.

Terceiro, a evolução deve se organizar a si mesma, sendo consciente e permitindo a influência das escolhas, dos aprendizados e das vivências.

Esses itens representam desafios grandes ao *status quo*. Geralmente, esse debate se daria no pequeno círculo de evolucionistas profissionais. Mas seus objetivos são tão importantes para a vida de todo mundo que queremos que você participe desse círculo privilegiado. Assim como qualquer geneticista famoso merece conversar sobre os rumos da evolução humana, você também faz jus a isso. Vamos considerar as três mudanças que precisam ocorrer no darwinismo, não apenas porque nós dois, os autores deste livro, pensamos assim, mas porque essas são as mudanças que ocorrerão graças à nova genética.

A evolução é apenas uma questão de sorte?

Mencionamos no início que a noção de que todas as novas mutações acontecem apenas aleatoriamente está entre os mitos descartáveis da genética. Àquela altura, dava para ouvir, ao fundo, o barulho de muitos biólogos evolucionistas jogando objetos pesados na sala, pois sem sombra de dúvida o fenômeno das mutações unicamente aleatórias foi um princípio fundamental do darwinismo. Sustentar o contrário foi uma linha de ataque padrão entre antievolucionistas movidos por uma preocupação religiosa, e é difícil eliminar essa mancha.

Na teoria darwiniana, as mutações que impulsionam a evolução não são relacionadas a experiências de vida. De acordo com Darwin, a girafa não obteve um pescoço comprido porque queria ou precisava. O pescoço comprido surgiu acidentalmente um dia, e a girafa mutante sortuda obteve então uma vantagem na sobrevivência que tinha sido naturalmente selecionada para ser transmitida às gerações subsequentes. É óbvio que um pescoço comprido permite que a girafa alcance as folhas mais altas das árvores, mas o darwinismo não admite nenhum "por que". A teoria evolutiva clássica não permite dizer que um pescoço comprido surgiu *porque* o animal precisava se alimentar das folhas mais altas; ela diria que a nova mutação foi aleatória e persistiu *porque* ela deu ao animal uma nova capacidade de sobrevivência.

Fora do campo da evolução, nós discutimos os "porquês" o tempo todo. Se um jogador de basquete tem alguns centímetros a mais que qualquer outro da quadra e faz mais pontos, isso acontece porque ele tem a vantagem da altura. Então, por que não podemos dizer o mesmo das girafas? A razão disso tem a ver com a forma como as mutações são transmitidas. Aquela primeira girafa sortuda tinha que sobreviver, ou então a sua nova mutação não ia dar em nada. Em seguida, o gene mutante teve que surgir na geração seguinte. Já que ele ainda representava uma vantagem na sobrevivência, o gene estava agora presente em mais de um animal – isso melhorava as suas chances de disputa.

Mas as condições ainda eram muito desfavoráveis a ele, pois para se instalar permanentemente, o gene mutante teria que fazer parte do genoma de todas as girafas; a desvantagem das girafas de pescoço curto tinha que ser tão grande que isso desapareceria do caldo genético. Trata-se de um processo numérico, estatística pura que se repete de geração em geração. O que importa é o gene e o seu êxito em ser transmitido. Os evolucionistas podem especular, com bom senso, que um pescoço mais comprido permitiu que essas girafas alcançassem folhas que as girafas de pescoço curto não alcançavam, mas em termos científicos a história é diferente. Os dados científicos dizem respeito à persistência da mutação ao longo do tempo.

Graças à moderna teoria dos genes, a estatística de sobrevivência chegou a um grau apurado. É desencorajador enfrentar a parede das mutações aleatórias; o *establishment* inteiro da genética rejeitava as ideias contrárias. Pelo menos, era assim antigamente, até a década passada. Agora, essa parede se transformou em uma brecha.

Uma brecha é algo mais simpático do que uma parede, porque só precisa de uma ponte, e não de uma bola de demolição. De um lado da brecha temos o fato óbvio de que os seres humanos são inteligentes. Do outro, temos a teoria darwinista, que considera "inteligência" um termo suspeito. Esse termo foi corrompido com a intromissão de Design Inteligente, um movimento que tentou usar a ciência para justificar o Gênesis. Essa tentativa foi derrotada por protestos veementes da comunidade científica, com os quais concordamos. Então, não precisamos travar essa mesma batalha de novo. A divisão rancorosa entre razão e fé precisa ser sanada, pois ambas têm direito ao seu lugar.

A brecha está começando a fechar à medida que novas descobertas pressionam a teoria evolutiva convencional. Mutações aleatórias não são tudo, como a nova genética está provando rapidamente. (Como disse Spinoza, o grande filósofo judeu-holandês: "Nada na natureza é aleatório. Algo parece ser aleatório apenas pela incompletude de nosso conhecimento.) A seleção natural não é tudo, tampouco. Ao contrário das girafas, dos micróbios e das moscas-das-frutas, os seres humanos não existem sozinhos no estado de natureza. Existimos em uma cultura que tem influências profundas sobre o funcionamento do supergenoma. Se uma mãe camundongo ruim consegue transmitir o seu comportamento aos filhotes, o comportamento humano pode estar fazendo a mesma coisa, mas em uma escala muito mais ampla.

Se a brecha entre a evolução padrão e a nova genética puder se fechar, isso será uma grande novidade para todos nós. Significa que estamos de fato evoluindo em tempo real – e, se isso for verdadeiro, as consequências serão enormes. Será que a evolução pode permanecer intacta e, ao mesmo tempo, desistir do aleatório puro como verdade absoluta? Será que a evolução consciente pode mudar, passando de dogma darwinista a um fato estabelecido? Ela vai ter que mudar, se o supergenoma for realizar suas imensas promessas.

A queda da aleatoriedade

A prova de que as mutações genéticas não são simplesmente aleatórias vem crescendo constantemente. Em uma pesquisa de 2013, publicada na impactante revista científica *Molecular Cell*, pesquisadores da Universidade Johns Hopkins mostraram que quando as mutações são deliberadamente introduzidas na levedura a fim de prejudicar o seu crescimento, novas mutações surgem imediatamente, trazendo o crescimento de volta. Elas são chamadas de mutações compensatórias (ou supressoras) secundárias. São tudo, menos aleatórias. As mutações compensatórias também podem surgir se a solução na qual a levedura é cultivada estiver depauperada de nutrientes necessários, criando um meio ambiente mais estressante. Embora a levedura seja um organismo muito básico, a questão aqui é que quando desafios ambientais são evidentes, o genoma rapidamente se adapta e se compensa com as mutações necessárias (não aleatórias), por razões de sobrevivência. As modificações epigenéticas da atividade genética podem ser empregadas com o mesmo propósito.

Uma outra pesquisa publicada na revista *Nature* e relacionada à bactéria *E. coli* chegou a uma conclusão semelhante. Os níveis de mutação variavam muito nas diferentes partes do genoma da bactéria. Os pesquisadores detectaram uma taxa mais baixa de mutações nos genes com alta atividade. Em oposição à ideia de que todas as mutações são aleatórias, a taxa de mutação entre esses genes parece ter sido evolutivamente otimizada a fim de reduzir a ocorrência de mutações nocivas em certos genes mais importantes para a sobrevivência. Como prova disso, taxas mais altas podem ser encontradas onde a mutação é mais útil – por exemplo, em genes imunológicos que precisam estar sempre se reajustando para produzir novos anticorpos, como proteção contra patógenos invasores. Embora ainda não esteja muito claro como as mutações se dirigem a alguns genes e não a outros quando o meio ambiente é desafiador, a principal hipótese é que a epigenética tenha um papel importante nisso.

Vivendo no século xix, obviamente Darwin não poderia saber que as taxas de mutação variam bastante em diferentes pontos do genoma. Ele nem sabia do genoma. No século xxi, fica cada vez mais insustentável para os darwinianos rígidos serem fiéis ao dogma de que as mutações acontecem apenas aleatoriamente, sendo depois submetidas à seleção natural. A taxa de mutação efetiva em qualquer ponto do genoma é afetada por múltiplos fatores, que variam de acordo com propósitos de proteção ou recuperação ou devido a fatores epigenéticos. Esse processo não é aleatório.

Será que a nova genética já pode afirmar que cada pessoa está em evolução neste exato momento? Ainda não. Mais obstáculos devem ser superados, começando pela rapidez da evolução, um rastejar tão lento que as espécies muitas vezes levam milhões de anos para evoluir. Também existem evidências fascinantes de que as mutações cancerígenas não são totalmente aleatórias, como se pensava antes. Como os detalhes científicos são bastante complexos, veja os Apêndices, na p. 301, com um relato mais técnico sobre esse tema.

Acelerando o relógio

De acordo com o darwinismo tradicional, uma espécie deve esperar para que uma mutação genética aconteça aleatoriamente. Se ela melhorar a sobrevivência, a mutação estabelece um novo traço comportamental ou estrutural no portador. Esse traço pode então levar milhões de anos para se espalhar pela população da tal espécie. Mas, com a epigenética, essas mudanças podem acontecer em grandes faixas da população já na geração seguinte.

Saber exatamente quanto tempo leva para que a evolução ocorra é discutível, e essa discussão pode ter início a partir de vários pontos. Vamos começar pela "dificuldade especial" de Darwin, como ele dizia, uma dificuldade que teria efeitos de longo alcance. O problema tinha a ver com formigas e abelhas. Darwin não conseguia compreender como formigas fêmeas estéreis continuavam a aparecer em gerações subsequentes da colônia mesmo sem poder reproduzir. Ele observou como as formigas fêmeas estéreis apresentavam um comportamento e formato físico diferente das férteis. Ainda que as formigas estéreis obviamente não pudessem se propagar e portanto não tivessem chance alguma de se reproduzir, como os genes delas continuavam a ser transmitidos? Darwin não conhecia os genes, mas sua teoria se baseava na sobrevivência, que não é possível se uma categoria inteira de formigas é estéril.

Foi impossível saber a resposta até o surgimento da epigenética, muito depois da morte de Darwin. A epigenética explica como as modificações químicas do DNA alteram permanentemente a atividade genética, ligando-a ou desligando-a. Esse processo pode acontecer depois do nascimento, evitando o desconcertante problema da transmissão de novos genes – só é preciso modificar os que já existem. Darwin quase chegou a essa resposta sozinho. Ele especulou que ela poderia ser encontrada no sistema de castas das abelhas.

Dependendo do tipo de alimento que as larvas das abelhas consomem, elas podem ser candidatas a rainha ou então acabar como operárias estéreis na colmeia. A diferença consistia num alimento especial conhecido como "geleia real", que contém os nutrientes que favorecem um maior desenvolvimento dos ovários. Já foi demonstrado que esse mecanismo preciso envolve alterações epigenéticas dos genes selecionados. Enquanto a alimentação da abelha-rainha permite que ela viva anos e ponha milhões de ovos, a vida curta da operária se restringe a cuidar da casa e tomar conta das larvas e do suprimento – ou seja, tudo o que for necessário para o bem da colmeia.

As colônias de formiga apresentam um mecanismo semelhante. Por fim, Darwin propôs que, no caso das formigas, a seleção natural não se aplicaria apenas ao indivíduo, mas também à família e à sociedade. Ele começou a observar que a colônia inteira poderia ser vista como um "superorganismo" único, que é como o formigueiro é considerado hoje em dia.

A alimentação consegue modificar mais a atividade genética, programando certas abelhas-rainhas para emitir feromônios, que as orientam para tomar conta dos filhotes ou para sair atrás de comida. A atividade genética pode ser modificada pela ação das enzimas conhecidas como histonas deacetilase (HDACS), que eliminam os elementos químicos conhecidos como grupo de acetila dos genes epigeneticamente modificados. Acontece que a geleia real contém inibidores de HDAC que asseguram a posição de futura rainha da abelha. Curiosamente, enquanto escrevíamos este livro, o FDA aprovou o Farydak, o primeiro medicamente epigenético – um inibidor de HDAC para tratar formas recorrentes de um tipo específico de câncer, o mieloma múltiplo (MM). O Farydak reverte as mudanças epigenéticas que ocorrem em certos genes, com a intenção de impedir que o mieloma se espalhe para outras partes do corpo.

Depois de 150 anos, a "dificuldade especial" de Darwin levou à percepção de que a epigenética determina não apenas o destino das larvas de abelha, mas também o seu comportamento posterior. Esse desvio genético acelera a evolução em termos de todos os propósitos práticos. Igualmente importante: faz a evolução ser pessoal. De acordo com a teoria darwiniana padrão, a evolução é totalmente impessoal. Para se firmar, um novo gene mutante deve ser transmitido a uma grande parte da população de plantas ou animais. As asas atrofiadas do pinguim, por exemplo, permitiram que toda a espécie sobrevivesse mergulhando no mar e nadando para caçar peixes. Mas a epigenética altera a vida do indivíduo. No caso da abelha, a vida inteira de uma única fêmea estéril é determinada pelas modificações epigenéticas. Essa diferença pode ter implicações explosivas nos seres humanos. Apresentamos aqui o acumulado de evidências de que a alteração epigenética é um fator-chave nas escolhas de estilo de vida e bem-estar. Porém, é significativa a resistência dos evolucionistas em considerar esse novo esquema, quanto mais em concordar com ele.

No momento, é grande a controvérsia sobre se o *Homo sapiens* avançou em termos genéticos ao longo de nossa relativamente breve vida como espécie. Depois de sair da África há 200.000 anos, os nossos ancestrais povoaram vastas regiões mundo afora, e, ao fazer isso, as características faciais, da pele e da estrutura do esqueleto de cada grupo se diferenciaram. Um rosto asiático não se parece com um europeu em pontos importantes, assim como a pele africana não se parece com a de nenhuma dessas populações. Como escreveu o famoso biólogo e escritor H. Allen Orr:

> Os geneticistas podem achar que uma variante de um certo gene é encontrada em 79 por cento dos europeus, mas em apenas, digamos, 58 por cento das pessoas do oeste da Ásia. Muito raramente todos os europeus apresentam uma variante genética que não apareça em todos os asiáticos orientais. Mas, no nosso vasto genoma, essas diferenças estatísticas se acumulam, e os geneticistas não têm muita dificuldade em concluir que o genoma de uma pessoa parece europeu e o de outra parece asiático.

Já se discutiu que a variação de genoma para genoma é tanta que a linha do tempo deve ser acelerada para dar conta disso. Alguns evolucionistas acreditam que até 8 por cento das mudanças genéticas ocorreram através da seleção natural apenas nos últimos 20.000 a 30.000 anos, um piscar de olhos em termos de tempo evolutivo, se considerarmos, por exemplo, o surgimento do cavalo a partir do *Eohippus* (do grego "cavalo da aurora"), seu pequeno ancestral, apenas duas vezes maior que um cachorrinho *fox terrier* e que perambulou pela América do Norte entre 48 e 56 milhões de anos atrás.

No meio dessa controvérsia em que os dados têm a tendência de ser flexíveis e as conclusões, especulativas, não está claro nem se o nosso genoma mudou devido a vantagens de sobrevivência (obter mais comida) ou acasalamento. Um campo indica que as mudanças genéticas não se deverão completamente a mutações aleatórias e à seleção natural, mas foram estimuladas pela cultura. Segundo esse argumento, como os seres humanos formam comunidades coletivas, é plausível que as características que melhoravam as habilidades comunitárias tenham sido favorecidas através do cruzamento e, portanto, tenham sido transmitidas até os dias atuais. Mas como um gene estimula habilidades específicas é algo questionável. É interessante acompanhar o conflito de Nicholas Christakis, médico e sociólogo de Yale, antes de declarar publicamente que "a cultura pode alterar os nossos genes".

É esse o título de um artigo publicado *on-line* em 2008, em que Christakis afirma: "Mudei de ideia sobre como as pessoas literalmente personificam o mundo social ao redor". Como sociólogo, ele tinha visto provas em abundância de que a vivência das pessoas – de pobreza, por exemplo – moldava suas lembranças e psique. Mas esse era o limite. Como médico,

> [...] achava que os nossos genes fossem historicamente imutáveis, e que não era possível imaginar uma conversa entre cultura e genética. Achava que, como espécie, nós tínhamos evoluído ao longo de períodos muito longos para sermos influenciados pelas ações humanas.

Evolução em tempo real

Sem usar a epigenética para descrever por que ele mudou de ideia, Christakis dá um exemplo notável de como a cultura conversa com os genes:

> Até agora, o melhor exemplo é o da evolução da tolerância a lactose entre adultos. A capacidade dos adultos de digerirem a lactose (um açúcar do leite) só significa uma vantagem evolutiva quando há disponibilidade de leite, como aconteceu depois que os animais produtores de leite (ovelhas, vacas, cabras) foram domesticados. As vantagens são muitas, de uma fonte valiosa de calorias a uma fonte de hidratação bem-vinda em tempos de falta d'água ou deterioração de alimentos. Surpreendentemente, só nos últimos 3.000 a 9.000 anos ocorreram inúmeras mutações adaptativas em populações muito separadas da África e da Europa, e todas propiciavam a capacidade de digerir lactose... Essa característica é tão vantajosa que os que a apresentam têm muito mais descendentes do que os que não a têm.

Três mil a 9.000 é velocidade de carro de corrida em termos de períodos evolutivos, mas Christakis não vê mais razões para duvidar: "Estamos evoluindo em tempo real", ele escreve, "sob a pressão de forças sociais e históricas perceptíveis". Essas palavras não parecem sérias até percebermos que as "forças históricas e sociais" estão até certo ponto sob controle humano. Afinal, começamos guerras, dizimamos populações inteiras, forçamos a inanição e, do lado positivo, aliviamos os famintos, curamos doenças epidêmicas e melhoramos a pobreza. O gancho para Christakis foi um artigo de 2007 publicado pelo antropólogo John Hawks e por seus colegas da Universidade de Wisconsin no prestigioso Proceedings of the National Academy of Sciences, que apresentava provas de que a adaptação humana tem se acentuado nos últimos 40.000 anos. Pode-se comprovar uma taxa acelerada de "seleção positiva", afirmam os autores, estudando os genomas do mundo, que confirmam "a evolução genética extraordinariamente rápida de nossa espécie". Um panorama de possibilidades de repente se abriu. Variantes genéticas podem ter ajudado alguns povos a sobreviver a epidemias como a febre tifoide depois do surgimento das cidades e do maior contato uns com outros.

Quando Christakis começou a pensar dessa maneira, ele percebeu que a cultura não está em um monólogo, tampouco os genes – eles sempre estiveram em um diálogo.

> É difícil saber onde isso pararia. Pode haver variantes genéticas que favoreçam a sobrevivência nas cidades, que favoreçam a poupança para a aposentadoria, que favoreçam o consumo de bebida alcoólica ou que favoreçam uma preferência por complexos trabalhos em redes sociais. Pode haver variantes genéticas (baseadas em genes altruístas, que fazem parte de nossa hereditariedade hominídea) que favoreçam viver em uma sociedade democrática, outras que favoreçam viver entre computadores... Talvez até o mundo mais complexo onde vivemos hoje em dia realmente esteja nos tornando mais espertos.

A evolução em tempo real é fundamental ao supergenoma. Podemos ter certeza de que isso está acontecendo no microbioma, pois as bactérias têm uma vida muito curta e têm tendência a mutações rápidas. Mas se o bem-estar radical vai ser uma realidade, a evolução em tempo real deve se aplicar ao sistema mente-corpo completo. Como isso funcionaria? Antes que o darwinismo triunfasse, havia outras teorias evolucionárias, entre as quais uma em particular anteviu que as criaturas podiam evoluir em uma única vida.

O naturalista francês Jean-Baptiste Lamarck (1744-1829) já defendia a evolução décadas antes de Darwin. Foi um herói nos campos de batalha contra a Prússia e uma figura lúgubre e determinada no laboratório. Acabou morrendo cego, empobrecido e publicamente ridicularizado; na verdade, até recentemente suas ideias sobre evolução permaneciam sendo motivo de desprezo, porque se contrapunham às de Darwin. Lamarck propôs que as espécies evoluíam de acordo com o comportamento dos pais. Por exemplo, ele afirmava que se alguém lia centenas de livros e ficava letrado, teria então crianças inteligentes. Obviamente, não é bem assim. Mas, diante da epigenética, as ideias de Lamarck agora soam menos absurdas.

Ele poderia ser considerado o pai da hereditariedade *soft*, que se encontra no âmago da epigenética – características que são transmitidas à geração seguinte se a mãe ou o pai teve uma vivência forte o suficiente para criar marcas epigenéticas (como sobreviver à fome ou a um campo de concentração) ou se a grávida fumava, bebia em excesso ou foi exposta a toxinas ambientais. Com o imenso avanço das análises genéticas, dos genomas do ser humano aos vírus, confirmamos não só as teorias de Darwin da hereditariedade *hard*, mas também alguns dos princípios de Lamarck. Mesmo sem estar completamente certo, suas ideias não soam mais como algo absurdo.

Um conjunto crescente de dados epigenéticos confirma que pelo menos Lamarck estava no rumo certo. A hereditariedade *soft* é um exemplo fundamental da evolução acelerada. Porém, ainda resta comprovar se as mudanças de estilo de vida dos pais podem ser transmitidas à nova geração. Será que elas são fortes o suficiente e será que permanecem por tempo suficiente no nível epigenético? Essas questões ainda estão em aberto. Sem conhecimento algum de genética, Darwin nem poderia tentar contestá-las. Mas um dia algumas combinações de hereditariedade *soft* e *hard* vão fazer isso.

Introduzindo a mente

Começamos este capítulo dizendo que a teoria da evolução precisava sofrer três mudanças para o supergenoma cumprir seu potencial. Tratamos das duas primeiras, eliminando a barreira das mutações aleatórias e acelerando a taxa de mudanças evolutivas. O que permanece é o terceiro e potencialmente mais controverso dos aspectos: uma função para a mente. Já que a palavra exata é muito explosiva, vamos substituir termos que descrevem como o sistema funciona quando eles se tornam muito complexos e evoluídos. Não adianta dar cabeçadas contra os arquimaterialistas – muitos deles consideram a mente um ramo da atividade física do cérebro, como o calor transmitido por uma fogueira.

Escrevemos um livro inteiro *(Supercérebro)* sobre a relação entre a mente e o cérebro, que sustenta veementemente a posição de que a mente vem primeiro, e o cérebro, em segundo. Mas um livro sobre genética deve se sustentar sozinho. Não se discute, ou pouco se discute, que os sistemas complexos se auto-organizem, usando seus ciclos de *feedback* como uma forma de aprendizado. Aprendizado implica evolução, quer chamemos isso de aprendizado consciente, quer de comportamento de um sistema complexo. Isso posto, vamos continuar.

Como seria uma evolução consciente? Ela teria orientação, significado e propósito. A beleza de uma linda ave-do-paraíso na floresta tropical da Nova Guiné, a simetria corajosa de um tigre, a delicadeza trêmula de um veado – todas essas características seriam intencionais. Haveria uma razão para a existência delas além da sobrevivência do mais forte.

Assim como em outros aspectos da nova genética, o absurdo de tal noção foi sendo suavizado gradualmente. Embora ainda signifique um grande salto afirmar que a evolução tem um propósito e um objetivo (tecnicamente conhecido como teleologia), já não é mais viável dizer que a evolução é totalmente cega. A virada se deu quando o conceito de auto-organização começou a pegar nas últimas décadas. Quando adolescente, a pessoa provavelmente ocupou um quarto típico de adolescente, onde a falta de organização é completa, com roupas espalhadas por todo canto, cama desfeita e assim por diante. Mas, quando adulto, a pessoa encara a necessidade de organizar a vida, já que a alternativa seria o caos. A evolução enfrentou o mesmo dilema e também começou a se organizar mais para evitar o caos.

Em 1947, W. Ross Ashby, um brilhante neurocientista e psiquiatra, publicou um artigo intitulado "Principle of the Self-Organizing System" [Princípio do Sistema Auto-Organizado]. Sua definição de "organização" não gira em torno de sua utilidade, no sentido de como é útil ter um negócio organizado em vez de um desorganizado. Tampouco Ashby julgou a organização como sendo o bem *versus* o mal. Ao contrário, ele afirmou que organização diz respeito a certas condições entre as partes conectadas de um sistema emergente. Isso acaba tendo implicações enormes em relação ao modo como o nosso genoma se organiza.

De acordo com Ashby, um sistema auto-organizado se compõe de partes que são unidas, não separadas. Além disso, cada parte deve afetar as outras partes. A chave está em como as partes se regulam umas às outras. Um fogão não se regula a si mesmo. Se colocamos água para ferver e saímos de perto, a temperatura vai subir cada vez mais até a água ferver e começar a evaporar, o recipiente vai derreter e se fundir com o queimador. Mas um termostato se autorregula. É possível ajustar a temperatura desejada e ir embora, sabendo que, se o ambiente esquentar demais, o termostato vai desligar o calor.

Não sobreviveríamos se o nosso corpo funcionasse como um fogão. Os processos não podem ter a permissão de escapar de si mesmos. Uma febre que não se percebe, mesmo de 5 graus acima da temperatura corporal, é uma ameaça ao cérebro e pode levar à morte. Ficar com frio demais suspende o metabolismo e leva à hipotermia, que em casos extremos também pode ser fatal. O nosso corpo inteiro tem o autocontrole de um termostato, que regula não apenas a temperatura, mas muitos processos. É por causa desse autocontrole que não crescemos sem parar; o batimento cardíaco não dispara; as reações não nos levam a sair correndo sem parar.

Todas as células de nosso corpo se desenvolveram de acordo com etapas ordenadas e autorreguladas, chegando à surpreendente complexidade do cérebro fetal. Em um intervalo de tempo de nove meses, que tem início com um único ovo fertilizado, as células nervosas começam a se diferenciar, em princípio isoladamente, mas logo formando uma rede. Lá pelo segundo trimestre, novas células cerebrais estão se formando a uma taxa fantástica de 250.000 por minuto, e algumas estimativas apontam 1 milhão de novas células por minuto só antes do nascimento. Essas células não são simplesmente glóbulos de vida agrupados. Cada uma tem uma função específica; cada uma está vinculada a outras células nervosas em torno de si; o cérebro sabe onde fica cada uma dessas 100 bilhões de células.

Conexões, redes e circuitos são a chave de todos os sistemas organizados. Bilhões de anos atrás, as primeiras bactérias talvez tenham se originado de forma independente, mas à medida que se encontravam no solo, começaram a agir e formar comunidades – por fim, elas acabaram dependendo totalmente umas das outras para sobreviver e prosperar. No nosso corpo, como já vimos, as bactérias formam redes com nossas próprias células. Partilham muito de nosso DNA e interagem a fim de formar um microbioma extremamente complexo e sofisticado. A evolução nos fez completamente dependente delas. Se no século XX passamos a maior parte do tempo tentando compreender como combater os micróbios, no século XXI estamos preocupados em coexistir em harmonia com eles. O supergenoma é o máximo do sistema auto-organizado, pois reflete toda a história da vida na Terra.

O DNA, nem é preciso dizer, é incrivelmente ordenado, pois põe ordem em bilhões de pares de bases. E isso significa muito mais do que ligações químicas comuns. Há sempre uma auto-organização acontecendo dentro da célula. Cromossomos específicos ocupam posições específicas do núcleo. Apenas 3 por cento do genoma é de fato feito de genes, e as áreas mais pobres em genes ficam mais perto da beirada do núcleo, onde é menor a capacidade epigenética de modificar a atividade genética. Por outro lado, as áreas do genoma mais ricas em genes ficam no centro do núcleo, onde se concentra mais a regulação da atividade genética. Os genes controlados pelas mesmas proteínas tendem a se agrupar em "vizinhanças" genômicas, de modo que as proteínas que regulam certos genes os encontram num lugar só. Tudo o que vemos no genoma indica que nada é aleatório, mas lógico. Dito isso, seria um erro ir ao extremo de afirmar que ele foi "planejado" assim. O desenho só fica evidente depois do fato. O caminho traçado considerou os princípios da auto-organização.

Os sistemas auto-organizados existem de acordo com razões e causas próprias – eles se recriam constantemente com novas interações. Isso leva a novas ordens que nunca estão completas. Por exemplo, um átomo é na verdade um sistema submicroscópico que obedece a regras de ordem. Os elétrons são ordenados de modo que um átomo de oxigênio seja diferente de um átomo de ferro. Mas há espaço para mudança. Como os elétrons externos desses átomos podem se unir, cria-se o óxido de ferro – a ferrugem comum. Ele também não é muito estável, o que leva a mais mudanças. A ferrugem é mais complexa do que o oxigênio e o ferro, seus dois componentes. Portanto, a complexidade estimula uma maior auto-organização, e vice-versa.

É esse o milagre contínuo da evolução: ela desafia o caos ao dar saltos sempre mais criativos. Se empilhamos a areia da praia, temos uma duna de areia. É imensa, mas não complexa; nada a sustenta como um sistema – basta um furacão, e ela se desintegra e desaparece. Porém, as células que vão se acumulando no feto não estão simplesmente empilhadas como grãos de areia. Elas se vinculam, interagem e se organizam. Então, um vento forte não desintegra o corpo humano.

Mas esse é só o começo da história. Complexidade e auto-organização, de mãos dadas, aprenderam a criar a vida, e a vida aprendeu a pensar. Deixando de lado que o momento do pensamento, de acordo com a maior parte dos evolucionistas, surgiu apenas com o cérebro humano. Toda a sequência de eventos que levaram ao surgimento do cérebro mostra que novos estados de ordem nunca estão completos. Como disse o eminente Stuart Kauffman, da área de biologia teórica: "A evolução não é uma questão de 'dar asas à oportunidade'. Não se trata de remendar o *ad hoc*, de bricolagem, de dispositivos. É a ordem emergente, respeitada e afinada pela seleção".

Conservando tudo junto

A ligação química que une os átomos de oxigênio e ferro para dar a ferrugem é física, mas a operação do genoma tem algo que vai além do físico. O termo técnico para esse fator X invisível é autorreferencial. Isso significa que o sistema não se perde de vista, com mensagens constantemente indo e vindo, de modo que o ciclo de mudanças seja também um ciclo de estabilidade.

A chave da autorreferência é o ciclo de *feedback*. Quando um gene produz uma proteína, podemos ter certeza de que, direta ou indiretamente, essa proteína vai ajudar a regular a atividade do gene em algum ponto. Resumindo, se A produz B, B deve de algum modo direta ou indiretamente governar A. As nossas escolhas, físicas ou mentais, também nos governam, em menor ou maior grau. Se uma pessoa é solteira e resolve se casar, essa decisão dá um novo significado às lembranças do passado, assim como ficar doente dá um novo significado ao bem-estar, e o envelhecimento, à juventude. Cada fase da vida é um avanço e, ao mesmo tempo, agrega o passado.

A autorreferência também diz respeito ao modo como os genes reagem só com o necessário para a vida de hoje, sem nunca perder de vista a programação feita no passado. Ao mesmo tempo, através de mutações e marcas epigenéticas, o presente tem a capacidade de alterar essas orientações – isso é básico, e está na raiz da autorreferência. Tudo o que é produzido no universo volta e de algum modo controla o que o produziu. Em termos espirituais, existe o princípio de equilíbrio moral entre o bem e o mal (como a lei do carma), enunciado no cristianismo como: "o que o homem semear, isso também colherá"[1]. Na física de Newton, terceira lei de ação e reação: para toda ação há sempre uma reação oposta e de igual intensidade. Os opostos deveriam apartar os sistemas, mas não o fazem, pois o elemento invisível da auto-organização os conserva intactos.

Os mecanismos de *feedback* sustentam os elos entre um organismo e seu ambiente. Vamos explicar isso em termos um pouco técnicos, pois o *feedback* é um elemento muito importante dessa discussão. Agora sabemos que os genes são resilientes diante de forças e oposições. Na evolução, novas mutações ocorrem quando há estresse e desafio no meio ambiente. Quando surgem condições desafiadoras, o DNA de certos genes fica exposto, de modo que ele pode ser ligado ou desligado pela epigenética, ou sua atividade pode aumentar ou diminuir por causa de proteínas específicas denominadas fatores de transcrição. Isso permite mudanças nas dobras e na topografia do DNA.

---

1 Bíblia, Gálatas 6:7.

Em consequência, as regiões expostas do DNA podem ter maior tendência a sofrer mutações. Assim, nesse modelo, que é cada vez mais aceito, as mutações não ocorrem em pontos aleatórios do genoma. Mudanças no ambiente levam a mudanças no modo como o DNA se dobra (não na própria sequência dos pares de base). Isso determina que regiões de genes são expostas a possíveis mutações. Em outras palavras, o meio ambiente, as situações da vida, o estresse e os desafios externos afetam o modo como o DNA se dobra no núcleo, deixando certas regiões mais expostas a mutações do que outras. Nesse caso, as mutações não são aleatórias, mas surgem na sequência das condições ambientais. Mesmo que haja aqui alguma especulação, o *feedback* entre os genes e as condições externas é fundamental. Isso permite que um organismo se adapte às condições dispostas pela natureza. Esse mecanismo é tão confiável que tem sustentado a vida desde os primeiros microrganismos primordiais.

À medida que todos os componentes do genoma surgiram e interagiram com os demais, eles regularam uns aos outros a fim de montar o que parece ser um projeto lógico. Mas de fato não havia nenhum plano preconcebido, seja historicamente, seja para o futuro. Os processos naturais chegam ao seu resultado em tempo real, através da interação entre si. Esforçamo-nos para compreender como isso acontece. Leonardo da Vinci se maravilhava: "A astúcia humana jamais vai arquitetar uma invenção mais bonita, mais simples nem mais objetiva do que faz a natureza, pois nas invenções dela não falta nada e nada é supérfluo". Em essência, tudo na natureza é um ciclo de *feedback*. Embora os nossos genes montem o cenário, somos nós que determinamos os papéis que desempenharemos nesse cenário e com que personagens iremos contracenar. E, em troca, o cenário se adapta a nós. Estamos sempre modificando os nossos genes com nossas palavras, ações e feitos. Esse sistema de *feedback* tem sido a pedra angular da evolução e sempre o será.

Hereditariedade misteriosa

Até certo ponto, parece inteiramente arbitrário, presunçoso e antropocêntrico que os seres humanos reivindiquem a mente como um território particular. No fundo, a noção de que a natureza descuidadamente criou a nossa mente não tem sentido. A inteligência entranhada nos estratagemas da evolução é extraordinária, mesmo nas chamadas formas de vida menores. Por exemplo, mudanças fundamentadas nos genes em prol da sobrevivência podem acontecer até na forma de roubo. Vejamos o caso da *Elysia chlorotica*, uma brilhante lesma-do-mar verde-esmeralda, que se parece demais com uma planta. Quando chega a hora de se alimentar, a lesma-do-mar surrupia os cloroplastos – máquinas celulares que conseguem fazer fotossíntese – das algas vizinhas a fim de produzir alimento para si, como uma planta, fazendo açúcar com água, clorofila e luz solar.

Esse interessante caso de roubo é conhecido há anos, porém mais recentemente descobriram que a esperta lesma-do-mar também consegue roubar genes inteiros das algas, o que permite que ela produza o próprio alimento. Normalmente, os cloroplastos roubados não duram muito, mas os genes que a lesma-do-mar rouba e junta ao seu genoma a fortalecem, produzindo refeições por mais tempo. É extraordinário que um animal consiga se alimentar como uma planta através do cruzamento de genes roubados.

Algo semelhante diz respeito também à nossa espécie. Os cientistas acreditavam que todas as células do nosso corpo contêm genomas idênticos. Mas agora sabemos que mais de um genoma pode ser encontrado no núcleo de uma única célula humana. Em termos mais específicos, foram encontradas pessoas com grupos de células que contêm múltiplas mutações genéticas inexistentes em outros lugares do corpo delas. Isso pode acontecer quando os genomas de dois ovos diferentes se fundem em um único ovo. Uma mulher grávida pode até obter novos genomas em suas células depois que a criança nasce e deixa células fetais no corpo da mãe. Essas células podem migrar para os órgãos maternos, inclusive o cérebro, e ser absorvidas. Essa ocorrência é conhecida como "mosaicismo genético", e parece ser muito mais comum do que se pensava. Em alguns casos, acredita-se que o mosaicismo contribua com doenças como esquizofrenia, mas em geral é considerado benigno.

Mesmo para os darwinistas convictos, já ficou óbvio que a evolução é uma complexa dança entre a hereditariedade *soft* e a *hard*. Por exemplo, a reprodução sexual da maioria das espécies é feita por circuitos instintivos. Uma mosca-das-frutas macho sabe automaticamente que precisa encontrar uma fêmea disponível para copular, segurá-la com as patas dianteiras, emitir sons específicos, vibrar uma asa e lamber sua genitália. Ninguém precisa ensinar a mosca. Todos os gestos são geneticamente conectados, e a programação é bem antiga, em termos evolutivos. Mas em algum ponto do passado esses comportamentos ainda não eram instintivos, tiveram que evoluir. Cada componente coreografado do ritual de acasalamento surgiu individualmente em algum ancestral da mosca-das-frutas e começou a se espalhar. Por fim, essa nova característica teve tanto êxito que o acasalamento não acontecia sem ela. A essa altura, chamamos o comportamento arraigado de "instintivo", "hereditário" ou "geneticamente determinado".

Em outras palavras, o comportamento surge sem que seja necessário nenhum pensamento. Ele surge como resposta a estímulos específicos. A barata automaticamente sai em disparada e se esconde quando uma luz se acende. O lagarto logo foge quando a sombra de alguém se aproxima dele. O esquilo arrepia a cauda para ficar maior diante de um rival. Esses comportamentos inatos se tornaram automáticos para garantir a sobrevivência. Mas afirmar, como fazem os psicólogos evolucionistas, que o comportamento humano é principalmente uma questão de sobrevivência seria ir longe demais.

Essa afirmação é uma tentativa de fazer com que nós sejamos instintivos como as moscas-das-frutas, as baratas e os esquilos.

Com certeza, herdamos mecanismos de nossos ancestrais mamíferos que são inatos – a reação de lutar ou fugir é o exemplo mais óbvio. Mas podemos atropelar a nossa hereditariedade ancestral à vontade, e é por isso que os bombeiros, por exemplo, não saem correndo de um inferno em chamas, mas correm na direção dele, ou os soldados no campo de batalha enfrentam o fogo cruzado para salvar um companheiro abatido. A mente supera o instinto com escolhas e livre-arbítrio. Da mesma forma – e é essa a noção que atenta contra os geneticistas convencionais –, a mente também supera os genes.

Será que existe um benefício para a sobrevivência na arte, na música, no amor, na verdade, na filosofia, na matemática, na compaixão, na caridade e em todos os outros traços que nos tornam completamente humanos? Será que esses traços são geneticamente obtidos? Cenários elaborados são arquitetados todos os dias pelos psicólogos evolucionistas que insistem em demonstrar por que o amor, por exemplo, não passa de uma habilidade ou tática de sobrevivência que evoluiu a fim de que o acasalamento fosse possível. Todas as outras características são "explicadas" da mesma maneira com um único propósito: preservar a todo custo o esquema original de Darwin.

O anátema seria qualquer admissão de que o *Homo sapiens* tenha evoluído usando a mente, deixando totalmente de lado os genes. Mas, até certo ponto, é óbvio que procuramos a música porque é bonita, praticamos a compaixão porque nos emociona e assim por diante. De algum modo, esses comportamentos são hereditários, mas ninguém sabe como. A existência da mente como uma força propulsora não deixa de ser uma boa explicação, às vezes, a melhor. É bastante possível que tenhamos "baixado" muitas das queridas características que nos fazem humanos, sem a evolução de pequenos gestos como os que fazem parte do ritual de acasalamento da mosca-das-frutas, mas tudo de uma vez.

Por exemplo, a criança-prodígio que nunca teve nenhuma aula de música, mas sabe instintivamente como tocar um instrumento desde muito pequena. A grande pianista argentina Martha Argerich tem uma história desse tipo:

> No jardim de infância, participei de uma competição quando tinha 2 anos e 8 meses. Era muito mais nova que as outras crianças. Tinha um amiguinho de 5 anos que sempre me provocava, dizendo: "Você não consegue fazer isso, você não consegue fazer aquilo". E eu sempre fazia o que ele dizia que eu não faria. Um dia ele começou a dizer que eu não conseguia tocar piano. (Risos.) Foi assim que começou. Ainda me lembro. Eu me levantei, fui até o piano e comecei a tocar uma canção que a professora sempre tocava. Toquei de ouvido direitinho. A professora imediatamente chamou a minha mãe, e elas ficaram muito animadas. E tudo aconteceu por causa desse menino que tinha dito: "Você não consegue tocar piano".

É difícil saber se Argerich simplesmente herdou os genes ou as marcas epigenéticas responsáveis por seu maravilhoso dom. Existem habilidades herdadas. Os bebês nascem com o reflexo de agarrar, o que permite que segurem o seio. Têm um senso de equilíbrio e alguns reflexos rudimentares mais importantes para a sobrevivência. Por exemplo, foram feitas experiências com bebês de poucos meses de idade nas quais eles eram colocados em uma mesa enquanto a mãe, de pé a pouca distância, os encorajava a se aproximarem. Quando eles chegavam à beirada da mesa, não iam adiante; sabiam instintivamente que cairiam da beirada. (Na verdade, o experimento era bem seguro, com uma extensão de vidro na mesa.) Como queriam chegar perto da mãe, os bebês começavam a chorar. Ou seja, ainda que a mãe fosse bastante persuasiva, o rebento obedecia a seus instintos inatos.

Mas a música é uma habilidade complexa, que envolve os hemisférios direito e esquerdo e, ao contrário de um reflexo simples, é preciso aprender, organizar e guardar muita informação. Como será que os prodígios em música – e já existiram muitos – herdam essa complexa habilidade mental? Ninguém sabe, mas o que se argumenta é que a mente seria crucial para a evolução, já que esta diz respeito à hereditariedade, completamente. Para aprofundar esse mistério, vejamos o caso de Jay Greenberg, um prodígio musical que se alinha aos maiores da história, como Mozart. Aos 2 anos de idade, na primeira vez em que Jay viu um violoncelo infantil, começou a tocá-lo. Aos 10, entrou na Juilliard School, famosa escola norte-americana, com a intenção de ser compositor, e por volta da adolescência tinha lançado a sua *Sinfonia nº 5*, num CD da Sony, acompanhado pela London Symphony Orchestra, e o seu *Quinteto de cordas*, interpretado pelo Juilliard String Quartet.

Quanto a seus métodos de trabalho, como muitos outros prodígios, Jay conta que ouve a música na cabeça e depois a escreve, como num ditado (Mozart também tinha essa capacidade, embora acompanhada de um processo de refinamento e criatividade). Ele consegue ver ou ouvir partituras simultâneas em sua cabeça ao mesmo tempo, o que talvez seja um caso único. "O meu inconsciente orienta a minha mente consciente em uma milha por minuto", ele relatou a um entrevistador do programa *60 Minutes*.

Os prodígios surpreendem, mas a questão do instinto e da memória genética é um conceito evolutivo incrivelmente interessante. Um platelminto pode ser treinado para evitar a luz, sujeitando-o a um choque elétrico sempre que ele a vê. Se o platelminto for então cortado ao meio e crescer um novo rabo no pedaço com a cabeça, as duas metades vão continuar a evitar a luz. Como um cérebro recém-gerado contém as mesmas memórias do antigo – será que a memória, nesse caso, fica guardada no DNA do verme? O modo como os nossos comportamentos instintivos são codificados em memória no DNA é uma questão em aberto. Ainda temos que descobrir quanto tempo levaram para serem automaticamente programados em nós.

O mais interessante é que podemos considerar qual dos comportamentos ainda não programados nem automatizados venham a ser assim no futuro. Não sabemos. Mas quando células-tronco idênticas podem vir a ser qualquer uma das duzentas células especializadas do corpo, o que está em andamento são a epigenética e as atividades coordenadas dos genes. As sinfonias lindamente orquestradas das redes de genes são inatas e nos dão um princípio de resposta sobre o modo como habilidades complexas são "baixadas" sem falhas. Nem temos certeza de que hereditariedade seja o termo correto, já que prodígios da música e da matemática, como os gênios em geral, podem muito bem surgir em famílias sem nenhum histórico em música, matemática nem Q.I. alto.

Sua mente, sua evolução

O propósito deste capítulo é abrir novas possibilidades para você, que deseja ter controle sobre o próprio bem-estar. Precisávamos analisar a evolução em detalhes, de modo que você percebesse até que ponto está realmente no controle da situação. A evolução em tempo real é possível. Vamos relembrar por quê.

- As mutações nem sempre são aleatórias. Também podem ser induzidas pelo meio ambiente e por interações;
- As mudanças evolutivas não precisam de milhões de anos – podem acontecer no espaço de uma única geração (pelo menos nos camundongos e em outras espécies);
- Os genes funcionam em circuitos que monitoram constantemente novas mensagens, informações e alterações do meio ambiente;
- O cérebro sempre interage com o genoma, fazendo com que vasto potencial da mente afete todas as células do corpo.

O aprendizado que resulta deste capítulo consiste nesses quatro pontos, e eles pavimentam o caminho de transformação facilitado pelo supergenoma. Também pavimentam o caminho para a transformação de toda a nossa concepção sobre o funcionamento da evolução. Não é preciso se preocupar com a evolução da genética daqui a uma geração. No presente momento, já temos suficiente conhecimento para fazer algo muitíssimo importante – podemos cooperar com a infinita criatividade da natureza.

Evolução, afinal, é apenas uma palavra científica que designa os fatores criativos e de organização que conduzem todo o universo, sobretudo a vida na Terra. O supergenoma registra todos os saltos criativos da vida. Até o surgimento do ser humano, as criaturas não tinham percepção do próprio estado evolutivo. Um platelminto que é cortado ao meio e forma um novo cérebro com suas antigas lembranças não tem ideia da ocorrência desse evento enigmático. Mas você pode usar a sua consciência para orientar sua vida. O supergenoma sempre vai reagir, então, mesmo diante da falta de dados consistentes, nós propomos as seguintes possibilidades:

- As suas intenções provocam um efeito poderoso no seu genoma;
- Se você determinar um objetivo, os seus genes vão se organizar de acordo com esse desejo e ajudá-lo;
- A criatividade é seu estado natural – você só precisa se abrir para ela;
- Você está aqui para evoluir, e o supergenoma tem o mesmo propósito.

Ter em mente essas conclusões é importante, pois o meio ambiente continua a apresentar novos desafios aos nossos genes. Ao contrário de nossos ancestrais, que deparavam com problemas climáticos e predadores, muitos dos novos estresses são, infelizmente, provocados por nós mesmos: mudanças climáticas globais, aumento da poluição, alimentos transgênicos, micróbios resistentes a antibióticos, pesticidas cada vez mais tóxicos e alimentos e água contaminados. Todos nós precisamos começar a armar o nosso genoma para garantir a sobrevivência de nossa espécie. Em outras palavras, não somos apenas responsáveis pela nossa saúde pessoal e por nossa longevidade, que se referem a um supergenoma. O supergenoma verdadeiro é planetário, e o modo como evoluímos tem consequências globais. Não estamos mencionando isso para provocar um senso de responsabilidade ansioso, mas como um desafio fascinante. Se a humanidade resolver esses novos desafios – e quando o fizer –, isso vai significar um salto importante na evolução, ou seja, exatamente como sempre foi e como deve ser.

Epílogo

VOCÊ DE VERDADE

Se você algum dia assistiu a algum programa de televisão sobre o Big Bang ou sobre alguma futura viagem tripulada a Marte, já conhece o padrão: alguém fica olhando o céu à noite e comenta baixinho como a Terra é uma poeirinha na imensidão da criação. Gostaríamos que em momentos assim, William Blake e o que ele escreveu também fosse lembrado: "Ver um Mundo num grão de areia/ E o Céu em uma flor selvagem/ Segurar a Infinidade na palma da sua mão/E a Eternidade em uma hora..." Ninguém resumiu tão bem a história da genética.

Uma partícula microscópica de DNA é o mais perto que chegamos de ver o mundo comprimido em um grão de areia. É um desafio imaginar como a natureza arquitetou tal esquema. Mas ela o fez, e eis você aqui, a manifestação desse mundo e de milhões de anos de evolução. O DNA condensa a vida, o tempo e o espaço na mesma partícula. Neste exato momento, você se combina com todo o fluxo da vida.

Nem você está preso a limites nem o DNA. Quantos anos você tem? Normalmente, você contaria as velas do bolo do seu último aniversário. Mas isso não inclui os 90 a 100 trilhões de microrganismos que constituem a maior parte biológica de "você". Células solitárias só podem se reproduzir por divisão. Uma ameba se divide em duas, mas as duas novas amebas não são filhotes dela. Elas ainda são aquela ameba. Em um sentido muito verdadeiro, todas as amebas vivas hoje são a primeira ameba com alterações selecionadas em seu genoma. E isso também vale para todos os trilhões de microrganismos que ocupam o seu corpo e são necessários para a sua sobrevivência.

Quem é você de verdade? A identidade que escolher. Se começar a se considerar dessa maneira, o indivíduo gradualmente desaparece. Um dia, um iluminado sábio indiano disse ao seu discípulo:

> Não é possível enxergar a diferença entre nós na superfície. Somos duas pessoas em uma sala pequena esperando pelo jantar. Mas ainda há uma grande diferença, pois quando você olha em volta, enxerga as paredes da sala. Quando eu olho em volta, enxergo a infinitude em todas as direções.

Se o DNA pudesse falar, diria algo semelhante. O tempo e o espaço são ilimitados, bem como a força da evolução, que tem o DNA humano como a joia da coroa.

À medida que "você" se expande, cada vez mais fronteiras vão caindo, pois são limitações inúteis. Já que toda a massa de vida animal e vegetal da Terra remonta às criaturas unicelulares, "você" é um imenso ser de 3,5 bilhões de anos. A separação espacial nos faz pensar que somos indivíduos. E somos. Mas a continuidade do tempo no nível celular revela uma realidade equilibrada: estamos unidos como ser biológico único. As qualidades humanas em "você" – consciência, inteligência, criatividade, a vontade de extrair mais da vida – têm uma fonte universal. Como vimos, o essencial da vida humana está presente em todas as células do corpo.

"Você" parece habitar o seu corpo como se ele fosse um sistema de apoio à vida de uma fragilidade considerável. Mas até esse limite tem a ver com aquilo com que você prefere se identificar, a parte ou o todo. Não há um único átomo em seu corpo que não derive de algo que tenha sido comido, bebido ou inalado da matéria do planeta. Seja "você" o que está sentado na cadeira lendo esta frase, seja "você" o imenso ser único de 3,5 bilhões de anos, nenhum habita o planeta – os dois *são* o planeta. O seu corpo vivo é a auto-organização da matéria da própria Terra – minerais, água e ar – em zilhões de formas de vida. A Terra joga palavras-cruzadas e forma palavras diferentes à medida que as letras genéticas se recombinam. Algumas palavras, como "ser humano", resolveram viver a própria vida, esquecendo-se de quem mandava no jogo. Se "você" for uma diversão para o planeta, o que será que ele pretende fazer na próxima jogada? Os jogos sempre têm muitas repetições, mas devem ter novidades também, novos recordes e marcas. Existem campos que "você" pode escolher. De um lado, a sonda de Marte, batizada de *Curiosity* [Curiosidade], pode ser encarada como uma conquista humana distinta e muito complexa. Ela envolveu engenheiros e cientistas capacitados, que planejaram como fazer um robô que fosse impulsionado para um outro mundo, lá pousasse e de lá enviasse informações. Mas existe uma outra maneira, também razoável, lógica e científica de encarar esse fato: o nosso planeta vivo está tentando tocar o seu vizinho.

O planeta empenhou-se nisso com paciência. Enquanto "você", inteiramente focado no individual, estava ocupado descobrindo o fogo, inventando a agricultura, escrevendo textos sagrados, fazendo guerras, fazendo amor e criando outras estratégias de sobrevivência, a Terra talvez já tivesse sonhado em dar um tapinha no ombro de Marte. (Rudy faz parte de uma força-tarefa cujo objetivo é proteger o cérebro dos astronautas de radiações cósmicas na rota para Marte.) Se essa imagem parece excêntrica, observe a atividade do seu cérebro. Você tem consciência de ter um propósito em mente quando anda, fala, trabalha e ama. Mas é inegável que muitas atividades cerebrais são inconscientes, ao passo que a atividade do cérebro como um todo é completamente desconhecida. Seja lá o que for que faz da Terra uma totalidade, faz do seu cérebro uma totalidade. Portanto, não se trata de fantasia pensar na Terra como algo que se move em uma direção coerente e íntegra, assim como faz o seu cérebro desde quando você nasceu.

EPÍLOGO

Ou, resumindo em uma palavra, se você (como pessoa) tem um propósito, então você (como vida na Terra) tem um propósito. Talvez até a Terra, como um conjunto de diversas espécies, assim como nós somos um conjunto de micróbios e células mamíferas, tenha um propósito no sistema solar, e o sistema solar, na galáxia, e assim por diante, no universo. Será que nós, como espécie, temos uma função específica na Terra, em sua qualidade de "ser" no universo? Talvez sejamos o sistema imunológico de nosso querido planeta. Por quê? O único predador natural que pode transformar o nosso planeta em uma pedra sem vida é um cometa ou um asteroide gigante. Somos a única espécie da Terra que consegue prever tal acontecimento e talvez conseguir impedi-lo. E, como acontece com o nosso sistema imunológico, nós precisamos dele, mas também podemos ser prejudicados por ele quando ele sai dos eixos – por exemplo, em caso de inflamação e doenças autoimunes. Não há emendas nessas relações entre células e seres humanos, entre a Terra e o que está além dela, mesmo que por orgulho nós nos coloquemos acima delas e nos vejamos como inteiramente distintos de nosso meio ambiente.

O supergenoma não significa o fim dessa história. É uma obra em construção. Mas, no mínimo, ele costurou "você" e todos nós em uma tapeçaria com toda a vida e o universo. Em um mundo ideal, isso seria o suficiente para salvar o planeta. Curando o meio ambiente, "você" o estaria salvando da destruição. Até agora, os indícios disso não são muito bons. Ao apresentarmos este livro, esperamos que o supergenoma oriente mais gente na direção certa – a de assumir a responsabilidade pelo nosso genoma e pelo planeta. Uma coisa é certa. A evolução humana é consciente, e o que resta é decidir que caminho essa mente vai tomar. Esperamos que seja o da luz.

Apêndices

Ao longo deste livro, apresentamos muita informação científica interessante em termos adequados ao leitor leigo. Mas alguns leitores têm um interesse maior pelos fundamentos genéticos dessas informações. Por isso, seguem aqui informações mais aprofundadas sobre mutações e alterações epigenéticas, pois essas últimas são essenciais às futuras descobertas. Queremos sobretudo considerar as preocupações habituais sobre se as pessoas estão predestinadas a doenças específicas devido a "genes ruins". A resposta está longe de ser simples. Mas as melhores respostas sobre a relação de doenças complexas e nossos genes estão baseadas nos conhecimentos científicos que abordamos. O fio que conecta a epigenética e a inflamação parece levar a muitas direções, e talvez isso venha a ter consequências médicas muito interessantes. Como os nossos genes, a inflamação apresenta duas possibilidades. A medicina vem revelando como mecanismos tão essenciais aos benefícios do corpo podem também gerar problemas graves.

Estes apêndices pretendem tratar desse mistério.

INDÍCIOS GENÉTICOS DE DOENÇAS COMPLEXAS

Uma das consequências do avanço da tecnologia genética disponibilizada pelo Projeto Genoma Humano foi o sequenciamento de nova geração, que consegue decifrar grandes fragmentos do genoma rapidamente, de forma que é possível escanear de modo objetivo o genoma humano inteiro de um paciente a fim de descobrir as mutações causadoras de um problema específico. Depois, como já mencionamos, verificou-se que – na maior parte das doenças comuns com um componente genético – apenas 5 por cento das mutações de genes associadas a essa doença já são suficientes para causá-la. Uma vez herdadas, essas mutações "de grande penetração" garantem a doença. (São também denominadas mutações genéticas mendelianas, em homenagem ao famoso monge e botânico Gregor Mendel, o pai da genética.)

Na verdade, os primeiros genes da doença de Alzheimer, descoberto por Rudy e outros no final dos anos 1980 e 1990, continham tais mutações. No entanto, em 95 por cento das doenças hereditárias, as variações no DNA de inúmeros genes (variantes) cooperam umas com as outras para finalmente determinar o risco de uma pessoa ter a doença, incluindo hábitos e vivências. Enquanto algumas aumentam o risco, outras podem nos proteger da doença. Na maioria dos casos, no entanto, o resultado depende do meio ambiente e do estilo de vida.

Para um indivíduo específico, descobrir exatamente quanto há de contribuição genética envolve uma extensa investigação, que esquadrinharia múltiplas variações genéticas de uma vez e compararia os resultados com o histórico familiar desse paciente, além de experiências de vida e exposição ao meio ambiente. Portanto, apesar do êxito considerável de caçadores de genes como Rudy e sua equipe, para muitas doenças – por exemplo, esquizofrenia, obesidade, transtorno bipolar e câncer de mama –, as variações genéticas associadas a elas têm sido responsáveis por menos de 20 por cento da variação subjacente ao risco, até agora.

Para as doenças mais complexas, já se sabe, há uma interação entre natureza e nutrição. Nessa interação, a influência de fatores epigenéticos tem um papel muito importante. Mecanismos epigenéticos já foram vinculados a muitas doenças, inclusive doenças infantis como síndrome de Rett, síndrome de Prader-Willi e síndrome de Angelman. Em alguns casos, a atividade genética é desligada pela metilação das bases do DNA no próprio gene. Em outros casos, as modificações químicas (metilação e acetilação) ocorrem nas histonas que se aglutinam no DNA a fim de silenciar o gene.

Mas o quadro ficou ainda mais complicado. Como agora é possível sequenciar genomas inteiros, estão descobrindo que cada um de nós tem até trezentas mutações que levem à perda de função de genes específicos, bem como até cem variantes que foram associadas com o risco de certas doenças. Além do mais, algumas mutações e variantes do DNA que influenciam esse risco não estavam presentes nos genomas de nossos pais, mas apareciam de outra forma no esperma ou no óvulo. Essas mutações são chamadas *"de novo"*, ou novas, e podem ocorrer no esperma e no óvulo que se uniram para formar o nosso embrião. Tais mutações ocorrem uma, duas vezes a cada 100 milhões de bases nos dois conjuntos de 3 bilhões de bases de DNA que herdamos de nossos pais.

Isso significa que abrigamos em nosso genoma aproximadamente 72 mutações *de novo* que nossos pais não têm em seus genomas. (A taxa verdadeira de mutações *de novo* depende muito da idade do pai quando o bebê foi concebido. Depois dos 30 anos de idade, a cada dezesseis anos dobra o número de mutações no esperma paterno, e foi demonstrado que isso contribui para o risco de doenças como o autismo.)

Além das variantes de base única do DNA, trazemos grandes duplicações, eliminações, inversões e rearranjos em até milhões de bases do DNA – elas são conhecidas como variantes estruturais. Assim como as variantes de base única (tecnicamente marcadas como SNVs, variantes de um único nucleotídeo), as rupturas estruturais do DNA podem ser herdadas dos pais ou ocorrerem como mutações *de novo*. Na doença de Alzheimer, a duplicação do gene da proteína precursora de amiloide (PPA), o primeiro gene dessa doença a ser descoberto, inevitavelmente leva ao início precoce da demência (antes dos 60 anos).

Variantes estruturais e variantes de base única podem ambas ser encontradas através do sequenciamento de nova geração. Mas, em um outro tipo de análise genética – a análise de transcriptoma –, a manifestação genética (ou atividade genética) pode ser verificada no genoma inteiro. Quando um gene produz uma proteína, ele primeiramente faz um transcrito de RNA, que vai ser usado para orientar a síntese da proteína. A análise de transcriptoma pode ser usada como parte de um teste de regulação epigenética dos genes, já que ela propicia informações sobre a atividade genética e não sobre a sequência do DNA.

O importante é que agora existem ferramentas poderosas que desvendam a complexidade de muitas doenças com aspectos genéticos. Uma das questões é a forma como as doenças complexas progridem – que seria através de uma série de etapas conectadas umas às outras. No dia a dia, quando pegamos um resfriado, percebemos primeiramente um sintoma leve, como a garganta raspando, e a menos que enfrentemos o resfriado nesse estágio inicial (tomando comprimidos de zinco, por exemplo), já conhecemos a sequência de sintomas. Algo semelhante ocorre na genética. Os estudos genéticos que usam a análise de transcriptoma e o sequenciamento do genoma põem em execução uma "análise de caminho", que verifica os muitos genes envolvidos em uma doença. Com essa informação, o objetivo é compreender os mecanismos patológicos da causa da doença e o modo como ela progride. Caminhos biológicos específicos – por exemplo, a cura de uma inflamação ou de um ferimento – influenciam o risco de doenças. As análises de caminho também elucidam outros novos genes de interesse que podem estar envolvidos na doença, tendo como base os caminhos biológicos. Por exemplo, no estudo de Rudy sobre a doença de Alzheimer, a análise de caminho dos genes de risco que ele e outros pesquisadores descobriram implicou um papel importante do sistema imunológico e da inflamação. Quando se trata de doença humana, seja câncer, diabetes, doença cardíaca, seja doença de Alzheimer, para mencionar algumas, a inflamação quase sempre é o fator mortal. Se quiséssemos nomear a mudança epigenética que tem o papel mais importante na modulação do processo biológico, provavelmente seria a inflamação.

Diabetes tipo 2

Cerca de 400 milhões de pessoas no mundo sofrem de diabetes tipo 2, e a expectativa é que esse número ultrapasse os 500 milhões nos próximos vinte anos. No paciente com diabetes tipo 2, os níveis de glicose do plasma (ou açúcar sanguíneo) aumentam, muitas vezes tardiamente, em consequência tanto da genética quanto do estilo de vida, sobretudo da alimentação. Um fator de risco importante é a obesidade. É comum vermos grupos de diabéticos em famílias, e embora isso normalmente pudesse significar mutações genéticas que ocorrem nesses familiares, os membros da família também tendem a comer juntos, compartilhando a mesma alimentação e provavelmente os mesmos hábitos alimentares.

Os conhecimentos sobre os riscos estão mais precisos, mas não necessariamente mais simples. Na diabetes tipo 2, já se sabe que vários genes estão associados ao risco da doença em adultos. (Não é de surpreender que muitos desses genes também tenham sido associados à obesidade e a níveis alterados de glicose.) No entanto, a maior parte das variantes de DNA nos tais genes exercem pequeno efeito sobre os riscos duradouros da doença. O estilo de vida provavelmente responde por grande parte da história, ou seja, a epigenética está em andamento. Algumas das mais fortes evidências disso têm origem nas descobertas de que a alimentação e a nutrição na infância de uma pessoa determinam o seu risco de diabetes e de doenças cardíacas mais tarde. O povo *pima*, do Arizona, EUA, sofre muito de diabetes tipo 2 e obesidade. Se uma mãe *pima* tinha diabetes durante a gravidez, as crianças vão apresentar grande tendência tanto a ter diabetes quanto à obesidade.

A ciência que vincula a epigenética às doenças complexas vem crescendo num ritmo frenético. Agora temos tecnologias genéticas com *chip*, que conseguem examinar meio milhão de pontos do genoma a fim de descobrir onde a metilação pode estar desativando qualquer um dos nossos 23.000 genes. Esses pontos podem ser escaneados, levando em conta doenças específicas, como a diabetes, para se saber exatamente que genes estão sendo alterados. Esses estudos de associação do epigenoma, como são chamados, estão sendo feitos mundo afora em relação às doenças mais comuns. No caso da diabetes tipo 2, algumas das maiores modificações epigenéticas foram encontradas em um gene chamado FTO, relacionado à obesidade e ao índice de massa corporal, que mede a taxa de gordura no peso total.

Outro fator que contribui para o risco de diabetes é o peso da criança ao nascer. Acontece que o risco de desenvolver diabetes no futuro é maior em bebês nascidos ou com peso alto ou com peso baixo. Os efeitos epigenéticos no genoma de bebês com baixo peso ao nascer podem ter início ainda no útero materno. Em bebês com peso alto, a questão parece ser a exposição à diabetes da mãe durante a gravidez. No geral, é quase certo que o risco de contrair diabetes tipo 2 envolve uma combinação de genes, estilo de vida e epigenética, na qual todos esses fatores interagem. É provável que o mesmo modelo se aplique a todas as doenças complexas, de distúrbios metabólicos a vícios e até psicoses.

Doença de Alzheimer

Um campo de estudo muito caro a Rudy há muito tempo é a doença de Alzheimer. Em 2015, uma análise ampla do papel da epigenética nessa doença foi relatada na revista *Nature*, e os resultados eram impressionantes. Pesquisadores do Massachusetts Institute of Technology (MIT) usaram camundongos alterados com gene humano, que gerava neles uma perda de células nervosas, ou seja, neurodegeneração. Esse tipo de morte de célula nervosa é semelhante ao que acontece com o cérebro de um paciente nos estágios finais da doença de Alzheimer, que basicamente rouba a pessoa de si mesma.

À medida que as células nervosas começaram a morrer no cérebro dos camundongos, os pesquisadores procuraram as mudanças decorrentes no epigenoma. À medida que uma neurodegeneração violenta tomava conta do cérebro, descobriram que duas grandes categorias de genes apresentavam marcas epigenéticas. Isso incluía genes envolvidos na neuroplasticidade neuronal e no religamento das redes neuronais – fundamentais na capacidade cerebral de se renovar –, além de outros genes envolvidos no sistema imunológico do cérebro. O sistema imunológico do cérebro usa a inflamação para proteger o cérebro, muitas vezes à custa das células nervosas, que morrem no rastro de uma inflamação desenfreada.

Nesse último caso, as células conhecidas como micróglias, que normalmente defendem e recolhem as células nervosas, percebem o massacre circundante e entendem, por engano, que o cérebro está sob o ataque de bactérias ou vírus. Em consequência, essas agitadas células micróglias começam a lançar radicais livres (balas à base de oxigênio) a fim de matar os invasores. Como efeito colateral desse processo, elas matam muito mais células nervosas na batalha.

A equipe do MIT então comparou a assinatura epigenômica do cérebro dos camundongos alterados com o cérebro autopsiado de pacientes com doença de Alzheimer que tinham sido vencidos pela doença. Os resultados observados foram espantosos. (Mais tarde, essas descobertas também incluíram as marcas epigenéticas de pacientes ainda com a doença.) Tendo início em 2008, a equipe de Rudy e outras começaram a descobrir cada vez mais novos genes associados à doença de Alzheimer funcionando como parte do sistema imunológico cerebral. Quando os resultados do Projeto Genoma da doença de Alzheimer de Rudy foram comparados com os dados da equipe do MIT, ficou nítido e claro: a doença de Alzheimer é sobretudo uma doença imunológica provocada pela interação entre as mutações dos genes do sistema imunológico e o estilo de vida, culminando por fim em alterações epigenéticas desses mesmos genes.

Começou a surgir então um paradigma inteiramente novo sobre a causa e o desenvolvimento da doença de Alzheimer. A equipe de Rudy e outras estão ainda tentando entender como "relaxar" o sistema imunológico cerebral como forma de prevenir e tratar a doença. As respostas, sem dúvida, vão estar no modo como os genes do sistema imunológico são orquestrados para lidar com o ataque violento da neurodegeneração do cérebro.

Sono e doença de Alzheimer

Gostaríamos de tratar da interessante sequência de indícios que resolveu um dos maiores mistérios da doença de Alzheimer. Acontece que o sono foi um dos pontos principais. Perturbações no ciclo de sono e despertar foram associadas a inúmeras doenças neurológicas e psiquiátricas, incluindo a doença de Alzheimer. A ciência vem chegando a uma ideia bem precisa sobre a relação entre sono e doença de Alzheimer. Agora sabemos que o distúrbio tem início, no cérebro, devido ao excesso de beta-amiloide, uma pequena proteína cujo nome pode ser grafado como beta-amiloide ou amiloide-beta (Aβ), relação nem sempre foi óbvia. Quando Rudy era estudante, em meados dos anos 1980, ele e outros dessa área defendiam que a doença de Alzheimer se iniciava em depósitos cerebrais de amiloide. Em 1986, Rudy e outros pesquisadores descobriram o gene (APP) que produz a Aβ (que também veio a ser o primeiro gene de Alzheimer), e 28 anos depois ele e seus colegas desenvolveram o primeiro modelo da patologia da doença de Alzheimer em laboratório em uma placa de Petri, cultivando células nervosas cerebrais em um ambiente artificial semelhante ao do cérebro. Nesse estudo, Rudy e seus colegas Doo Yeon Kim, Se Hoon Choi e Dora Kovacs conseguiram pela primeira vez examinar as placas senis (amiloide) e os novelos (novelos neurofibrilares) dentro das células nervosas que desarrumam o cérebro dos pacientes com Alzheimer. Com esse estudo, a equipe recebeu o prestigiado prêmio da Smithsonian American Ingenuity em 2015.

A criação do "Alzheimer em um prato", como o apelidou a reportagem do *New York Times* quando o artigo científico anunciando essa conquista foi publicado na *Nature*, deu início a trinta anos de debate.[1] Esse debate – na verdade, o maior na área de pesquisa dessa doença – era sobre se o excesso de amiloides que rodeavam as células cerebrais afetadas era a verdadeira causa da formação de novelos dentro das células, que levavam à sua morte. (Esses novelos são uma reunião anormal de proteínas dentro da célula cerebral que são marcadores essenciais da doença de Alzheimer.) A nova pesquisa apresentou a primeira prova convincente de que o beta-amiloide pode provocar todas as patologias subsequentes que levam à morte das células nervosas e à demência da doença de Alzheimer.

A doença de Alzheimer é a causa mais comum de demência em pessoas idosas, e as vítimas frequentemente têm grandes problemas com o sono. Embora essas perturbações do sono tenham sido atribuídas a uma simples consequência da doença, sabemos que elas ocorrem precocemente e podem até ajudar a causar a doença de Alzheimer. Em experimentos relativos à doença de Alzheimer, são notáveis as provas de que o ciclo de sono está fortemente relacionado à produção de beta-amiloide no cérebro de seres humanos e camundongos. Como foi demonstrado por David Holtzman, colega de Rudy da Universidade de Washington, em St. Louis, produz-se

---

[1] A pesquisa "Alzheimer em um prato" foi possível graças à visão da Cure Alzheimer's Fund.

uma taxa maior de amiloide no cérebro quando estamos acordados e as células nervosas, ativas. À noite, sobretudo durante o sono profundo (sono de onda lenta), a produção de amiloides diminui. Algumas outras coisas úteis acontecem no cérebro durante o sono profundo. Primeiro, alguns cientistas acreditam que, durante o sono profundo, a memória recente se consolida, virando memória remota, como se fizéssemos um *download* de dados do *pen drive* para o computador. Segundo, em relação à doença de Alzheimer, não só a produção de beta-amiloide diminui durante o sono profundo, mas é também nessa hora que o cérebro literalmente faz uma limpeza. Ele produz mais fluidos em torno das células cerebrais, que servem para lavar a carga de metabólitos e detritos proteicos como o beta-amiloide. Esse caminho que envolve o resíduo e a limpeza é denominado sistema glinfático cerebral, e lembra o que faz o sistema linfático do corpo, mas empregando as células da glia e não as células linfáticas. Então, não só há uma pausa na formação de beta-amiloides quando a atividade das células nervosas diminui durante o sono profundo como também acontece uma limpeza no cérebro. Enquanto isso, os seres humanos ou camundongos que são privados de sono – um importante fator de estresse – produzem muito mais beta-amiloides e apresentam evidências de grandes danos nas células nervosas e até novelos patológicos. Dado que os beta-amiloides de novelos provocam a morte das células nervosas na doença de Alzheimer, existe agora mais uma razão para dormirmos oito horas toda noite e evitarmos o estresse causado pela privação de sono. Um bom sono parece ser uma das melhores maneiras de baixar o risco da doença de Alzheimer. Embora ainda não se saiba como o sono faz a limpeza cerebral no nível de nossos genes, cuidar dele ajuda a reduzir a ansiedade provocada por essa terrível doença.

Câncer de mama

Uma outra doença de complexo padrão de risco é o câncer de mama. Pesquisadores da University College London revelaram muito da assinatura epigenética do câncer de mama estudando mulheres saudáveis que desenvolveram esse câncer mais tarde, com ou sem a presença de uma mutação do gene BRCA1. As mutações BRCA1 são responsáveis por cerca de 10 por cento dos casos de câncer de mama, restando um mistério em relação aos outros 90 por cento. A questão é: quanto de "ausência de hereditariedade" é epigenético? Acontece que as alterações epigenéticas envolvidas eram bastante semelhantes nos dois grupos de mulheres; em outras palavras, elas não dependiam da hereditariedade da mutação de gene BRCA1. Se a assinatura epigenética da doença é conhecida, ela pode acabar sendo usada para prever quem está prestes a desenvolver um câncer de mama antes que ele ataque, o que significa uma grande vantagem diante do número de 250.000 mulheres por ano com a doença e das 40.000 que vêm a falecer por causa dela.

O fato de a epigenética ter aparentemente tal efeito sobre o risco significa que devemos considerar com seriedade as mudanças de estilo de vida, começando pela alimentação. Entre os nutrientes e suplementos aprovados como ajuda para reduzir o risco de câncer de mama estão a aspirina, o café, o chá verde e a vitamina D.

No caso da aspirina, os melhores dados são de uma pesquisa de trinta anos que acompanhou 130.000 pessoas. Houve uma diminuição de 20 por cento em câncer gastrintestinal e de 25 por cento em câncer colorretal entre as pessoas que tomavam aspirina com regularidade (pelo menos dois comprimidos de 325 mg por semana). Os resultados para esses tipos específicos de câncer não se aplicam ao câncer em geral, e foram necessários dezesseis anos tomando aspirina para que o benefício surgisse. Se as pessoas paravam de tomar aspirina por três ou quatro anos, a vantagem desaparecia. A razão pela qual a aspirina funciona no combate ao câncer, pelo que se sabe até agora, está relacionada aos efeitos anti-inflamatórios (nenhuma surpresa quanto a isso) e sua aparente capacidade de diminuir a formação de novas células cancerígenas.

Doenças cardíacas

Em relação às doenças cardíacas, sabemos que as mutações genéticas e o estilo de vida trabalham juntos para determinar o seu risco, mas, assim como na diabetes e no câncer de mama, também trabalham as modificações epigenéticas (metilação), que silenciam certos genes. Uma pesquisa descobriu que os níveis de duas gorduras do sangue (triglicérides e o colesterol LDL, lipoproteína de baixa densidade) estavam ligadas à metilação de um gene denominado carnitina-palmitoil transferase (CPT1A). Esse gene produz uma enzima necessária para quebrar as gorduras. Quando ele é desligado pelos mecanismos epigenéticos, em vez de os ácidos graxos do corpo serem convertidos em energia, eles continuam na corrente sanguínea, aumentando o risco de doenças cardíacas. A metilação do gene CPT1A é afetada pela alimentação, pela bebida alcoólica e pelo tabagismo.

Bebida alcoólica e genes

Até a dependência de bebida alcoólica é afetada por questões epigenéticas. O alcoolismo cobra um preço alto das vítimas, bem como de seus familiares, contribuindo com uma em cada trinta mortes no mundo. Os genes associados à dependência de álcool mais conhecidos são a álcool desidrogenase (ADH) e a aldeído desidrogenase (ALDH). Ambos produzem enzimas que ajudam a decompor o álcool do corpo. Mas as variações nos genes explicam apenas uma pequena parte do fator hereditário do alcoolismo. É provável que a "hereditariedade perdida" esteja ligada aos centros de recompensa do cérebro, a fonte de prazer quando alguém bebe.

Agora sabemos que a atividade genética desses centros de recompensa na verdade sofre alterações depois da ingestão de álcool. Isso significa que pessoas diferentes vão reagir ao consumo de bebida alcoólica de modos diferentes, dependendo de sua atividade genética. Em pessoas que bebem exageradamente, o aminoácido homocisteína pode aumentar, levando por fim a mudanças de metilação que silenciam genes específicos. Tais atividades genéticas podem provocar um ciclo vicioso no qual a reação ao prazer e ao desconforto é alterada, levando a uma vontade maior de consumir bebida alcoólica, que vai proporcionar cada vez menos prazer.

Doenças mentais

As mudanças epigenéticas também podem estar relacionadas a distúrbios psiquiátricos e ao transtorno bipolar. Até agora, a tentativa de encontrar as mutações genéticas herdadas que levam a esses transtornos teve pouco êxito. Esse impasse mais uma vez reserva à epigenética um papel potencialmente importante no sentido de auxiliar a compreender o elo com a hereditariedade e o papel do estilo de vida. Aumentam as provas de que a esquizofrenia e o transtorno bipolar talvez não possam ser confirmados por mutações genéticas transmitidas dos pais às crianças nem depender unicamente delas.

Em termos de estilo de vida, os suspeitos de agir sobre as modificações epigenéticas são a alimentação, as toxinas químicas e os cuidados parentais. O estilo de vida dos pais pode determinar marcas epigenéticas adquiridas desde o nascimento, mas estudos com camundongos sugerem que outras marcas epigenéticas podem ser hereditárias. Presumivelmente, essas marcas podem surgir como resultado do estilo de vida dos pais e até dos avós. (Por favor, observe que não estamos falando de culpa. A epigenética das doenças mentais ainda é experimental e incompleta. Ninguém ainda relacionou A com B em relação a nenhuma escolha de vida que possa influenciar transtornos mentais.)

Amplos estudos do epigenoma da esquizofrenia e do transtorno bipolar revelaram marcas epigenéticas em alguns genes previsíveis, como os envolvidos na produção de certos elementos neuroquímicos associados a psicoses. Mas outras eram menos previsíveis. Por exemplo, genes importantes para a imunidade apareceram tanto na esquizofrenia quanto no transtorno bipolar, indicando que o sistema imunológico talvez esteja de alguma forma relacionado à suscetibilidade a essas doenças. Claro, nesse caso e em outras assinaturas epigenéticas associadas ao risco, a questão é a causa e o efeito. Como saber se essas marcas epigenéticas ocorreram antes do início da doença (causa) ou como uma reação a ela (efeito)? Por ora, já podemos afirmar que os exames epigenômicos de doenças específicas vão ser inestimáveis em todos os aspectos dessas doenças complexas, desde a prevenção, passando pelo tratamento, até a cura.

Na verdade, estamos muito otimistas em relação aos destinos da genética, mas também somos realistas. Ainda existe uma divisão nítida entre os domínios do invisível e do visível. Todos nós habitamos os dois, fato que não pode ser ignorado. Observando através de um microscópio, um biólogo celular pode testemunhar uma infinidade de alterações no funcionamento das células, porém o elemento mais importante – a experiência que oriente essas mudanças – não pode ser observado. O não físico desempenha um papel em cada minuto de vida de uma pessoa, e nós acreditamos que essa é a principal razão pela qual a genética deve procurar além do materialismo e das mudanças aleatórias.

Os dados vão ter que sustentar essa radical mudança de perspectiva, mas o mais importante é formular ideias às quais os dados possam se ajustar – é essa a nossa perspectiva com este livro, e demos passos gigantescos nessa direção. Você agora sabe mais até sobre a natureza dinâmica de seu genoma do que os geneticistas sabiam há vinte ou trinta anos. Porém, o mais importante é aplicar esse conhecimento no sentido de otimizar a sua atividade genética. Antes que possamos fazer isso, precisamos apresentar mais uma boa porção de informações genéticas, e ela vem de uma fonte surpreendente, jamais imaginada.

O GRANDE PARADOXO DO DNA

A epigenética é um assunto complexo, e ao ler este livro você teve uma boa noção de seu principal conceito: a manifestação genética ativa e desativa, aumenta e diminui dependendo das escolhas que você faz diariamente e das experiências que dão origem a quem você é. É assim, com esse tipo de funcionamento – que leva a trilhões de combinações possíveis –, que as experiências cotidianas são transmitidas às células do seu corpo. De imediato, porém, surge uma questão preocupante. Por que algumas dessas experiências prejudicam tanto o corpo? Por que o DNA não tem a preservação da vida como única missão?

Esse é o grande paradoxo do DNA, e com ele continuamos a nossa história. O DNA possibilita a vida, mas, ao mesmo tempo, tem o potencial de agir de forma destrutiva. É como uma bomba que sabe como se desativar e também como dar início a uma explosão. Qual será a sua opção? Por que o código da vida deve ser usado para gerar a morte? É esse o cerne do paradoxo. Todos nós temos genes para desenvolver o câncer (proto-oncogene) e seu oposto e genes para combater o câncer (genes supressores do tumor). Isso parece inexplicável até percebermos que o DNA reflete todos os aspectos da existência.

Em vez de tomar partido, o DNA se alia a todos os lados, abrangendo todas as possibilidades. Um vírus ou uma bactéria que pode nos adoecer têm uma assinatura genética própria, e fazem de tudo para preservá-la, assim como as células imunológicas de nosso organismo ao lutar contra vírus e bactérias. Quando surgem novas células, elas herdam uma programação genética para a sua morte. Na verdade, o DNA encena um drama no qual ele faz o papel do herói e do vilão, do atacante e do defensor, do mantenedor da vida e do seu destruidor.

O desafio é fazer escolhas que ativem o lado do DNA que dá apoio à vida. A essa altura você já percebeu que demos passos largos nessa direção. Você já começou a enxergar a vida do ponto de vista da célula. Uma célula percebe o seu meio ambiente e faz as adaptações que atendam melhor à própria sobrevivência. Mas também faz isso usando o mínimo de energia possível a fim de conservar-se equilibrada e atender às células vizinhas e ao corpo todo. Se falhar, isso pode gerar câncer e outras doenças que têm o potencial de matar tanto o hospedeiro quanto a célula. Portanto, é natural que todas as células saibam exatamente o que fazer em todas as situações e trabalhem em perfeita harmonia com seus genes. Como seres humanos, esperamos conseguir fazer o mesmo.

As últimas pesquisas em um amplo leque de transtornos – entre eles doenças cardíacas, autismo, esquizofrenia, obesidade e doença de Alzheimer – sugerem que existem indicadores de cada doença que remontam a décadas da vida de uma pessoa, até mesmo à primeira infância. Essa descoberta é surpreendente, pois contradiz a noção convencional de como ficamos doentes. Estamos acostumados a acreditar que ficar doente é como pegar um resfriado. A pessoa está num avião, sentada perto de outra que está fungando e tossindo. Três dias depois, a pessoa pegou o tal resfriado. Trata-se de uma relação simples de causa e efeito, junto com um ponto inicial de infecção bem definido.

Muitas doenças agudas de fato seguem esse padrão, mas acontece que as doenças crônicas não o fazem, e os transtornos crônicos são as principais causas de mortalidade na sociedade moderna. Como estabelecer um programa preventivo para uma doença anos antes de os sintomas aparecerem? Um exemplo desconcertante desse dilema pode ser visto na Guerra da Coreia, quando fizeram autópsias no corpo de jovens soldados mortos na batalha. Homens de cerca de 20 anos apresentavam as placas de gordura nas artérias coronarianas que são a principal causa de ataques cardíacos. Por que homens tão jovens tinham tais placas, muitas já suficientes para indicar o risco de um ataque cardíaco iminente? Não havia resposta médica para isso, e mesmo hoje em dia a origem de uma placa arteriana continua sem explicação. Também surpreendia: por que esses homens não tiveram um ataque cardíaco na juventude, já que o início de um ataque cardíaco prematuro costuma ser aos 40? Mesmo sem respostas satisfatórias, havia aqui um indício, voltando aos anos 1950, de que as doenças crônicas antecipam em muitos anos a chegada dos sintomas e não têm um começo definido, exceto num nível microscópico.

Porém, há também um lado esperançoso nesse mistério. As melhores possibilidades de prevenção e cura estão nessas indicações precoces, pois sempre que o organismo se desequilibra, quanto antes se perceber isso, mas fácil será tratar. Milhares de pessoas seguem esse princípio quando tomam comprimidos de zinco ao primeiro sinal de um resfriado ou uma aspirina ao primeiro sintoma de dor de cabeça. O mesmo princípio pode ser antecipado ainda mais, e é por isso que as vacinas são tão eficazes. Elas dão ao corpo uma defesa precoce contra a pólio, o sarampo ou a gripe do ano, antes que a doença consiga se desenvolver.

Na verdade, a vacina está ensinando algo novo à inteligência do corpo. O corpo escuta (isto é, os genes reagem de alguma forma) e aprende com essa nova experiência. "O sarampo tem esse aspecto. Prepare-se." Nunca vai existir uma vacina universal para todas as doenças humanas (mesmo as existentes têm problemas e sofrem críticas). O que estamos propondo, em vez disso, é um novo modelo de cuidados; no cerne desse modelo está um modo revolucionário de nos relacionarmos com nossos genes.

Essa mudança na maneira de pensar combina com todas as tendências mais avançadas da medicina, mas o público em geral ainda não compreendeu como essa mudança é radical. Temos à mão uma nova era do bem-estar, que vê a inteligência de nosso corpo como o mais poderoso dos aliados.

Demonstrando a urgência dessa abordagem, vamos analisar uma doença assustadora a fim de insistir num ponto de vista mais amplo e mais otimista sobre o bem-estar. Essa doença é o câncer de pulmão. A guerra contra o câncer de pulmão apresenta um confronto duro entre o tabagismo, de um lado, e a prevenção, de outro. As fronteiras da batalha não poderiam ser mais nítidas. O câncer de pulmão é o câncer que mais mata tanto homens quanto mulheres, superando os outros três tipos de câncer mais fatais: de mama, cólon e pâncreas. As pessoas sempre se surpreendem quando descobrem que até 1987 o câncer de pulmão ultrapassava o câncer de mama como o mais fatal entre mulheres.

A doença seria rara se não fosse pelo fumo. Em 1900, antes que o costume do tabagismo se espalhasse, os casos de câncer do pulmão eram tão raros que os clínicos talvez só o conhecessem nos livros de medicina. Com o crescimento dramático do tabagismo no mundo moderno, o câncer de pulmão relacionado ao fumo responde por 90 por cento dos casos, e quando a pessoa para de fumar, o risco diminui ano a ano, embora nunca chegue a zero.

Essa é a estatística (conforme a American Lung Association), e desde que o Surgeon General, principal porta-voz norte-americano em questões de saúde, em 1965, forçou as empresas de tabaco a imprimirem um aviso em todos os pacotes de cigarro, a necessidade de prevenção tornou-se consciente e inegável. (É triste saber que o câncer de pulmão aumentou entre as mulheres hoje em dia porque mais mulheres começaram a fumar.)

Mas é aqui que surge a linha divisória entre bem-estar e bem-estar radical. O fato é que nem todos os fumantes desenvolvem câncer de pulmão. Por quê? O agente patogênico do cigarro é quase uma garantia de prejuízo do tecido pulmonar. Um grande número de problemas respiratórios, inclusive enfisema e asma, se apresentam diante do fumante ativo. Considere ainda as estatísticas mencionadas em http://lungcancer.about.com [em inglês].

Em 2006, numa pesquisa europeia, o risco de desenvolver o câncer de pulmão era de:

- 0,2 por cento para homens que nunca fumaram (0,4 por cento para mulheres);
- 5,5 por cento para homens ex-fumantes (2,6 por cento para mulheres);
- 15,9 por cento para homens fumantes (9,5 por cento para mulheres);
- 24,4 por cento para homens "fumantes pesados", ou seja, que fumam mais de 5 cigarros por dia (18,5 por cento para mulheres).

Uma pesquisa canadense anterior mencionava que o risco de vida de fumantes homens era de 17,2 por cento (11,6 por cento para as mulheres) *versus* apenas 1,3 por cento entre homens não fumantes (1,4 por cento entre mulheres não fumantes).

Essas porcentagens traduzem uma história. Se você não fuma, é improvável que o câncer de pulmão o ataque. Se começar a fumar, a probabilidade aumenta em linha reta. Porém, mesmo que você caia na categoria dos "fumantes pesados", de maior risco, você não desenvolve câncer em 75 por cento do tempo.

Não estamos nem de longe sugerindo que você se arrisque e comece a fumar. Essa história na verdade leva a uma direção muito diferente e inesperada. Por que alguns fumantes escapam? Essa é a pergunta de 1 milhão de dólares que não aparece nas estatísticas. O que você, eu e todo mundo quer saber é qual vai ser a situação futura. O câncer de pulmão é apenas um problema terrível. As estatísticas de todas as doenças indicam pessoas que conseguem escapar delas. "Como eu faço para ser uma dessas pessoas?" é a pergunta que não quer calar.

A resposta é genética, mas vai muito além do clichê segundo o qual algumas pessoas têm bons genes e outras, genes ruins. Imaginemos a fumaça do cigarro entrando no pulmão de duas pessoas. As toxinas químicas da fumaça são as mesmas; os conhecidos agentes cancerígenos são os mesmos. Quando a fumaça atinge o tecido externo do pulmão, o prejuízo está fadado a ocorrer – mas não necessariamente da mesma maneira ou no mesmo grau nas duas pessoas.

As células são muito resilientes e sempre fazem escolhas. Em milhões de anos de evolução, uma escolha se destaca. As células preferem combater qualquer ameaça à sua sobrevivência. Uma das maiores ameaças, que se aplica ao tabagismo, são as mutações patogênicas, variantes nocivas que surgem nos genes. As toxinas do tabaco podem causar mutações súbitas que levam a uma distorção do funcionamento das células. Mas o DNA sabe como se regular e se recuperar, tendo como regra destruir as mutações prejudiciais. *A capacidade de cura das células tem um limite, mas elas não vão ser simplesmente envenenadas até morrerem.* Diante da exposição às toxinas do tabaco, algumas distorções inevitavelmente vão passar pelas defesas celulares, e havendo danos e dependendo do tipo específico de dano, o que acontece em seguida é desastroso. As células se esquecem de se dividir normalmente. A célula que começa a ter uma divisão desenfreada, desarmando as células adjacentes em seu crescimento desregulado, se tornou cancerosa.

Já podemos ver aonde essa história nos trouxe. Por trás das estatísticas de toda uma população, o que existe é o início da malignidade em simples células que decidem o que fazer, guiadas pelo seu DNA. Vamos aprofundar essa investigação. Quando três de quatro fumantes pesados conseguem escapar do câncer de pulmão (de jeito nenhum há garantias de que venham a escapar de outras doenças sérias), que escolhas fizeram as células deles? Pois foram essas escolhas que os salvaram.

O melhor conhecimento da medicina vai dizer o seguinte: algumas pessoas se defendem melhor de toxinas do que outras. Alguns DNAS se saem melhor na recuperação e na destruição de mutações nocivas. Muitos fatores estão em jogo no modo como uma célula se cura, e a forma como ela escapa do perigo fica encoberta por tudo o mais que acontece com ela. Quando se trata de célula e do modo como ela escapa das doenças, a incerteza é grande. Saber como uma célula característica toma decisões não nos diz como a sua célula o faz. Todo mundo tem células diferentes, de acordo com seus componentes genéticos específicos e as atividades genéticas que conferimos a elas com nossas escolhas de vida. Além disso, há a questão dos caminhos que a nossa célula vai tomar de hoje a daqui um dia, um mês, dez anos, pois as células, como as pessoas, podem ser instáveis e variáveis, dependendo em parte das escolhas que nós fazemos.

Estamos nos estendendo nesse assunto penoso a fim de lançar uma luz sobre algo positivo: a imensa inteligência e resiliência das células, ou seja, das nossas células. As pesquisas mostraram que milhares de anormalidades potencialmente prejudiciais são detectadas e destruídas todos os dias em nosso organismo. A diferença entre bem-estar e bem-estar radical *é aprender a orientar e influenciar os nossos genes de modo positivo.*

Dissemos que você é mais do que os seus genes, assim como é mais do que o seu cérebro. Você é quem usa os seus genes e o seu cérebro. A questão é aprender como usá-los de modo que eles lhe propiciem excelente saúde e felicidade. Tudo o que você quer ser, cada conquista que deseja, cada valor que quer sustentar deve atravessar o seu cérebro e os seus genes a fim de se realizar. Portanto, aprender a se comunicar com seus genes não é apenas um complemento bonito. É fundamental. Você já está se comunicando com seus genes, mas a maior parte das mensagens que lhes envia é inconsciente. A repetição tem um papel importante. As reações ficam automáticas e arraigadas. É uma perda imensa do seu potencial de fazer escolhas livres.

A depressão é genética?

A genética seria muito mais simples se andasse por uma rua de mão única onde o gene A sempre estaria conectado ao transtorno B.

Causa e efeito linear é simples e satisfatório. Mas os genes funcionam em uma via de mão dupla, com mensagens que vão e vêm constantemente – ou, para sermos mais precisos, eles são como uma imensa avenida de seis pistas, cheia de mensagens vindas de todas as direções.

Essa percepção tem agitado a medicina e a biologia, subvertendo o que pensávamos saber sobre o cérebro, a vida da célula e quase todas as formas de doença. Para dar um exemplo importante, vamos analisar as circunstâncias atuais da depressão, que direta ou indiretamente atingiu a vida de quase todo mundo, seja devido a um sofrimento próprio ou ao de algum membro da família ou amigo.

Quase 20 por cento das pessoas vão sentir uma depressão grave em algum momento da vida. Neste momento, há um surto de depressão entre os soldados que serviram no Afeganistão (diretamente relacionado com um pronunciado aumento do suicídio entre veteranos da Guerra do Afeganistão, suicídios que em geral vêm sendo vinculados à depressão) e entre trabalhadores que vêm passando por um longo período de desemprego. Em ambos os casos, um acontecimento externo levou à depressão, mas não sabemos por que apenas uma certa porcentagem de pessoas fica deprimida diante dos mesmos estímulos (guerra e perda de emprego).

O vínculo entre depressão e genes é enganoso. Não há nada tão simples como um "gene da depressão". No início de 2013, a revista *Science News* iniciava um artigo sobre depressão com uma cortina de fumaça: "Um imenso esforço para revelar os genes envolvidos na depressão fracassou completamente". Essa notícia foi um choque para toda a comunidade médica, mas seu impacto não atingiu muito o público, que continua financiando a multibilionária indústria farmacêutica e sua constante produção de novos – e supostamente melhores – antidepressivos. Vinte e sete anos depois de o Prozac ter surgido no mercado, em 1988, cerca de um em cada cinco norte-americanos toma um psicotrópico (medicamento que altera a mente), apesar de seus comprovados efeitos colaterais. O

Prozac, por exemplo, apresenta três efeitos colaterais comuns (urticária ou irritações na pele, inquietação e incapacidade de ficar quieto); dois menos comuns (arrepios ou febre e dores nas juntas ou nos músculos); e 25 bem raros (entre eles ansiedade, cansaço e sede), de acordo com o site www.drugs.com.

Não se fala na relação com os genes quando o médico está prescrevendo um remédio para aliviar o sofrimento do paciente. No entanto, os genes são o eixo entre um remédio que funciona e um que não o faz. O modelo aceito para a depressão há décadas a classifica como um transtorno cerebral. No entanto, os transtornos cerebrais têm raiz na genética. A lógica é enganosamente simples. Se uma pessoa se sente deprimida, há um desequilíbrio na química cerebral responsável pelo humor (sobretudo nos neurotransmissores serotonina e dopamina). Assim, na depressão, o mecanismo celular que produz essa química deve estar prejudicado, o que significa genes deformados, já que os genes são o início de todo processo que ocorre em uma célula.

Por que essa lógica simples acaba não sendo verdadeira? Como agora reconhecem pesquisadores renomados, os genes das pessoas com depressão não estão prejudicados nem deformados, comparados com os genes de gente sem depressão. O que se conclui dessa descoberta é que outras suposições básicas também estavam erradas. Os antidepressivos mais populares supostamente funcionavam ao reparar o desequilíbrio químico das sinapses – os intervalos entre a ponta de dois nervos –, cujo problema era um desequilíbrio de serotonina. Mas a serotonina é diretamente regulada pelos genes, e algumas pesquisas importantes indicam que ou as drogas cujo objetivo é consertar o problema da serotonina não funcionam ou já não havia um problema com a serotonina. A matéria da *Science News* não enrolava muito nesse aspecto: "Ao vasculhar o DNA de 34.549 voluntários, uma equipe internacional de 86 cientistas esperava revelar influências genéticas que se relacionassem à vulnerabilidade das pessoas à depressão. Mas a análise não deu em nada". (O estudo a que nos referimos foi publicado em 3 de janeiro de 2013, na revista *Biological Psychiatry*.)

Nada não significa alguma coisa. Se a cadeia de explicações – que passava de genes a sinapses e chegava por fim aos laboratórios farmacêuticos – for rompida, surge uma porção de dúvidas. Será que a depressão é mesmo um transtorno cerebral ou será que é um transtorno da mente, como a psiquiatria pensava antes do surgimento dos modernos tratamentos medicamentosos? As teorias mais recentes não voltaram à estaca zero. O que sabemos não é preto no branco. A depressão tem múltiplas variáveis, o que leva a algumas boas conclusões:

- Existem vários tipos de depressão. Não se trata de um transtorno único;
- Cada depressivo apresenta uma mistura própria de possíveis causas dos seus sintomas;
- O elemento mental da depressão inclui: educação, comportamentos aprendidos, princípios e crítica de si mesmo;
- O elemento cerebral inclui circuitos neurais, com indicação de fragilidade em certas regiões do cérebro cuja causa não é compreendida;
- A depressão não pode ser atribuída a uma região do cérebro. Existe interação de várias regiões.

Como podemos ver, essas conclusões descartam o modelo simples de causa e efeito. "Se você tem dor de cabeça, tome uma aspirina" não se traduz em "Se você se sente deprimido, tome um antidepressivo". A suscetibilidade à depressão é tão complexa quanto a manifestação genética. Por que a depressão é comum em algumas famílias, como se sabe? De novo, não existem respostas simples. Nenhum gene nem grupo de genes que a pessoa herda parece garantir que ela vai ter depressão. Em vez disso, consideramos genes que propiciam a suscetibilidade ao transtorno. O que ativa esses (desconhecidos) genes continua sendo um mistério. Essa mesma predisposição genética pode ficar escondida em uma criança que nunca vai se deprimir quando crescer e em outra que, por alguma razão, acaba se deprimindo. Será que as interações sociais fazem uma pessoa se sentir desamparada e desesperançosa? É isso que a depressão faz; então, talvez (no epigenoma) as lembranças ruins de sentimentos de rejeição e ostracismo cheguem a tal ponto que acabem provocando a depressão.

Em nossa opinião, a depressão não é um transtorno cerebral à espera da solução de uma fórmula mágica, e todo o modelo referente a essa doença deve ser drasticamente alterado. Até como diagnóstico médico ele é suspeito. O maior estudo sobre o fracasso em encontrar os genes responsáveis pela depressão ignorou os diagnósticos de depressão e se contentou com os sintomas. Essa abordagem resultou em um menor número de pessoas que seriam consideradas depressivas. Talvez algumas delas estejam se recusando a admitir o problema ou não saibam a diferença entre depressão e uma tristeza comum. O mais importante, porém, é que os sintomas mudam ao longo da vida, e existe uma escala móvel de cada paciente. Como qualquer emoção, a depressão vem e vai. Cada dia é de um jeito.

Então, será que um dia a depressão terá cura? Não é o caso de não se apresentar uma previsão otimista nem uma pessimista, pois a situação é nebulosa demais. Os tratamentos medicamentosos continuam sendo extremamente populares, independentemente do que a ciência mais básica afirme. Em casos de depressão leve a moderada – o tipo mais comum –, os antidepressivos às vezes não funcionam mais do que 30 por cento do tempo, aproximadamente o mesmo tempo do efeito placebo. Alguns sintomas de depressão severa continuam sem tratamento, porém, em outros casos, os depressivos crônicos têm a melhor performance com um tratamento medicamentoso. É sempre melhor ter esperança do que desistir.

Agora que você compreende a situação e todas as incertezas que ela implica, está muito à frente da grande maioria dos médicos, pois eles não atentam para as pesquisas e continuam a prescrever os mesmos antidepressivos. Milhões de pacientes continuam a tomá-los, sentindo que não há outro jeito. Mas há.

A depressão não se encaixa no antigo modelo de doença, mas se ajusta ao novo modelo que descrevemos. O estilo de vida e o meio ambiente estão envolvidos na depressão. Os genes têm um papel nisso, bem como o comportamento, as crenças e o modo como a pessoa reage às experiências cotidianas. O epigenoma está armazenando reações genéticas a experiências pessoais e lembranças, o que leva a uma constante alteração nas atividades de nossos genes.

EPIGENÉTICA E CÂNCER

Vamos ampliar o que já se sabe sobre genes e câncer. Talvez nenhuma outra doença conte mais com os riscos relacionados ao genoma do que o câncer. Para explicar por quê, precisamos voltar um pouco no tempo. Como mencionado anteriormente, quando Rudy ainda era um estudante da Faculdade de Medicina de Harvard, ele ficou entusiasmado ao participar da primeira pesquisa a encontrar o gene de uma doença de causa desconhecida (a doença de Huntington). Desde os estudos pioneiros em análise genética, no início dos anos 1980, a esperança era de que todos os mistérios das doenças hereditárias fossem resolvidos com a comparação do genoma dos pacientes *versus* o de sua contraparte saudável. Naquele total de 6 bilhões de letras combinando A, G, C e T herdadas de nossos pais, apenas cerca de 200 milhões são usadas para formar os genes. Os genes dispersamente distribuídos são como as palavras de uma história de vida contada pelo genoma. As 5,8 bilhões de letras restantes servem para arrumar e enfatizar essas palavras, criando muitas variações da mesma história. Depois da descoberta dos genes da doença de Huntington, de 1990 a 2010, os geneticistas passaram a maior parte do tempo procurando mutações da doença apenas na sequência do DNA dos genes, como tipógrafos procurando palavras na história do genoma. Mas a epigenética agora nos conta que muito dessa história está naquele DNA intergênico, as regiões do genoma que costumávamos denominar "lixo de DNA", que fica entre os genes. Essas regiões determinam como ler a história e quais os capítulos mais importantes.

Um editorial da revista *Nature* que tratava dos primeiros dados do Mapa do Projeto Epigenoma, um catálogo completo, afirmava:

> Nas doenças humanas, o genoma e o epigenoma funcionam juntos. Atacar as doenças usando apenas a informação do genoma tem sido como tentar trabalhar com uma das mãos amarrada nas costas. O novo tesouro de dados epigenômicos liberta a outra mão. Não vai trazer todas as respostas. Mas pode ajudar os pesquisadores a decidir quais são as questões a fazer.

Parece que a maioria das doenças comuns de base genética são extremamente complexas, e um número imenso de fatores – desde mutações no genoma herdadas dos pais até modificações epigenéticas trazidas pelas experiências de vida – conspira para determinar o risco que alguém corre de ter uma doença específica.

Durante os anos de combate ao câncer, com certeza houve progresso. Mas, de acordo com a American Cancer Society, até 2015, mais de 1,6 milhão de norte-americanos ainda recebiam o diagnóstico de câncer todos os anos, e quase 700.000 morrem de todos os tipos de câncer. Mais do que qualquer outra doença, o câncer conduziu um incrível progresso na compreensão das mutações genéticas responsáveis pela doença. E acredita-se que o desenvolvimento do câncer se deve ao acúmulo de mutações dos genes, levando as células a ficarem cancerosas e formarem tumores de vários tipos. No entanto, já sabemos que o risco de câncer também depende de como as modificações epigenéticas do genoma deixam certas regiões mais inclinadas a mutações de ocorrência recente. (Na verdade, até esta data, as maiores provas do papel da epigenética nas doenças vêm das pesquisas sobre o câncer.) Essas mutações podem ser ativadas pela exposição a certas toxinas ambientais – por exemplo, a dioxina, uma categoria química letal encontrada na fabricação de inseticidas e na incineração de lixo, para a qual não existe dose segura. A Environmental Protection Agency estima que o prejuízo que tem sido causado pelas dioxinas ultrapassa os problemas causados pelo DDT na década de 1960. A toxina ambiental tem a capacidade de causar novas alterações epigenéticas que podem modificar as dobras do DNA genômico – que, por sua vez, tem o potencial de afetar a região onde novas mutações vão poder se formar.

Portanto, a formação de um tumor envolve inúmeras etapas, incluindo alterações genéticas e epigenéticas do genoma. Ao contrário das mutações dos genes, as modificações epigenéticas podem ser consideradas temporárias e até reversíveis. Alguns tipos de câncer são desencadeados pelos genes que são ativados através de um processo denominado "hipometilação" (o prefixo *hypo*, em grego, significa "sob"). Nesse caso, as marcas de metilação dos genes que silenciam sua atividade foram eliminadas de alguma forma. Sem um supressor que os contenha, os genes nocivos são ativados. Em outros casos acontece o contrário. Desativar certos genes através da metilação pode levar à formação de um tumor ou pode significar a adição de elementos químicos do grupo acetila às histonas, as proteínas que envolvem o DNA.

Novos medicamentos que iriam contrabalançar essas alterações epigenéticas que causam tumores estão sendo desenvolvidos. Por exemplo, drogas conhecidas como inibidores da DNA-metiltransferase (DNMTS) atuam como agentes desmetilantes que conseguem eliminar as marcas de metila dos genes. Tais drogas já são usadas com sucesso para tratar certos tipos de leucemia. Outras drogas, chamadas de inibidores de histona deacetilase (HDAC), também estão sendo usadas para tratar leucemia e linfoma. Naturalmente, essas assim chamadas "epidrogas" não deixam de ter problemas, já que são extremamente específicas na forma de agir no genoma. E, embora sejam usadas com algum êxito no tratamento de tipos hematológicos de câncer, não foram muito eficazes no combate a tumores sólidos. Ainda que desejando que essa nova categoria de "epidrogas" se saia bem, devemos também considerar a necessidade de pesquisas sobre mudanças de estilo de vida – por exemplo, alimentação saudável, administração do estresse, atividade física, controle de peso e assim por diante – que cheguem aos mesmos resultados.

O câncer é aleatório?

A aleatoriedade é mais que uma questão teórica – o câncer causa muito sofrimento em nossa vida. Vinte anos atrás, nos anos 1990, pensava-se que o câncer era sobretudo aleatório, o que deixava todo mundo diante do mesmo risco. A genética reforçou a impressão das pessoas de que o câncer era cruel e impessoal, atacando qualquer vítima que escolhesse. Havia argumentos contrários a isso. Quem pensava que o câncer era causado por toxinas apontava o fumo e o cimento-amianto como principais exemplos. Outros que argumentavam em favor de vírus mencionavam o câncer cervical, que é causado pelo vírus do papiloma humano (HPV). Por fim, todo mundo tinha uma peça do quebra-cabeça ou, como disse um especialista em câncer, era como na parábola hindu dos cegos e do elefante: em cada área havia um homem cego segurando uma parte diferente da resposta.

A visão em voga nos traz de volta a uma imagem familiar: a nuvem de causas. Toxinas ambientais, vírus e mutações aleatórias, todos desempenham algum papel, e assim como na história de como os holandeses se tornaram os homens mais altos do mundo, a nuvem não é muito satisfatória quando tenta relacionar a causa e o efeito. A única certeza de fato é que todas as vias acabam levando ao genoma. Já se sabe, todos os tipos de câncer precisam de um gatilho dentro da célula, na forma de um gene canceroso (oncogene). Existem muitos genes assim, e eles recentemente foram catalogados, em um esforço mundial para registrar o Atlas do

Câncer, um mapa genético completo da doença. Além de ativar um oncogene, o câncer pode começar desligando o seu oposto, o gene supressor do tumor.

Depois de falarmos de chaves que são ativadas e desativadas, a epigenética entra na equação bem como as questões relacionadas à aleatoriedade, pois o que provoca a chave talvez não seja aleatório de jeito nenhum. Fumar cigarros não é um acontecimento aleatório. Se uma pessoa fuma, a probabilidade de ela contrair câncer de pulmão é alta. Mas a explicação epigenética para o câncer apresenta tantas soluções quanto são os problemas. Por um lado, a esperança ingênua de que o câncer só tivesse a ver com um único gene, que acabou três décadas atrás, nos anos 1980, se repetiu com a epigenética – acontece que enquanto uma mutação genética pode levar a um certo tipo de câncer, a doença parece envolver até *cinquenta ou cem genes*. Os genes do câncer podem continuar a sofrer mutações à medida que o câncer se espalha, fazendo do aspecto maligno um alvo veloz e esquivo. As drogas que miram os genes ocuparam as manchetes ao curar tipos específicos de câncer, como uma das formas de leucemia infantil, que envolve apenas um único gene.

No entanto, depois de vinte anos de pesquisa em busca de drogas similares para eliminar uma série de tipos de câncer, o sucesso tem sido limitado. Para piorar as coisas, as drogas que funcionam muito bem na eliminação de todos os traços de malignidade muitas vezes têm, infelizmente, um efeito temporário. O câncer do paciente volta em poucos meses. Superficialmente, parece que a arma secreta do câncer é a rapidez e a aleatoriedade de suas mutações, o que sustenta o dogma evolutivo sobre a predominância do aleatório.

Mas há sinais que indicam uma nova direção. Entre todas as doenças, nenhuma foi tão nitidamente relacionada a aberrações epigenéticas quanto o câncer.

Os epigenomas de tipos específicos de células cancerígenas apresentam a mesma digital epigenética que combina com a célula que deu início ao câncer. Isso serve para revelar o tecido no qual o câncer começou, independentemente do lugar do corpo onde foi encontrado. Tal informação poderia ser muitíssimo útil no futuro para diagnosticar e tratar diferentes formas de câncer, pois, uma vez que o tumor tenha se espalhado, é extremamente difícil saber onde ele começou. Para complicar ainda mais o problema, a célula cancerosa tem o costume de ter mutações contínuas. Espera-se que, comparando os epigenomas de células saudáveis e malignas, possamos compreender melhor como a doença pode ser desencadeada por muito mais fatores do que os genomas fornecidos por nossos pais.

Parece que, examinando com cuidado as marcas epigenéticas (metilação e acetilação), é possível de fato fazer previsões sobre que tipo de câncer vai se desenvolver. Essa revelação acabou representando uma abertura contra as mutações aleatórias. À medida que levamos a vida e o nosso meio ambiente e as nossas experiências governam quimicamente a atividade de nossos genes – já tratamos bastante disso –, podem surgir novas mutações específicas que são as mesmas em todas as células de um determinado tipo de tumor. Então, as modificações epigenéticas levam a novas mutações *previsíveis*. Algo previsível está longe de ser simplesmente aleatório.

Todavia, esse nível de previsibilidade não resolve o mistério todo. Por analogia, pensemos no clima. Em um dia de verão, é bem possível que aconteçam tempestades, e seu ritmo pode ser previsto com um alto grau de acuidade – à medida que o dia esquenta, é mais provável que caia uma tempestade à tarde ou à noitinha do que no frescor da manhã. Porém, o movimento exato das correntes de ar, da umidade e das nuvens é menos previsível, e não é possível saber todos os detalhes sobre a causa de uma tempestade específica. No câncer, muitas mutações podem ocorrer simultaneamente, e nem todas levam a resultados ruins. Surgem milhares de possibilidades, e a imprevisibilidade é grande. (Só porque algo é imprevisível não significa que é aleatório. O seu pensamento seguinte não é aleatório, mas é imprevisível. A pesquisa sobre o câncer ainda precisa descobrir se o câncer é assim ou não.)

Essa percepção foi imensamente desencorajadora depois das descobertas triunfantes sobre as causas genéticas do câncer. Os oncologistas começaram a resmungar que o câncer era um inimigo endiabrado cujo arsenal de defesas continuava crescendo toda vez que uma solução parecia estar mais à mão (um bom exemplo de nosso ponto de vista – exposto no capítulo anterior – de que o câncer infelizmente consegue sorver toda a inteligência da célula). Agora a esperança cresceu de novo, pois o Atlas do Câncer tem identificado que as mutações são perigosas, mas, o que também é importante, parece que o câncer se desenvolve ao longo de alguns caminhos determinados que são bem pequenos numericamente, talvez apenas uma dúzia para cada tipo de malignidade – e possivelmente esse seja o melhor indício para a cura da doença. Em outras palavras, existe um padrão que aprofunda ainda mais a visão ortodoxa sobre as mutações aleatórias.

Uma descoberta promissora é que certos tumores levam muitos anos, até décadas, para se desenvolver depois que um gatilho inicial coloca a célula num curso anormal. A ideia é que uma sequência específica – um caminho genético que uma célula anormal deve seguir – envolve uma série de etapas que devem cumprir uma ordem. Eis uma analogia: são conhecidos esses jogos de fliperama em que umas bolinhas de metal correm por um tabuleiro com buracos, e cujo objetivo seria ir batendo nas bolinhas até conseguir que todas caiam no buraco. Os buracos são pequenos, portanto o desafio não é fácil. Agora, imaginemos que uma mutação de câncer esteja diante de um desafio semelhante. Ela deve ziguezaguear através de uma pequena abertura (uma modificação genética específica entre milhares de possibilidades) a fim de passar para a etapa seguinte. Uma vez conquistado esse objetivo, aparece a pequena abertura seguinte na forma de uma nova mutação entre milhares de escolhas, e assim por diante.

Se um câncer é do tipo de crescimento lento, como alguns tipos de câncer do cólon e próstata, talvez leve trinta ou quarenta anos para que a célula cancerígena complete a sequência. A esperança é que, com uma identificação precoce, o mais precoce possível – detectando a digital previsível das marcas epigenéticas –, o câncer seja vencido muito antes de surgirem os primeiros sintomas. Essa luz no fim do túnel foi consequência da descoberta de que as mutações de genes exatas de muitos tipos de tumor podem agora ser previstas através da assinatura epigenômica do tipo de célula na qual aquele câncer muito provavelmente teve origem.

Devemos pelo menos nos perguntar: será possível que, quando as mutações epigenéticas surgem em adultos em consequência de toxinas, estresse, traumas, alimentação, etc., novas mutações previsíveis vão surgir em certas células? Se a mutação acontece no esperma e no óvulo, ela seria transmitida à nova geração? Ainda não sabemos. Mas até essa possibilidade deixaria Darwin louco, e hoje está gerando uma grande revisão de sua teoria.

Se as alterações epigenéticas de fato levam a mutações específicas além das que causam tumores, então as experiências de vida das pessoas e o meio ambiente poderiam – pelo menos teoricamente – levar à expansão da previsibilidade. Poderia haver assinaturas epigenéticas de outras doenças crônicas que surgiriam bem antes dos primeiros sintomas. Seria ainda mais surpreendente se a prevenção pudesse ser estendida às gerações ainda não nascidas que estejam herdando essas marcas no útero. No momento em que este livro estava sendo escrito, tais possibilidades não passavam de um conjunto de conjecturas intrigantes. Mas é fascinante imaginar o que as pesquisas futuras nessa área ainda vão revelar.

Toxinas ambientais e epigenética

Até agora, temos focado as contribuições da genética ao risco de doenças, mas há um elefante na sala – o impacto das toxinas ambientais sobre os nossos genes e epigenoma. Os Centers for Disease Control and Prevention encontraram 148 substâncias químicas diferentes no sangue e na urina da população norte-americana. Aumentam as evidências que comprovam a noção de que provavelmente os poluentes ambientais causam várias doenças ao induzir mudanças epigenéticas em nosso genoma, alterando então as atividades de genes específicos. Por exemplo, o arsênico em águas contaminadas afeta dramaticamente a metilação do genoma, gerando tumores da bexiga. A exposição a altos níveis de outros metais pesados (níquel, mercúrio, crômio, chumbo e cádmio) na comida e na água também pode causar mudanças na metilação do gene, levando a vários tipos de câncer, inclusive de pulmão e de fígado. O principal é que existe uma estimativa de 13 milhões de mortes ou mais, mundo afora, devidas a poluentes ambientais, muitos dos quais vinculados a modificações epigenéticas do genoma.

Não somos alarmistas, mas é importante acompanhar a ciência. Talvez ninguém tenha contribuído tanto para o nosso conhecimento sobre esse assunto quanto o dr. Michael Skinner, um biólogo da Universidade Estadual de Washington, da área de biologia do desenvolvimento. Em uma pesquisa, Skinner expôs camundongos fêmeas prenhes a uma substância química conhecida por interferir no desenvolvimento embrionário – um fungicida denominado vinclozolin, usado em vinhedos para combater o mofo, além de outras pragas e doenças parasitárias de frutas e vegetais. Já tinha sido demonstrado que o vinclozolin reduzia a fertilidade do camundongo macho. A descoberta inquietante de Skinner foi que a prole do camundongo quimicamente tratado, até a quarta ou quinta geração, também tinha sido afetada com uma baixa contagem de espermatozoides. Esse resultado foi repetido com sucesso outras quinze vezes.

A razão da ruptura da produção de esperma provocada pelo vinclozolin não foram mutações no DNA, mas modificações epigenéticas que ocorreram nos camundongos adultos expostos (por via de marcas de metila), que foram então transmitidas às gerações seguintes. (*Isso* é diferente do que normalmente ouvíamos dizer quando o próprio gene mutante de uma doença era transmitido dos pais para as crianças, como na anemia falciforme.) Portanto, uma outra pista foi acrescentada à existência da "genética transgeracional".

Ademais, Skinner e seus colegas descobriram que havia um padrão específico em relação ao ponto onde as marcas de metila eram ligadas ao genoma depois de expor os camundongos a diferentes tipos de toxinas químicas. Cada toxina, seja um inseticida ou combustível, deixou seu padrão distinto. Em alguns casos, as mudanças causadas na atividade do gene podiam então ser herdadas, predispondo a prole a transtornos específicos. Por exemplo, o inseticida DDT, que há muito foi banido dos Estados Unidos devido a seus efeitos desastrosos na cadeia alimentar de animais e pássaros, também produz um efeito epigenético específico. Ficou demonstrado que a exposição de camundongos ao DDT gerou uma predisposição à obesidade nas gerações posteriores, juntamente com enfermidades associadas a ela, como a diabetes e doenças cardíacas.

A extensão das mudanças epigenéticas prejudiciais devidas aos pesticidas é ampla. Foi demonstrado que o pesticida metoxicloro, usado para proteger os animais domésticos de moscas, mosquitos e outros insetos, causa disfunções testiculares e ovarianas em camundongos. Outro pesticida, o dieldrin, produz efeitos dramáticos nas modificações epigenéticas (acetilação) de histonas, gerando a morte de células nervosas associadas a doença de Parkinson em camundongos. Skinner também demonstrou em experimentos com camundongos que a dioxina, um poluente comum e cancerígeno, resíduo de muitos processos industriais, causa a hereditariedade epigenética de doenças da próstata, renais e ovário policístico.

O bisfenol A, ou BPA, é uma das toxinas ambientais mais cuidadosamente estudadas, e pode causar mudanças epigenéticas anormais. Foi muito empregado para produzir os plásticos usados em embalagens de comida e bebida, inclusive nas mamadeiras. O BPA é bastante conhecido por causar alterações epigenéticas. Vamos citar apenas alguns exemplos de estudos relevantes. Uma pesquisa da Universidade Tufts mostrou que o BPA pode alterar a atividade genética das glândulas mamárias de ratos expostos ao elemento químico no útero, tornando-os mais vulneráveis ao câncer de mama posteriormente. Antes, demonstrou-se que o BPA propicia maior risco de câncer de próstata em ratos machos. Em uma outra série de experimentos, o BPA produziu alterações epigenéticas associadas à mudança da cor amarela de uma raça específica de camundongos, além de aumentar o risco de câncer. (Observação: uma maneira de evitar a exposição das crianças ao BPA é usar mamadeiras e embalagens de vidro ou procurar pelo aviso "Não contém BPA".)

Por fim, foi demonstrado que o dietilestilbestrol (DES), usado de 1940 a 1960 para prevenir abortos em mulheres grávidas, aumentava o risco de câncer de mama. Agora sabemos que esse risco está associado a mudanças epigenéticas. Devemos nos perguntar se essas mudanças são transmitidas à geração seguinte, juntamente com o risco maior.

A poluição do ar, sobretudo de partículas em suspensão que saem do escapamento de veículos, também causa mudanças epigenéticas que levam a inflamações pelo corpo todo. O benzeno, encontrado na gasolina e em outros combustíveis à base de petróleo, leva à metilação do DNA alterada associada à leucemia. Na nossa água, as soluções de cloro geram subprodutos com nomes como trialometano, trietilestanho e clorofórmio, e todos eles podem induzir mudanças epigenéticas no genoma. Muitas dessas substâncias químicas foram estudadas devido aos efeitos prejudiciais à saúde. A substância trietilestanho na água dos ratos gerou maior incidência de inflamações cerebrais e inchaços associados ao aumento das atividades de metilação. O clorofórmio e o trialometano conhecido como "bromodiclorometano" aumentou a metilação das células do fígado nos genes associados a doenças do fígado.

Mesmo substâncias benignas que não associamos a tais riscos podem ter uma história dessas escondida em sua produção. É alarmante, mas descobriram que muitos condimentos da Índia tinham sido contaminados com metais pesados. A causa provável seria a proximidade das fazendas de temperos de empresas mineradoras e o consequente uso de água contaminada para a irrigação. Só em 2013, a Food and Drug Administration (FDA) negou a importação de mais de 850 carregamentos de temperos do resto do mundo. Para minimizar tais riscos, os temperos cultivados organicamente nos Estados Unidos podem ser usados com segurança, ao passo que se deve ter cuidado com os vindos da Índia e da China. É recomendável comprá-los de fontes idôneas, de marcas conhecidas. Mas devemos ter muito cuidado com condimentos obtidos pela internet ou de embalagens anônimas de pequenas lojinhas da vizinhança. São muitos os casos de algumas lojas especializadas que obtêm condimentos sem a inspeção dos órgãos responsáveis. Embora, no caso dos Estados Unidos, apenas 2 por cento dos condimentos importados tenham sido barrados devido à contaminação, o risco aumenta quando adquirimos produtos sem marcas oriundos de fontes anônimas estrangeiras.

Considerando tudo isso, não há dúvida de que um grande número de toxinas e poluentes ambientais podem alterar o nosso epigenoma, resultando em maior suscetibilidade a mais tipos de câncer (mama, fígado, ovário, pulmão) e a outras enfermidades, inclusive esquizofrenia, diabetes e doenças cardíacas. A exposição de cada pessoa a esses poluentes é única e diferente, o que complica muito o problema. Alguns especialistas preveem o dia em que iremos consultar o médico a fim de fazer escaneamentos completos de nossas alterações epigenéticas para determinar o nosso futuro risco de contrair doenças. Será que iremos usar cada vez mais medicamentos baseados na epigenética, como os inibidores HDCA e as terapias baseadas no RNA, para combater esses riscos e tratar as enfermidades?

Esses cenários estão começando a se tornar realidade. Neste livro, oferecemos uma alternativa que você pode buscar hoje, mudando o seu estilo de vida a fim de atenuar riscos – e talvez, futuramente, essa abordagem também venha a ser mais ajustada a marcas epigenéticas de doenças específicas. Uma questão ainda mais importante, com base em pesquisas como as mencionadas aqui, é se as mudanças epigenéticas em adultos de hoje vão ser herdadas pelas futuras gerações. O dr. Michael Skinner parece não ter dúvida disso: "Essencialmente, as coisas a que a nossa bisavó foi exposta poderiam causar doenças em nós e em nossos netos".

Nesse sentido, é importantíssimo continuar a ter consciência de como as modificações epigenéticas surgem em resposta a toxinas e poluentes ambientais. É a única maneira de seguir adiante, pelo bem de nossa saúde e da saúde das futuras gerações.

AGRADECIMENTOS

A nova genética foi um dos assuntos mais compensadores sobre o qual os dois autores já escreveram, e, como é vasto o campo a ser abordado, temos que agradecer a muitas pessoas. Mesmo sendo uma longa lista, todas as relações foram pessoais e gratificantes. Todo livro depende de uma equipe de publicação, e *Supergenes* teve a sorte de ter uma equipe maravilhosa, começando pelo nosso perspicaz e entusiasmado editor, Gary Jansen. Nossos agradecimentos também a outras pessoas da Harmony Books, que fazem parte da equipe: Diana Baroni, vice-presidente e diretora editorial; Tammy Blake, vice-presidente e diretor de publicidade; Julie Cepler, diretora de marketing; Lauren Cook, agente de publicidade sênior; Christina Foxley, gerente de marketing sênior; Jessica Morphew, capista; Debbie Glasserman, editor de arte; Patricia Shaw, editora de produção sênior; Norman Watkins, gerente de produção; Rachel Berkowitz e Lance Fitzgerald, do Departamento de Direitos Autorais. Todos nós sabemos das pressões que a área editorial de livros está sofrendo hoje em dia, assim, nossos agradecimentos especiais aos executivos que devem ter tomado decisões difíceis sobre que livros publicar, inclusive o nosso. Muitos agradecimentos a Maya Mavjee, presidente e editora do Crown Publishing Group, e Aaron Wehner, vice-presidente sênior e editor da Harmony Books. O nosso entusiasmo em relação às possibilidades das pesquisas em epigenética foi amplicado pelo Self-Directed Biological Transformation Initiative, um projeto que tem sido muito fértil graças a inúmeros colaboradores. Nossos mais sinceros agradecimentos a todos vocês, incluindo:

Os colaboradores do Chopra Center for Well-Being Sheila Patel, Valencia Porter, Lizabeth Weiss, Wendi Cohen, Sara Harvey e toda a equipe;

O OMNI La Costa Resort and Spa, por nos ter alojado;

Murali Doraiswamy, Arthur Moseley, Lisa St. John e Will Thompson, da Universidade Duke;

Susanna Cortese, do Massachusetts General Hospital e Faculdade de Medicina de Harvard;

Eric Schadt, Sarah Schuyler, Seunghee Kim-Schulze, Qin Xiaochen, Jeremiah Faith, Milind Mahajan, Yumi Kasai, Jose Clemente, Noam Beckman, Zhixing Feng e Harm Van Bakel, do Institute for Genomics and Multiscale Biology / Mount Sinai Hospital;

Scott Peterson, do Sanford Burnham Medical Research Institute;

Paul Mills, Christine Peterson, Kathleen Wilson, Meredith Pung, Chris Pruitt, Kelly Chinh, Cynthia Knott e Augusta Modestino, da Universidade da Califórnia, San Diego;

Elizabeth Blackburn, Elissa Epel, Jue Lin, Amanda Gilbert e Nancy Robbins, da Universidade da Califórnia, San Francisco;

Eric Topol e Steven Steinhubl, do Scripps Translational Science Institute;

Barry Work, pela generosa ajuda no desenvolvimento de matrizes da web.

AGRADECIMENTOS

Um agradecimento especial ao apoio de Gina Murdock, Glenda Greenwald, Jennifer Smorgon e do Self-Directed Biological Founders and Pioneers. E também à equipe de diretores e consultores da Chopra Foundation, juntamente com todos os participantes do estudo.

Deepak quer agradecer à fantástica equipe cujos esforços incansáveis possibilitaram tudo, dia a dia, ano a ano – Carolyn Rangel, Felicia Rangel, Gabriela Rangel e Tori Bruce. Trago todos vocês no meu coração. Agradeço ainda a Poonacha Machaiah, cofundador de Jiyo, por auxiliar na presença *on-line* do Chopra Center e da Chopra Foundation. Como sempre, a minha família continua ocupando o centro do meu mundo, e quanto mais se expande, mais querida: Rita, Mallika, Sumant, Gotham, Candice, Krishan, Tara, Leela e Geeta.

De Rudy: Gostaria de agradecer a Dora, minha esposa, pelo amor incondicional, apoio e infinita sabedoria. Obrigado a minha filha, Lyla – ao achar engraçado chamar este livro de "genes do coco", ela me lembrava da importância do microbioma, o nosso segundo genoma. Meus profundos agradecimentos aos meus pais, por terem me apresentado às maravilhas da biologia. Também gostaria de agradecer aos meus queridos amigos da Himalayan Academy por me ensinarem que não sou simplesmente os meus genes, mas o usuário deles. Obrigado ao dr. Jim Gusella, o primeiro a me apresentar à surpreendente complexidade do genoma humano no Massachusetts General Hospital e a me inspirar a seguir adiante. E, por fim, gostaria de agradecer ao Cure Alzheimer's Fund, pelo apoio gentil e generoso aos meus estudos de genética em andamento sobre a doença de Alzheimer.

ÍNDICE

abelhas, 275, 276
acetilação, 47n, 303, 332, 336
ácidos graxos, 138, 141, 154-7
 ômega-3, 138, 154-6
 ômega-6, 141, 154-7
açúcar, 131, 141
adaptação, 62, 63, 58, 69-70, 268
aiurveda, 195-6, 206
 e problemas de sono, 202, 205, 206, 214-5
álcool, bebida alcoólica, 101, 125, 125-6, 140, 146-7
alcoolismo, 312-3
aleatoriedade
 e câncer, 330-4
 e evolução, 270, 272, 273-4, 282, 286, 287-8
alergia a amendoim, 76-7
alergias, 48, 76-79, 90, 147, 256
alergias alimentares, 76-9, 147
 Ver também alergias
alimentação e nutrição, 127, 131-57
 alimentos que devem ser eliminados ou restringidos, 141
 anti-inflamatória, 98-9, 101, 131-2, 135, 138-46, 154
 dieta mediterrânea, 138, 142
 dietas vegetarianas, 142, 149-51, 156
 e câncer de mama, 310-1
 e diabetes, 305-6
 e doenças cardíacas, 51-2
 e microbioma, 89, 93-4, 101
 e saúde mental, 138, 313-4
 e sistema imunológico, 97-8
 embasamento científico, 151-4
 equilíbrio de ácidos graxos, 154-7
 explicando as escolhas, 135-51
 impactos nas gerações posteriores, 39-40, 43-5, 46-8, 152-3, 305-6
 lista de escolhas, 133-5
 o "Inverno da Fome" holandês e o impacto na, 43-4, 51-2, 182
 Ver também alimentos específicos; nutrientes específicos
alimentação e saúde dos inuíte, 157

alimentação vegetariana, 142, 149-51, 156
alimentação vegana, 150-1
alimentos à base de soja, 150-1, 154, 155, 157
altura, 34, 41-4, 48-51
amor, 228-30, 240-2, 291
análise epigenética, 182, 304-5, 306, 313-4
  para prever risco de doenças, 332, 334, 337-8
ansiedade, 80, 105-6, 202, 215, 228
antibióticos, 85, 90, 92
antidepressivos, 322, 323, 325
Argerich, Martha, 292
aromaterapia, 66
artrite reumatoide, 154
Ashby, W. Ross, 283
aspirina, 125, 134, 137, 204, 311
atividade física, 128, 172-84
  benefícios à saúde, 173, 177
  embasamento científico, 179-84
  estilo de vida sedentário e seu impacto, 165, 172-4, 177, 179
  explicando as escolhas, 177-9
  ioga, 176, 178
  lista de escolhas, 175-6
  perda de peso, 145
  Ver também inatividade
autismo, 32-3, 105-6, 229, 303-4
autoaceitação, 236-7
autoconhecimento, emocional, 238-40
autocontrole, 232-3

bactéria, 274
  Ver também microbioma

bagre-andador, 70
Barras, Colin, 70
"barriga de trigo", 147, 149
  Ver também glúten
Beaumont, William, 87
bem-estar radical, 111-3
  teste, 113-6
  Ver também escolhas de estilo de vida
Blackburn, Elizabeth, 194
Blake, William, 297

câncer, 64, 103, 112, 150, 252, 305, 328-34
  de fígado, 335, 338
  de mama, 21-4, 150, 303, 310-1, 318, 336-7
  de ovário, 150, 338
  de próstata, 333-4, 336, 337
  do pulmão, 318-20, 331, 335, 338
  e função celular, 251, 252, 320, 328, 333-4
  e toxinas ambientais, 328-9, 330-1, 334-8
  previsibilidade do, 274-5, 330-4
  tratamento do, 21-4, 277, 329, 331
Cani, Patrice, 102
células-tronco, 37
Christakis, Nicholas, 277-80
ciclos de *feedback*, 67, 282, 286-8
Clostridium difficile, 92-3
colesterol, 143, 312
cólon/câncer colorretal, 150, 311, 333-4
comportamento e mudanças comportamentais, 56-61, 65-7, 277-81, 290-4

Ver também ciclos de *feedback*;
escolhas de estilo de vida;
hereditariedade *"soft"*
comportamento sexual, 228-30,
290-1
consciência. *Ver* meditação;
mente
controle da impulsividade,
232-3
criança-prodígio, 291-4
criatividade, 212-3, 295
cuidadores, mal de Alzheimer,
68-9

da Vinci, Leonardo, 288
Darwin, Charles, 84, 274-5,
275-6
demência, 138
Ver também mal de
Alzheimer
depressão, 80, 105, 208, 215,
321-6
derrame, 157
desenvolvimento fetal, 46, 48,
74-5, 284, 303-4
desmetilação, 180, 183-4
dharma, 224-6
diabetes tipo 2. *Ver* diabetes
diabetes, 45, 102, 103, 150, 152,
173, 174, 305-6, 336, 338
Dicke, Willem, 51
dieta mediterrânea, 138,
142-3
dietas com baixo teor de
gordura, 144-5
DNA, 11, 53, 297
"lixo", 74n, 327-8
paradoxo, e doença, 315-21
estrutura e comportamento
do, 19-20, 27-30, 284-5, 287,
315-6, 320
experimento telepático do,
263-4
mecanismo de mudança, 12,
53, 75-6, 287
Ver também marcas
epigenéticas; histonas;
mutações
doença, 14, 48, 302-14, 316-7,
319-20, 327-8
causas genéticas *versus*
suscetibilidade, 30-4, 52-3,
302-5
celíaca, 51, 147
de Alzheimer, 52, 64, 206,
258, 302, 304, 305, 307-10
de Crohn, 92
de Huntington, 32, 327
de Parkinson, 64, 336
e alimentação, 89-90, 150
e microbioma, 87, 88, 89-94
e paradoxo do DNA, 315-21
doença cardíaca, 31, 51-2, 64,
103, 143-4, 312, 317, 338
e alimentação, 142-3, 150,
153, 157
doenças autoimunes, 90
Ver também doença
Doraiswamy, Murali, 210

Eakin, Emily, 90
emoções, 65-67, 73, 101, 105-6,
122-3, 217-42
e meditação, 199-200
e microbioma, 89, 106-7
e perda de peso, 145
e sono, 211-12
embasamento científico,
226-30
emoções negativas e o

impacto delas, 219, 236-7, 237-8
entradas emocionais positivas, 218
explicando as escolhas, 221-6
inteligência emocional, 230-42
lista de escolhas, 220-21
vínculos entre pais e filhos, 79-80
Ver também amor; ansiedade; medo(s)
empatia, 234-6, 240, 241
endotoxina, 99, 100, 102, 136
envelhecimento, 48, 194-5, 198, 201-1, 206
Ver também telômeros de diabetes e telomerase
epigenética, 36-40
   ciência básica de, 12, 46-8
   e desenvolvimento fetal e infantil, 74-9
   e experiência subjetiva, 262-5
   e Inverno da Fome holandês, pesquisa sobre altura, 40-5, 48-52, 181-2
   e risco de doença, 44, 45, 52-3, 303-5
   papel da evolução, 68-71, 84, 275-6, 281
   Ver também hereditariedade *"soft"*
epigenoma, 12, 36, 75
epilepsia, 82
escolhas de estilo de vida, 111-130
   histórias pessoais, 17-9, 21-3, 116-7, 124-8
   impacto e possibilidades de, 16-7, 19, 23, 35, 39, 295, 317-21

princípios e estratégias para, 111-3, 119-24, 127-8
SBTI (Iniciativa de Transformação Biológica Auto-Orientada), 195-6
teste do bem-estar, 113-6
verificação dos resultados, 128-9
Ver também epigenética; hereditariedade *"soft"*
esquizofrenia, 37, 72-3, 289-90, 303, 313-4, 338
estatinas, 143
estilo de vida sedentário, 165, 172-4, 177, 179.
Ver também atividade física
estresse, 158-71
   diminuição do, 161, 163-6
   e saúde, impactos negativos, 158-9, 167-8
   e meditação, 161, 166, 193
   e microbioma, 89, 106-7
   embasamento científico, 167-71
   fonte de, causa ou cura, 164-5, 170-1
   lista de escolhas, 161-3
   mudanças epigenéticas e seus impactos, 68-70, 74, 79-80, 168-70
   pós-traumático, 168-70
evolução, 267, 268-96
   aceleração da, 270, 275-9, 294
   aleatoriedade *versus* orientação, 270, 271-5, 282, 285-6, 287-8, 294
   consciente, 270, 282-96, 300
   da consciência, 269
   do cérebro, 84

e circuitos, 286-8
e cultura, 278-80
e memória, 58, 60
papel da epigenética, 68-71, 84, 275-6, 281
papel da mente na, 291-4
papel das mutações na, 63, 70, 84
papel do micróbio na, 85-6
experiência do *marshmallow*, 119-20

felicidade. *Ver* emoções
Ferguson-Smith, Anne, 45
fibras, dietéticas, 98-9, 100, 102, 125, 135
formigas, 275-6
funções celulares
  e doenças, 251, 252, 320-1
  os nove elementos essenciais, 250-2
funções cerebrais, 257-8, 262-4, 299

Gandhi, Mahatma, 248-9
ganho de peso, 96-7
  Ver também obesidade
geleia real, 276, 277
gêmeos, 10-1, 37, 64
gene FTO, 72-3, 183, 306
genes e genoma, 9-14, 27-30, 290
  Ver também DNA; epigenética; epigenoma; mutações; supergenoma
Glausiusz, Josie, 168-9
glúten, 51, 141, 147-8
gorduras na alimentação, 141, 143-5
  ácidos graxos, 138, 154-7
gorduras saturadas, 141, 143, 144, 155
gorduras trans, 141, 143
Greenberg, Jay, 293
Gusella, James, 31-2

Hawks, John, 280
hepatite A, 91
Hepburn, Audrey, 44
hereditariedade *"soft"*, 36-40, 46-8, 60, 281-2, 290
  altura dos holandeses e pesquisa sobre a fome, 41-5, 48-53
  hereditariedade da memória, 54-61
  impactos das toxinas ambientais na, 335-6, 338
  impactos do estresse na, violência e trauma, 79-80, 168-70
hipertensão, 103, 126, 150, 205
hipometilação, 329
histonas, 28, 46-47, 46, 69, 303
Holanda
  altura em, 41-5, 48-53
  Inverno da Fome holandês e seus impactos, 43-4, 51-2, 182
Holtzman, David, 309-10
homeostase, 247-50

inatividade, 165, 172-4, 177, 179, 251-2
inflamação
  alimentação anti-inflamatória, 98-9, 101, 131-2, 135, 138-46, 154
  e bebida alcoólica, 125, 125-6, 140, 146-7
  e doença, 90, 91-2, 131, 301,

305, 308
e o microbioma, 90, 97,
  99- 105, 106-7, 135
e obesidade, 96-7, 100, 103-4
e poluição do ar, 337
inibidores de HDAC, 276-7,
  329-30
Iniciativa de Transformação
  Biológica Auto-Orientada
  (SBTI), 195-6
insônia. *Ver* sono
insulina, reação à, 102, 103, 152
inteligência celular, 246, 247-54,
  267, 283-6, 316
ioga, 178-9
  técnicas de pranaiama, 192-3

James, William, 106
jejum, 249

Kauffman, Stuart, 107, 286
Kiecolt-Glaser, Janice, 68-9
Knight, Rob, 89, 95

Lamarck, Jean-Baptiste, 281
Lange, Carl, 106
Leach, Jeff, 90-1
Lederberg, Joshua, 87
leucemia, 329, 331, 337
Lindlahr, Victor, 151
linfoma, 329
Loewi, Otto, 212-3
longevidade, 35

marcas epigenéticas, 46-7, 73-4,
  75, 78, 83, 281, 335-6
  Ver também metilação
massagem, 206
Meaney, Michael, 80
medicamentos, 127

antidepressivos, 322, 323, 325
aspirina, 125, 134, 137, 204,
  311
epidrogas, 277, 329-30, 338
para combater o câncer, 277,
  328, 330
para o sono, 203
meditação, 126, 185-200
  benefícios à saúde, 185-6, 193-8
  com mantra, 191-2
  consciência ilimitada, 260-2
  embasamento científico, 193-8
  estresse e, 161, 165-6, 167
  lista de escolhas, 188-90
  "mente em movimento", 259
  sucesso, motivação e, 185,
    186-8, 198-200
  técnicas de, 191-3, 259-60,
    266-7
  verificação dos resultados,
    199-200
meditação respiratória, 190-1
  pranaiama, 192-3
medo(s), 55, 56-7, 227-8
memória, 38-9, 54-61, 197,
  247-8, 293, 310
mente
  como força evolutiva, 291-4
  como um campo, 263-7, 268-9
  consciência ilimitada, 260-2,
    298
  descentralizada, 254-9
  e mudanças
    comportamentais, 65-7
  e o sistema mente-corpo, 11,
    35, 178, 245-67, 268-9
  Ver também inteligência
    celular; meditação
evolução consciente, 282-95,
  300

os nove elementos essenciais à vida, 250-4
"mente em movimento", 259
   Ver também meditação
metilação e marcas de metilação, 48, 73, 80
   desmetilação, 180, 183-4
   dificuldades de interpretação, 82-4
   e alcoolismo, 312-3
   e atividade física/obesidade, 48, 178, 180-1, 182-3, 183-4, 306
   e doença, 303, 311, 329
   e estresse, medo ou trauma, 56-7, 80, 168-9
   e toxinas ambientais, 334-5
   mapeamento e análise de padrões de metilação, 75, 306
   Ver também marcas epigenéticas
micro-RNAs, 47, 74n
microbioma, 19-20, 85-107, 281
   bactérias da pele, 261-2
   como um ecossistema, 90, 98-9, 261-2, 284-5
   de Hadza, 90-1
   diversidade e variação, 90, 95, 151-2
   e alimentação, 136, 151-2
   e atividade física/obesidade, 93-4, 98, 100-5, 145, 183
   e cérebro, 87, 88, 105-7
   e doença crônica, 90
   e emoções, 90, 106-7
   e inflamação, 90, 97, 99-105, 106-7, 135
   e sistema imunológico, 87, 90, 95-96, 104
   em crianças, 95-6

Projeto Microbioma Humano, 89
reajuste do, 101, 122, 135-7, 145
tamanho de, 22, 86-7, 89, 96
transplante de microbiota fecal, 91-4
visão geral sobre, 85-90
micróbios intestinais, saúde intestinal. Ver microbioma
mieloma múltiplo, 277
migração celular fetal, 289-90
mosaicismo, 290
Mozart, Wolfgang Amadeus, 34, 46, 293
multivitaminas, 137, 139
mutações, 14, 63, 70, 84, 271-2, 287
   de novo, 303-4
   doença e, 14, 30-4, 52-3, 274, 302-4, 319-20
   Ver também doença; evolução

neurose de guerra, 159
neurotransmissores, 105, 167, 323
"no tempo" da meditação, 215-6
nutrição e alimentação maternal, 39, 44, 48, 152, 305-6

obesidade, 48, 72-3, 96-8, 112, 181-3, 303
   e alimentação vegetariana, 150
   e atividade física, 173, 179-81
   e diabetes, 305
   e microbioma, 93-4, 98, 100-5, 145

e sono, 201
gene da obesidade FTO, 72-3, 183, 306
transplante de microbiota fecal, 93, 94
Ver também atividade física; ganho de peso; perda de peso
óleo, 144, 154, 155
  azeite de oliva, 140, 143, 144, 154-5
  Ver também gorduras na alimentação
óleo de linhaça, 138, 155
óleo de peixe, 138
óleos vegetais, 140, 143, 144, 154-5
Olson, Randy, 41, 42, 43
ômega-3, 138, 154-6
ômega-6, 141, 154-7
Ornish, Dean, 144, 194
Orr, H. Allen, 278
oxitocina, 228-9

pele, 261
perda de peso, 100-1, 145-6, 181-3
pesticidas, 336
Peterson, Christine Tara, 105-6
povo *pima*, 306
pranaiama, meditação, 192-3
prebióticos, 89-90, 101, 102, 125, 136-7
probióticos, 125, 126, 137
prodígios da música, 291-3
Projeto Epigenoma Humano, 75
Projeto Genoma Humano, 11, 29, 308
Projeto Microbioma Humano, 89

Q.E. (Quociente Emocional), 231-2

rebanho, 57-60
relacionamentos, 228-30, 240-2
  empatia, 234-6, 240
RNA, 27, 46
micro-RNA, 47, 74*n*
Rumi, 24, 267

sabedoria, 246
satisfação, prazer, 119, 121-4, 233-4
saúde e desenvolvimento cerebral, 37, 79, 215-6, 257-8, 284, 307
saúde e desenvolvimento infantil, 76-80, 313, 316
  alergias alimentares, 76-9
  alimentação materna, 44-5, 46-7, 152, 305-6
  e estresse ou trauma dos pais/avós, 39-40, 74, 168-10
  e microbioma, 94-6
  e sono, 208-11
  e vínculo entre pais e filhos, 79, 240
  sistema imunológico, 54, 77
  Ver também desenvolvimento fetal; hereditariedade *"soft"*
saúde mental e doenças, 44, 106, 212, 313-4
  Ver também doença
SBTI (Iniciativa de Transformação Biológica Auto-Orientada), 195-6
Schrödinger, Erwin, 107, 245-6
serotonina, 105, 323
Sheldrake, Rupert, 58-9, 60
Siegel, Daniel J., 215-6

síndrome do estresse pós-
   -traumático, 168-70
síndrome do intestino irritável,
   106, 147
síndrome do intestino
   permeável, 99, 102, 103,
   131, 135, 136
sistema imunológico, 131, 256,
   307, 315-6
   e alergias, 77
   e alimentação, 98-9
   e doença mental, 313
   e estresse, 68-70, 164
   e meditação, 193, 194, 195
   e microbioma, 87, 90, 95-6,
   103
   em crianças, 54, 77
sistema auto-organizado, 283-8,
   295
Skinner, Michael, 38, 335, 336,
   339
Slijper, E. J., 63, 70, 71
sobreviventes do Holocausto,
   167-70
   alimentos e nutrientes para,
   138
   e meditação, 196-4
   e microbioma, 87, 88, 105-7
   e sono, 209, 309-10
   Ver também mente; saúde
   mental
Sonnenburg, Erica e Justin,
   89-90
sono, 201-16
   e estresse, 207, 214
   e mal de Alzheimer, 206, 308-10
   e obesidade, 201
   e perda de peso, 146
   embasamento científico,
   208-16

fatores de insônia, 201-5
lista de escolhas, 203-5
técnicas de aprimoramento
   do, 205-8
Spinoza, Benedictus de, 273
Standen, Emily, 70
suco de laranja, 99
Supercérebro (Chopra e Tanzi),
   215, 282
supergenes, 39
supergenoma, 11-2, 14, 285,
   295-6
suplementos, 137-139
   aspirina, 125, 134, 137, 204,
   311

tabagismo, 112, 125-6, 312,
   318-9, 331
telômeros de diabetes e
   telomerase, 35, 69, 194-5
"tempo de brincar", 215
"tempo inativo", 166, 216
tipo 2, diabetes. *Ver* diabetes
tolerância à lactose, 279
toxinas ambientais, 328-9, 330,
   334-9
trabalho
   e estresse, 163-6
   e níveis de atividade física,
   165-6, 172-4
   noturno e ritmo de sono,
   209
transplante de microbiota fecal,
   91-4
transtorno bipolar, 303, 313-4
trato gastrintestinal, 254-5
   Ver também microbioma
treinamento de peso, 177
triglicérides, 312
Twain, Mark, 57

vacinas, 317
vata, 202-3, 205, 206, 214-5
vícios, 121, 230, 312-3
vinclozolin, 335
vitaminas, 137, 139
vivências de guerra, 43, 51-2, 159, 160, 168-70
vontades, 122-3

Waddington, Conrad, 36

Yehuda, Rachel, 168-70

Zhao, Liping, 103-4

SOBRE OS AUTORES

Deepak Chopra, membro da Sociedade Norte-Americana de Medicina, fundador da Chopra Foundation e cofundador do Chopra Center for Well-Being, é um pioneiro mundialmente renomado da área de medicina holística e transformação pessoal. É autor de mais de oitenta livros traduzidos em mais de 43 idiomas, inclusive inúmeros *best-sellers* do *New York Times*. Dois de seus livros, *Ageless Body, Timeless Mind* (1993) e *As sete leis espirituais do sucesso* (1995), foram reconhecidos pelo "Lista de *Best-sellers*" do Books of the Century. Ele atua como professor-adjunto da Kellogg School of Management da Universidade Northwestern; professor-adjunto da Faculdade de Negócios Columbia, Universidade de Columbia; professor-assistente clínico do Departamento de Medicina Preventiva e da Família da Universidade da Califórnia, San Diego; na Health Sciences Faculty da Walt Disney Imagineering; e como cientista sênior das Organizações Gallup. A revista *Time* descreveu o dr. Chopra como "um dos cem principais heróis e ícones do século".

Rudolph E. Tanzi, professor da cadeira de neurologia Joseph P. and Rose F. Kennedy da Universidade de Harvard. Atua como vice-catedrático de neurologia e diretor da Genetics and Aging Research Unit do Hospital Geral de Massachusetts. O dr. Tanzi foi pioneiro em pesquisas voltadas à identificação dos genes de doenças neurológicas. Junto com outros pesquisadores, ele descobriu os três genes que causam a predisposição familiar à doença de Alzheimer, inclusive o primeiro gene, e lidera o Projeto Genoma da Doença de Alzheimer. Ele também está desenvolvendo novas terapias para o tratamento e a prevenção da doença de Alzheimer com suas descobertas genéticas. O dr. Tanzi foi mencionado pela revista *Time* como uma das "cem pessoas mais influentes do mundo" em 2015 e um dos "cem mais influentes ex-alunos" da lista de Harvard. Também já recebeu o prestigiado prêmio da Smithsonian American Ingenuity por seus estudos pioneiros sobre a doença de Alzheimer.